Philippe Frey

Der weiße Nomade

Philippe Frey

Der weiße Nomade

Alleine durch die Sahara
vom Roten Meer bis zum Atlantik

Aus dem Französischen von Xénia Gharbi

Unionsverlag

Die Originalausgabe erschien 1992 unter dem Titel
Nomade blanc. Le Sahara d'est en ouest en solitaire
bei Éditions Robert Laffont, Paris.
Die deutsche Erstausgabe erschien 1993
im Fischer Taschenbuch Verlag, Frankfurt am Main.

Im Internet
Aktuelle Informationen,
Dokumente, Materialien
www.unionsverlag.com

Rieterstrasse 18, CH-8027 Zürich
Telefon 0041-44-283 20 00, Fax 0041-44-283 20 01
mail@unionsverlag.ch
Übernahme der Übersetzung mit freundlicher Genehmigung
des Verlags S. Fischer, Frankfurt am Main

Umschlaggestaltung: Andreas Gähwiler, Zürich
Umschlagfoto: Philippe Frey
Druck und Bindung: CPI – Clausen & Bosse, Leck
ISBN 978-3-293-00382-8

Zum Andenken an meinen Vater,
der das Ende der neun Monate,
als mich die Wüste aus ihrem Bauch entließ,
nicht mehr hat miterleben können.

Inhalt

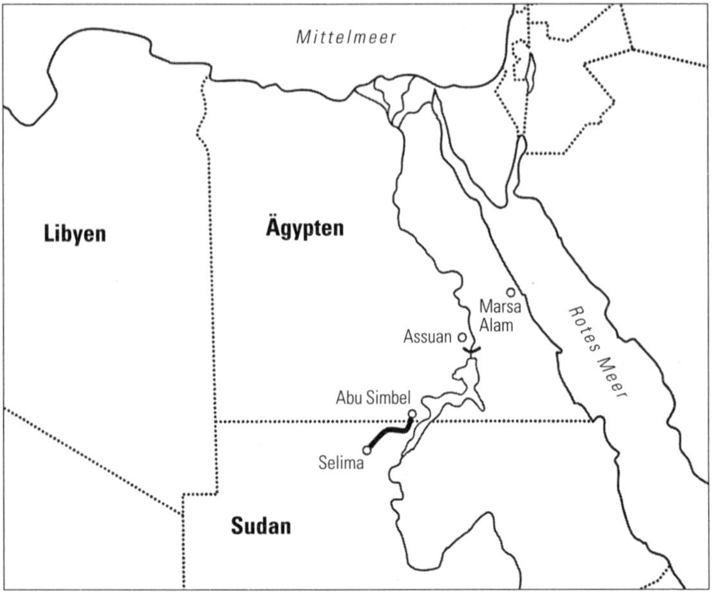
Mittelmeer
Libyen
Ägypten
Marsa Alam
Assuan
Rotes Meer
Abu Simbel
Selima
Sudan

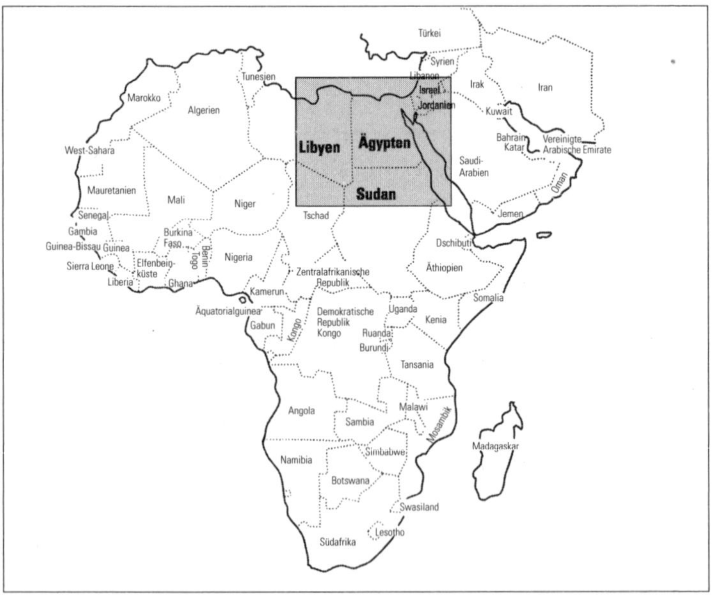
Türkei
Syrien
Libanon
Israel
Jordanien
Irak
Iran
Kuwait
Bahrain
Katar
Vereinigte Arabische Emirate
Saudi-Arabien
Oman
Jemen
Tunesien
Marokko
Algerien
West-Sahara
Libyen
Ägypten
Sudan
Mauretanien
Mali
Niger
Tschad
Senegal
Gambia
Guinea-Bissau
Guinea
Burkina Faso
Benin
Togo
Nigeria
Sierra Leone
Elfenbeinküste
Liberia
Ghana
Dschibuti
Äthiopien
Zentralafrikanische Republik
Kamerun
Somalia
Äquatorialguinea
Gabun
Kongo
Demokratische Republik Kongo
Uganda
Kenia
Ruanda
Burundi
Tansania
Angola
Sambia
Malawi
Mosambik
Madagaskar
Namibia
Simbabwe
Botswana
Swasiland
Lesotho
Südafrika

Zwischen Rotem Meer und Sandmeer

»*Salam, Ahmed, bismillah.*« (Leb wohl, Ahmed, im Namen Gottes.)

»*Tariiq kibiir.*« (Es ist ein langer Weg.)

»*Kuwáyyis, mafiisch muschkila, inscha 'allah.*« (Wenn Gott es will, wird alles ohne Probleme gehen.)

Ein Anflug von Rührung zeigt sich in Ahmeds Blick. Übrigens ist es, glaube ich, das erste Mal, dass ich ihn ohne seine getönte Brille sehe, die er sonst immer aufhat. Wir sind zu dritt mitten in der Nacht am Rand der Libyschen Wüste in Ägypten: Ahmed, ein Mischling mit einem nomadischen Vater aus der Region Kordofan und einer sesshaften schwarzen Mutter, ein anderer Sudanese, der zu Fuß aus seiner Heimat, dem Darfur, gekommen ist, und ich selbst.

Die Dunkelheit hüllt uns vollkommen ein und isoliert uns vom Rest der Welt. Nicht der geringste Mondschein; die erste Sichel wird erst in einigen Tagen zum Vorschein kommen. Im Augenblick haben wir es mit einer feindseligen Wüste zu tun, wo der Blick nicht einmal die Unebenheiten des Geländes auszumachen vermag. Am Himmel stehen unzählige Sterne, die jedoch nur einen schwachen Schimmer verbreiten. Es ist noch zu früh, nicht einmal 21 Uhr, und die Nacht ist undurchdringlich.

Ahmed drückt mich ein letztes Mal an seine Brust. Dabei neigen wir beide nicht dazu, unseren Gefühlen in Gesten und noch weniger in wortreichen Bekundungen Ausdruck zu verleihen. Wir sind halbe Nomaden, und bei den Nomaden ist jeder Körperkontakt von Zurückhaltung geprägt: Man berührt sich nicht, man streift sich nur. Ich verdanke Ahmed viel: Er hat sich mehrere Tage lang um meine beiden Kamele gekümmert. Reisefertig gesattelt und geschirrt, halte ich sie am Zügel, und ihrem schwerfälligen Gang und ihrem stinkenden Atem nach zu urteilen, den man zu riechen bekommt, wenn sie einem beim Wiederkäuen mitten ins Gesicht rülpsen, hat er sie offensichtlich gut gemästet. Bei dem, was mir bevorsteht, kann ich da von Glück sagen …

Der zweite Sudanese, der sich bis dahin ein wenig im Hintergrund gehalten hat, tritt nun vor, um mir einen letzten Rat zu erteilen: »Vorsicht vor den Krokodilen!« Und er erklärt mir, dass er selbst fast schon von einem verschlungen worden sei, als er eines Abends nach einem langen Marsch am Ufer des Nils trinken wollte. Ich danke ihm für seinen freundlichen Hinweis, ohne ihm jedoch zu sagen, dass dort, wo ich hingehe, kaum Gefahr für mich besteht, welche anzutreffen.

Mein Ziel war das Ash Shimaliya, der sudanesische Teil der Libyschen Wüste, eine geografisch kaum erforschte und in Karten nur ungenau verzeichnete absolute Wüste, die noch niemand vom Roten Meer bis zum Tschad durchquert hat. Das sollte aber nur der Anfang sein. Danach wollte ich weiter durch die ganze Sahara bis zum Atlantik, was ebenfalls noch kein Sterblicher gewagt hat. Ahmed hatte Recht: »*Tariiq kibiir*«, es ist ein langer Weg.

Aber nun Schluss mit dem Selbstmitleid. Ich habe schon eine Stunde mit einem Tee und einem letzten Hirsebrei verloren. Aber das war nur, um die Dunkelheit abzuwarten. Jetzt ist keine Zeit mehr zu verlieren. Ich muss vor dem Morgengrauen und den ersten Patrouillen verschwinden, wenn der Alarm nicht schon durch den Fahrer ausgelöst worden ist, der mich hierher, in Ahmeds Karawanserei brachte, die nur zwanzig bis dreißig Kilometer von den Militärposten und den Moukhabarat, dem ägyptischen Geheimdienst, entfernt liegt. Ein letzter Abschiedsgruß mit einem Händedruck, und ich entferne mich entschlossen von meinen beiden Begleitern. Ohne mich umzuwenden, höre ich sie mit leiser Stimme ein paar Worte wechseln und dann langsam den Rückweg antreten. Ich selbst bin jetzt schon fort, und nichts könnte mich zur Umkehr bewegen. Ich habe schon zehn Tage Wüste hinter mir, in denen ich vom Ufer des Roten Meers bis zu dieser Stelle in der unmittelbaren Umgebung der berühmten Tempelbauten von Abu Simbel am Westufer des Nils gewandert bin. Doch das war nur eine leichte Übung, um die Beine ans Laufen zu gewöhnen. Die schwierigen Dinge kommen erst noch auf mich zu, wobei es zunächst gilt, den ägyptischen Patrouillen auszuweichen. Daher keine Lampe, kein Lärm, abseits der Piste und vor allem schnell ... Die ersten Schritte sind mühevoll. Um mich herum ist es stockdunkel wie in einem Tunnel, und ich stolpere unablässig über loses Gestein. Das Schlimmste ist, dass man seine Füße nicht sieht und dass man einen fünfzig Zentimeter breiten Trampelpfad hinuntersteigen muss, ohne so recht den Boden unter den Sandalen zu spüren. Die Kamele können in etwa Schritt halten, obwohl sie durch die mehreren Dutzend Liter Wasser, die sie sich einverleibt haben, ziemlich aufgebläht sind. Sie haben wohl gefühlt, dass man ihnen viel abverlangen würde, und sich deshalb zum Trinken gezwungen. Da die von Ahmed besorgten Futterladungen – Stroh, das man hier als *zril* bezeichnet – sehr viel Platz einnehmen, verzichte ich darauf, die beiden Zügel zusammenzunehmen und die Tiere nebeneinanderher laufen zu lassen. Außerdem erlaubt dies die Bodenbeschaffenheit gar nicht. Ich binde also das zweite Kamel an den Sattel des ersten, und wir schreiten so im Gänsemarsch voran. Ich werfe einen Blick auf den Kompass: Wunderbar, Zeiger und Zifferblatt fluoreszieren. Es ist ein Schweizer Kompass, offensichtlich ein sehr hochwertiges Produkt! Das Auge teils auf den Horizont, teils auf den Kompass geheftet, versuche ich, die Richtung zu halten. Das ist alles andere als leicht. Deshalb probiere ich etwas anderes aus: Mit dem Kompass visiere ich einen möglichst hell leuchtenden und niedrig am Horizont stehenden Stern an und bewege mich geradewegs darauf zu. So ist es besser, aber die Bodenunebenheiten stellen wirklich ein Problem dar. Eine Folge von sandigen Geländeabschnitten, durchzogen von kleinen Felstafeln und besonders von »Wadis«, ausgetrockneten Flussläufen, in deren Bett man hinuntersteigen muss, um auf der anderen Seite wieder hochzuklettern. In einer Vollmondnacht würde man gut sehen. Jetzt herrscht dagegen absolute Finsternis. Die Hitze hat mit Anbruch der Dunkelheit nicht wirklich nachgelassen, aber sie ist noch erträglich.

All das passt gut in meinen Plan. Die Umstände könnten nicht günstiger sein, um zwischen den Maschen des Netzes durchzuschlüpfen, das sich über die gesamte ägyptischsudanesische Grenze erstreckt. Nach Wochen der Unentschlossenheit und der Drohgebärden befinden sich beide Länder kurz vor dem offenen Krieg. Vor einigen Tagen schon hätte der Konflikt losbrechen können, und die Truppen sind hier irgendwo in der Wüste versteckt und warten auf einen Befehl oder einen gegnerischen Angriff. Es heißt, der Irak habe dem Sudan Shark-Raketen geliefert, die sofort auf den Assuanstaudamm gerichtet worden seien. Man kann sich die mögliche Katastrophe mühelos vorstellen. Wahrscheinlich sind die Raketensilos irgendwo in der sudanesischen Wüste verborgen, und zwar unweit der Grenze, denn die Reichweite dieses Raketentyps ist ziemlich kurz. In der Nähe von Assuan konnte ich ganze Militärkonvois beobachten, die von der Gegend um den Suezkanal abgezogen worden waren: eine ganze Armee, die von der israelischen an die sudanesische Grenze transportiert wurde. Und der ununterbrochene Strom schien nicht versiegen zu wollen; die verschiedensten Rüstungsgüter, schwere Panzerfahrzeuge und Tausende von Soldaten. (Die Dauer des Wehrdienstes beträgt in Ägypten drei Jahre.)

Für mich gilt, drei zwingende Regeln einzuhalten, die von allen Schmugglern der Welt befolgt werden: schnell sein, sich die Dunkelheit zunutze machen und alle Spuren vermeiden. Jedenfalls bin ich umso ruhiger, je unebener das Gelände ist, denn außer einigen wenigen Patrouillen aus Mehariréitern, kann sich kein Fahrzeug in diesem Geröll einen Weg bahnen.

Ich schlage daher einen Weg durch felsige Geländeabschnitte ein, auch wenn sich die Hornsohle meiner Kamele daran stärker abnutzt und man öfter hinzufallen droht.

Unmöglich, auf meinen Tieren zu reiten. Ich muss die günstigsten Passagen wählen, die Tiere beim Gehen leiten und das Gepäck immer wieder hochschnallen. So vergehen die ersten, noch heißen Stunden mühevoll und langsam. Die Sterne, nach denen ich mich richtete, verblassen am Horizont und verschwinden schließlich ganz. Man muss einen anderen, oft weniger hell leuchtenden Stern anpeilen, der sich inmitten der anderen verliert, wenn man zu lange nach unten auf seine Füße gesehen hat. Die Luft wird im Laufe der Zeit schneidender, kühlt allmählich ab. Obwohl man die ganze Zeit über marschiert, fängt man jetzt fast an zu frieren. Ich bewege mich immer noch stolpernd vorwärts, aber schon seit einiger Zeit bin ich in meinen Schlafsack eingemummt, den ich mir fest um die Schultern gewickelt habe. Und noch immer habe ich diese verdammte Militärpiste vor mir, die ich schon seit Langem hätte überqueren sollen. Aber ich muss sie noch vor dem Morgengrauen hinter mich bringen, vor den Spähtrupps, und bevor der Schutz der Nacht dahinschwindet.

Gegen sechs Uhr morgens gönne ich mir eine Ruhepause. Ich weiß wirklich nicht, wo ich diese Piste finden soll! Eingeschnürt in meinen Schlafsack und schlotternd vor Kälte, lasse ich mich, den Zügel des Leitkamels ums Handgelenk gebunden, auf den Boden fallen. Ich sinke gleich in einen Schlaf völliger Erschöpfung. Seit neun Stunden marschiere ich ohne Unterbrechung und in gleichbleibend raschem Tempo. Wie durch ein Wunder tauche ich eine Viertelstunde später aus meiner Benommenheit auf und mache mich unter Mühen wieder auf den Weg. Wo ist nur diese Militärpiste? Verdammt noch mal, wo ist sie bloß?

Ich gehe fünfzig Meter weiter und kreuze eine Fahrzeugspur, gleich darauf noch eine. Ich erklimme eine Böschung und finde mich endlich auf der Piste wieder. Sie war ursprünglich geteert, aber der Asphalt ist plattenweise herausgeschwemmt worden, und jetzt bleibt nichts mehr übrig als der von den Patrouillenfahrzeugen festgefahrene Sand. Ich wäre beinahe ein paar Meter von hier eingenickt. Bravo! Jetzt darf aber nicht mehr getrödelt werden! Im rechten Winkel zu den Spuren mache ich mich hastig aus dem Staub und suche Schutz hinter einem Hügel, den ich besteige, um meine Fußspuren und die meiner Kamele im Schotter verschwinden zu lassen. Der Morgen graut. In einigen Minuten wird es taghell sein. Noch zwei Stunden muss ich diesen verteufelt schnellen Marsch fortsetzen, indem ich mich an den Erhebungen im Gelände orientiere. Dann endlich kann ich einen Augenblick verschnaufen.

Wir haben den 23. September. Es ist erst 8 Uhr früh, doch schon überflutet die Sonne die ganze Szenerie. Die Rückstrahlung auf dem unberührten Sand ist vollkommen. Kein Schatten. Es gibt weder Baum noch Strauch, ja nicht einmal den kleinsten Grashalm. Hier ist alles mineralisch, vom Wüstenwind glatt geschliffen, der sich durch kein Hindernis aufhalten lässt. Der Blick wird nur vom Funkeln bunter Steine auf der nackten Erde angezogen, die man zuweilen hochkant, zuweilen zu einer Vielzahl kleiner Waben zerlegt und ausgehöhlt antrifft. Trotz der Müdigkeit bin ich so sehr von einigen sonderbaren Formen und Farben fasziniert, dass ich mir die Mühe mache, mich zu bücken, um die schönsten Steine aufzuheben und mir das Vergnügen zu gönnen, sie aus der Nähe zu sehen, sie zu bestaunen, darüberzustreichen, um ihre glatte oder raue Oberfläche zu spüren. Einige Meter weiter lasse ich sie dann wieder fallen, da es nicht möglich ist, mich auch nur mit den geringsten überflüssigen Dingen zu beladen.

Wir befinden uns noch im *saif,* im Sommer, der harten, dürren, menschenfeindlichen Jahreszeit, in der die Sonne alles versengt. Und in dieser Gegend hier kann man auch auf keinen *kharif* hoffen, auf keine Regenzeit, die das Klima ein wenig mäßigt, wie es ein bisschen weiter südlich der Fall ist. Die einzigen Anzeichen dafür, dass die Wüste lebt, sind kleine gelbe Insekten, die aussehen wie ein Mittelding zwischen Ameise und Schabe und die die Eigenheit besitzen, stehen zu bleiben und sich dicht an den Boden zu pressen, wie um mit ihm zu verschmelzen, sobald sie eine Gefahr wittern. Am Nachmittag finde ich allerdings ein kleines Wadi mit drei oder vier braunen, vertrockneten Büschen: Genau das Richtige, um die Mäuler meiner Kamele zu stopfen, die sich gierig auf dieses mehr als kümmerliche Gesträuch stürzen.

Endlich gegen Abend, nachdem ich vierundzwanzig Stunden fast ununterbrochen unterwegs war, beschließe ich, völlig erschöpft, mein Nachtlager aufzuschlagen. Das bedeutet, dass ich den Tieren an Vorder- und Hinterbeinen Fesseln anlegen muss, da es ja ohnehin nichts abzugrasen gibt. Bleibt noch, sie von ihrer Last zu befreien, ihnen einen Teil des Futters zu geben, eine Decke auf der bloßen Erde auszubreiten und … mich darauffallen zu lassen, wobei ich darauf verzichte, mir für das Abendessen etwas zuzubereiten; nur eine Handvoll Datteln, die ich rasch hinunterschlinge.

Den ganzen Tag über hatte ich allem, was als Zeichen für die Gegenwart von Menschen gewertet werden konnte, größte Beachtung geschenkt. Ich hatte auf das leiseste Motorbrummen inmitten des pfeifenden Windes gelauscht, und bei jeder ungewöhnlichen Gestalt in der Ferne hatte ich sofort nach meinem Fernglas gegriffen, um damit den Horizont genau abzusuchen, jederzeit bereit, auch beim kleinsten Zweifel oder Trugbild einen riesigen Umweg auf mich zu nehmen. Deshalb, mag es nun von körperlicher oder nervlicher Ermattung herrühren, versinke ich jetzt in einen unruhigen Schlaf, bis ich mitten in der Nacht wegen eines heftigen Schmerzes in der Fingerspitze hochfahre. Ich stelle mir gleich das Schlimmste vor – ein Skorpion! –, bevor ich im Lichtkegel meiner Taschenlampe eine kleine Maus wahrnehme. Der Duft des *zril,* des Viehfutters, hat sie angelockt. Und da sie offensichtlich sehr hungrig war, hat sie mich auf bestialische Weise in die Spitze eines Fingers, direkt unter den Nagel, gebissen.

Bei dieser Gelegenheit werfe ich gleich einen Blick auf die Kamele. Sie kauern friedlich am Boden und käuen wieder. Alles ist in bester Ordnung. Ich drehe mich auf den Rücken und schaue zu den Tausenden und Abertausenden von Sternen, die über mir am Himmel blinken, und während die Lider sich bei diesem zauberhaften Anblick langsam schließen, schlafe ich allmählich ein.

Kurz vor Sonnenaufgang bin ich bereit zum Aufbruch. Die Kamele sind geschirrt. Sowie sie beladen waren, haben sie sich von ganz allein erhoben und erwarten nun ungeduldig das Zeichen zum Weitermarsch. Für sie gibt es hier keinen Weidegrund; es bringt ihnen also nichts, sich noch länger aufzuhalten. Ich hole meinen Kompass und meine Sonnenbrille aus meinen Sandalen hervor. Das ist ihr Stammplatz, denn dadurch vermeide ich, nachts aus Versehen daraufzutreten. Sie sind in der Tat die wichtigsten Ausrüstungsgegenstände, und ich achte peinlich darauf. Ich hänge sie mir um den Hals, schlüpfe in meine Sandalen und fasse den Zügel des Leitkamels. Bereit für einen zwölfstündigen heimlichen Marsch. Ein rascher Blick aufs Zifferblatt meines Kompasses bestätigt mir den einzuhaltenden Kurs: 225, das heißt Südwesten. Ich weiß schon, dass die Stunden aufeinanderfolgen werden wie tags zuvor, in der Morgenfrische kurz, in der Mittagshitze lang. Deshalb muss ich die Kühle zum Laufen ausnutzen und meine Tiere erst später besteigen.

Wenn ich losmarschieren will, gebe ich den Kamelen ein Zeichen, indem ich mit der Zunge schnalze. Sie kennen diesen Laut, kennen mich jetzt ebenfalls, und die kleine Karawane setzt sich geschlossen in Bewegung.

Ein Blick zurück: Ich hinterlasse nichts als ein paar Fußspuren, den Abdruck der kräftigen Kamelkörper im Sand und einige Dattelkerne. Unmöglich, genau zu bestimmen, wer da wann und warum vorbeigekommen ist. Dies wird mir in Zukunft zur Gewohnheit werden, ebenso aus Achtung vor der Wüste wie aus Überlebensgeist. Die Ägypter hätten wohl noch ein paar Liter Treibstoff übrig, um Spuren in der Wüste zu folgen, keinesfalls jedoch die Sudanesen.

Frische Wagenspuren sollten meine Befürchtungen den ganzen Tag über bestätigen. Patrouillen oder Schmuggler? Ägypter oder Sudanesen? Auf alle Fälle erwarteten mich Probleme. Wegen des drohenden Krieges ist der Schwarzhandel über die Grenze anscheinend merklich zurückgegangen, aber hier muss man stets mit allem rechnen. Vor vier Tagen sah ich in der Kaserne der Moukhabarat in Assuan mehrere Dutzend beschlagnahmter Kamele, und der Oberst zeigte mir eine Reihe furchterregender Fotos, auf denen typische Schwarzhändlervisagen von Angehörigen des Nomadenstammes der Bisharin zu sehen waren: schwarze, scharf geschnittene Gesichter, umrahmt von fettglänzenden, lockigen, schulterlangen Mähnen. Die Bisharin sind ausgezeichnete Kameltreiber, die jedoch durch die Drogen, besonders Haschisch und Heroin, die sie schmuggeln und mit denen sie Missbrauch treiben, unberechenbar geworden sind. Sie betätigen sich fast ausschließlich im Osten zwischen Nil und Rotem Meer, vom Sudan bis zum Mittelmeer, wo die Waren auf Schiffe verladen werden. Hier in dieser Gegend wird der Schwarzhandel von anderen Nomaden, den Kebabisch, betrieben, die auf ihrem Gebiet ebenfalls Meister sind. Sie treiben Kamelherden zu Fuß vom Sudan nach Ägypten, das unter einem schlimmen Fleischmangel leidet.

Die Ägypter dulden diesen Handel bis zu einem gewissen Grad, und so enden die meisten in der gesamten westlichen Sahara bei sogenannten Razzien geraubten oder sonstwie entwendeten Kamele als Schlachtfleisch in Kairo oder Minia. Sie kommen manchmal von sehr weit her, aus Eritrea, dem Tschad oder Somalia, und werden von Markt zu Markt verkauft und weiterverkauft: Khartoum, Dongola, Daraw ... Jedes Mal wenn ein Krieg zwischen zwei Völkern oder ein örtlicher Konflikt ausbricht, besteht die erste Handlung der Sieger darin, sich die Herden der Besiegten anzueignen. Und sie eventuell ins Ausland zu verkaufen.

Meine eigenen Kamele bilden da keine Ausnahme. Den Brandzeichen zufolge stammt das eine aus dem sudanesischen Kordofan, aus En-Nahud, und das andere ist ein Kebabisch-Kamel aus Dongola. Gegenwärtig scheinen sie mir dafür dankbar zu sein, dass sie nicht in Kebabs oder in Würste verwandelt worden sind, und laufen sehr gut. Im Übrigen wäre es sehr schade um sie gewesen, denn es sind sehr gute Kamele. Ich hatte auch genug Mühe, sie aufzutreiben. Obendrein sind sie schön, von weißer Farbe, die genau auf meinen Gesichtsschleier und meinen *sarouel* abgestimmt zu sein scheint.

Da es während der nächsten tausendfünfhundert Kilometer kein Beduinenlager, also auch keine Frau gibt, erscheint mir diese Eitelkeit im Moment völlig überflüssig ... umso mehr, als Weiß sich von ferne viel leichter ausmachen lässt als Braun. Aber man kann eben nicht über den eigenen Schatten springen, und es bedeutet mir nun einmal viel, auf einem schönen weißen Kamel zu reiten.

Jetzt ist übrigens gerade die richtige Zeit, um zu reiten. Ich habe es mir angewöhnt, mein Tier weder niederkauern noch niederknien zu lassen; ich besteige es in etwa so, wie man eine Bergspitze erklimmt. Das geht schneller und ermüdet das Tier weniger. Ich setze nur den rechten Fuß auf das Knie des Kamels, stütze mich mit dem linken an seinem Hals ab und finde mich, den Zügel zwischen den Zähnen haltend, in drei Sekunden rittlings auf dem Kamelrücken wieder. Das Kamel weiß diese Art des Aufsteigens zu würdigen. Es stimmt sie wieder etwas versöhnlicher gegen seinen Herrn, der es in eine immer trockenere Wüste ohne Wasser und ohne Weidemöglichkeit führt.

Jedenfalls ist mein Kamel hart im Nehmen. Auf meinem Sattel sitzend, habe ich genug Muße, seinen mächtigen Hals zu betrachten, der ganz mit Bissen anderer Tiere übersät ist, Spuren früherer Wüstendurchquerungen, bei denen es sich wohl seinen Anteil Wasser an der Tränke erkämpfen musste. Sieh da, ich hatte bis jetzt noch gar nicht sein halb abgerissenes Ohr bemerkt. Vielleicht ist das der Grund, weshalb der Dummkopf immer nach links abdriftet.

Gegen Abend kreuze ich endlich eine Piste auf sudanesischem Gebiet. Sie zieht sich schnurgerade nach Westen hin und führt wahrscheinlich nach Libyen. Ein Zusammenstoß mit einer ägyptischen Patrouille ist jedoch auch weiterhin nicht auszuschließen, besonders nicht auf dieser Piste. Es würde mir dann nur schwer gelingen, sie davon zu überzeugen, dass ich mich auf sudanesischem Gebiet befinde, und überhaupt würde ich es sicherlich besser wissen als sie. Ich könnte mir nur schwer vorstellen, meinen GPS-Satellitennavigator auszupacken und ihnen zu erklären, dass die Grenze sich fünf Kilometer hinter uns befindet – *»Schuuf, schuuf!«* (schau, schau!) –, während man in Wirklichkeit nur eine riesige, sandige Reg sieht, deren Erhebungen sich im Laufe des Tages völlig abgeflacht haben. Um eine nackte Ebene zu bilden, aus der nur da und dort vereinzelte Bergspitzen emporragen. Es ist nicht möglich, einen Maßstab anzulegen, sodass sie einem genauso gut fünfhundert Meter wie fünfzig Kilometer entfernt erscheinen können.

Der Nil muss im Moment zwei Tagesmärsche entfernt liegen. Das ist ein Rückhalt, eine Sicherheit. Sollte ein Problem auftauchen, könnte ich immer noch dorthin abschwenken, meine Tiere tränken und meinen eigenen Durst stillen. Aber das würde auch das Ende der Reise bedeuten. Da die Nilufer beidseitig mit einem Kontrollnetz von Streitkräften überzogen sind und da ich weder ein Visum noch eine Genehmigung besitze, wäre meine Saharadurchquerung angesichts der politischen Lage schon zum Scheitern verurteilt, ehe sie überhaupt begonnen hat. Ich muss daher den Gedanken an vorübergehende Sicherheit und an einen grünen Zufluchtsort im Osten weit von mir weisen. Im Osten gibt es Wasser und Palmenbäume, aber es gibt dort auch Menschen. Im Westen gibt es vor allem das Unbekannte … Ich versuche, mich mit der Karte vertraut zu machen, meine Route vorauszuplanen, die Anzahl der Marschtage zu ermitteln und die Lage der seltenen Wasserstellen genau zu bestimmen, kurz, meinen Weg vorzuzeichnen. Aber ich werde dabei durch die mangelhafte Qualität der Karte stark eingeschränkt und brauche nicht lange, um festzustellen, dass sie völlig fehlerhaft ist. Wer hätte sie wohl auch ordentlich erstellen können?

Diese Anhöhe hier existiert überhaupt nicht. Und da, dieses ausgetrocknete Wadi, ich frage mich, woher sie das wohl nehmen. Dieses mit einem Gradnetz überzogene, praktisch weiße Stück Papier erlaubt es mir immerhin, über mein tägliches Vorwärtskommen Buch zu führen: ein schönes Kreuz auf dem weißen Blatt, das eine kurzlebige Nacht markiert, deren Andenken rasch durch die darauffolgende Nacht hinfällig wird.

Der Boden ist sandig, aber der Sand ist hart. Meine Sandalen sinken nur wenige Millimeter ein, gerade so viel, um den Boden mit meinem Fußabdruck zu markieren. Von Zeit zu Zeit drehe ich mich um und betrachte diese Spur, die trotz meiner Bemühungen, eine gerade Richtung einzuhalten, in Schlangenlinien verläuft. Die Spuren der Kamele kreuzen sich mit den meinen und überlagern sie. Rückwärts gehend, beobachte ich ihren gemessenen Gang: Ihre Hinterfüße fügen sich fast genau in den Abdruck der Vorderfüße ein, und das mit der Regelmäßigkeit eines Metronoms.

Ich bleibe ein paar Sekunden stehen, um ihre Fußspuren zu studieren: Jedes Tier hat einen unterschiedlichen Fußabdruck. Man kann daran ihr Alter und ihre Verfassung ablesen, und man kann erkennen, ob die Tiere sich auf der Weide oder auf der Reise befinden, ob sie beritten sind oder nicht, ob sie beladen sind oder nicht. Auch über ihre Herkunft gibt die Fußspur Aufschluss. Die Hornsohlen am Vorderfuß sind länger als die am Hinterfuß. Das ist immer so. Und das Kamel aus En-Nahud hat längere Füße, weil es ein Sandkamel ist. Erstaunlich, wie perfekt sich diese Tiere genetisch der Wüste angepasst haben! Ich betrachte ihre vorsintflutliche Silhouette: die sehr langen, gut entwickelten Gliedmaßen, ihren Körper, der sich so hoch wie möglich über den Boden aufwölbt, ihre äußerst geschmeidigen und schlanken Fesseln, ihre Fettreserven ... die allmählich schrumpfen. Es ist keine Zeit zu verlieren, auf gehts! Und sie nehmen hinter meinem Rücken ihren wiegenden Schritt wieder auf, begleitet von einer Art Niesen, durch das sie ihre Nüstern befeuchten, und von Geräuschen des Aufstoßens und Wiederkäuens: Lieber Gott, was stinken die Viecher doch aus dem Maul! Wenn sie zu übel riechen, füttern ihnen die Kameltreiber zuweilen ein paar Gräser, damit der Pflanzensaft ihren Gaumen ein wenig benetzt. Oder sie behalten selbst einen Grashalm zwischen ihren Lippen, sozusagen als Zahnstocher. In der Ferne erblicke ich ein Gebirgsmassiv, das ich normalerweise am Abend des nächsten Tages erreichen müsste. Die Karte zeigt an, dass es dort Wasser gibt. Wir werden ja sehen. Augenblicklich wirkt es nur wie ein Kieselstein, den jemand auf der Geröllebene abgelegt hat. Und dieser Kieselstein ist fünfzig Kilometer weit entfernt.

Nach einer zweiten Nacht und stundenlangem Marschieren muss ich den Tatsachen ins Auge sehen: Es gibt an dem bezeichneten Ort kein Wasser mehr. Dafür finde ich Spuren zahlreicher Vipern. Sie hinterlassen einen sehr charakteristischen Abdruck in Form eines »S« im Sand. Wasser musste es hier tatsächlich mal gegeben haben, aber vor langer, sehr langer Zeit … Vielleicht ist irgendwo in einer Felsspalte noch ein wenig davon zurückgeblieben, denn ich habe eine Schwalbe gesehen und sogar eine Art Mauersegler, einen Vogel mit sehr raschem Flügelschlag. Nachforschungen in den engen Schluchten des Massivs ergeben jedoch nichts. Immerhin habe ich die weißen Spuren ausfindig gemacht, die die Lage der *Many small lakes,* der vielen kleinen Seen, anzeigen. Diese sind auf meiner amerikanischen Luftkarte eingezeichnet, der einzigen, die es von diesem Gebiet gibt.

Diesmal gibt es keine andere Lösung, als weiterzumachen … und auf Wasser in Selima zu hoffen, einer Oase, die auf allen Karten der Welt und sogar auf dem Erdglobus verzeichnet ist. Merkwürdigerweise konnte mir aber niemand über Selima Auskünfte erteilen. Nicht einmal die Kebabisch, Schwarzhändler, die ich zuvor in Ägypten traf, konnten mir etwas darüber sagen. Handelt es sich um eine Palmenpflanzung? Ist sie bewohnt? Gibt es dort irgendeine sudanesische Behörde? In diesem Fall würde ich auf Probleme stoßen, weil der Sudan für Europäer keine Visa mehr ausstellt und ich bis zum Tschad ein illegal Eingereister bin. Immerhin habe ich für den Fall eines unvorhergesehenen Zusammenstoßes ein paar hundert Dollar mitgenommen. Man wird sich immer irgendwie einig! Das Schlimmste wäre die Anwesenheit libyscher Truppen in Selima, was denkbar wäre, denn sie sind bereits dabei, die etwas weiter liegende Oase Merga (oder Nukheila) zu besetzen. Und wenn sie sie nicht besetzen, ist dennoch sicher, dass sie regelmäßig Spähtrupps tief in den Sudan hinein aussenden, sei es nur, um den in den Sudan geflüchteten tschadischen Rebellen um Idriss Deby logistische Hilfe zukommen zu lassen. Abermals liegt meine Chance in der Schwierigkeit des Geländes und in meinem Grundsatz, niemals einer Spur zu folgen.

Die Landschaft ist weiß, fast schon weiß glühend. Während der heißesten Stunden des Tages treten Fata Morganen auf. Das ist aber nicht weiter aufsehenerregend und kaum verbreiteter als auf den Asphaltstraßen in Europa oder anderswo. Ein trüber, verschwommener Lichtkreis, hervorgerufen durch die vom überhitzten Boden aufsteigende Wärme, verschleiert einem praktisch im ganzen Gesichtsfeld den Blick. Der Maßstab fängt an zu trügen; Entfernungen können nicht mehr abgeschätzt werden. Die Augen müssen sich an dieses Phänomen gewöhnen, das mit der Zeit zu etwas Alltäglichem wird. Der Blick bildet sich selbst dazu aus, den oft unscharfen, etwas zitternden und durch die Hitzewellen verformten Horizont zu fixieren, der zuweilen auch geteilt auftritt und sich etwas weiter oben wieder zusammenfügt. Er ist immer von gleißender Helligkeit. Die Netzhaut erträgt dieses Übermaß an Weiß bis zur Abenddämmerung. Dann bilden sich allmählich die Schatten heraus; nicht viele, da es wenige Hindernisse gibt. Die dunkle Spur eines nach oben stehenden Kieselsteins, der Schatten der Kamele, der sich nach hinten, nach Osten hin, zieht. Endlich kommt die Stunde, wo die Sonnenbrille nicht mehr vonnöten ist, wo der Blick sich wieder auf nahe Gegenstände und genaue Bewegungen ausrichten kann: auf einen Knoten, den ich aufmachen muss, eine Hand voll Fadennudeln, die ich in den Topf werfe, ein Streichholz, das ich anreiße, die Position, die ich berechnen muss …

Tags darauf erkenne ich gegen Mittag ein Vorgebirge am Horizont. Ich denke, dass es sich um die Oase Selima handelt, und ich weiß auch, dass ich den ganzen Tag und einen Teil des nächsten Tages brauchen werde, um dorthin zu gelangen. Leider zeigt der Wisch, der mir als Karte dient, keine genaue Lage an. Quer auf der Karte steht nur »Selima«, aber ohne dass es durch einen genauen Punkt festgelegt ist. Man kann also innerhalb eines Durchmessers von fünfundzwanzig Kilometern suchen. Das entspricht in etwa der Länge des Namenzuges. Es dürfte schwer sein, ein fünfzig Zentimeter breites, ebenerdiges Wasserloch auszumachen, wenn nichts darauf hinweist. Nach dem, was ich früher schon beobachtet hatte, liegen die Wasserstellen fast alle im Südwesten, das heißt geschützt vor den hier vorherrschenden Nordostwinden. Daher ist mein Entschluss gefasst, das Massiv zu umgehen. Ich wähle den Weg unmittelbar an den Felswänden entlang, klettere hie und da einen steinigen Hügel hinauf und suche beim geringsten Zweifel oder auch immer dann, wenn der Blick frei genug ist, mit dem Fernglas den Horizont ab. Und noch immer finde ich praktisch keine Spur, die darauf hinweist, dass vor mir jemand hier vorbeigekommen ist.

Das ist wahrhaftig sonderbar. Da entdecke ich an diesem lebensfeindlichen, unverändert mineralischen Ort einen einsamen, verlassenen Palmenstamm, doch das gibt mir nun auf keine meiner Fragen eine Antwort. Dann endlich, hinter der Biegung eines letzten *ras* oder steinigen Gebirgsvorsprungs halte ich überrascht inne. Ein erstaunliches Bild bietet sich mir dar: Am Grunde einer kleinen, tief eingeschnittenen Felsschlucht, die nicht mehr ist als eine grüne Ader auf dem ockergelben Sand, stehen vereinzelt inmitten von Ziegengrasbüscheln nur ein paar Dutzend Palmenbäume. Ich befehle meinen Kamelen sofort, sich niederzulegen, denn ihre Silhouette ist im Stehen viel zu charakteristisch und auffällig.

In einer Bodennische liegend, sind sie dagegen schwerer auszumachen.

Ich verbringe eine gute Stunde damit, die Umgebung mit dem Fernglas abzusuchen, herumzurätseln, was sich wohl hinter den Palmenstämmen verbirgt, und auf jede Bewegung in der winzigen Oase zu lauern. Man kann einen kleinen befestigten *bordj* erkennen, aber es ist unmöglich, festzustellen, ob sich dort jemand aufhält. Aber ich brauche dringend Wasser. Da ich nun mal eine Entscheidung treffen muss, beginne ich, die Abhänge des Cañons bis hin zu den ersten Grasbüscheln hinabzuklettern. Die Kamele folgen mir ziemlich unbeholfen und rutschen auf dem steilen Hang dauernd aus. Ich hatte geglaubt, sie würden sich auf dieses unverhoffte Grün stürzen, aber sie würdigten es keines Blickes, und ich stelle fest, dass das Gras hart und schneidend ist. Jedenfalls essen wir sowieso erst später. Zuerst das Wasser. Offensichtlich lagert hier keine Garnison. Am Fuß des *bordj*, der sich als Ruine entpuppt, ragt ein riesenhafter Stein mit hieroglyphischen Inschriften, die nicht arabisch sind. Sicherlich handelt es sich um pharaonische Schriften. Sonderbar. Außerhalb des Niltals sind Spuren antiken ägyptischen Lebens äußerst selten. Immer noch niemand zu sehen. Und immer noch kein Wasser. Plötzlich stoße ich unvermittelt auf zwei Kamele, zwei junge Tiere mit Fußfesseln. Aber sosehr ich auch die letzten Winkel der Oase durchforste, es ist offensichtlich keine Menschenseele anwesend. Ich kehre langsam zu den beiden Kamelen zurück und entdecke schließlich die Wasserstelle. Ein in den Boden gegrabenes, unter Gras verborgenes Loch von einem halben Meter Durchmesser, gefüllt mit wieder hoch gekommenem Sickerwasser. Ich kauere mich gleich nieder, um an der

Oberfläche des Wassers zu trinken wie ein Tier. Das Wasser ist gut und erfrischend. Die Kamele dagegen weigern sich zu trinken. Sie haben Angst, auf dem ihnen unbekannten feuchten Boden auszurutschen; dabei tritt das Wasser auch direkt am Boden zutage. Ich muss ihnen das Wasser aus dem *oglat* in eine kleine Mulde umfüllen, die ich ein paar Schritte weiter in den Sand grabe. Ich achte darauf, an ihrem Grund zwei Steine zu platzieren. Dadurch soll der Wasserstrahl gebrochen werden, damit nicht zu viel Schmutz aufgewühlt wird und das Wasser klar bleibt. Als die Kamele schließlich ihren Durst gelöscht haben, lasse ich sie mit locker zusammengebundenen Vorderbeinen äsen. So können sie kleine Schritte machen, ohne sich jedoch allzu weit zu entfernen. Ich werde sie den Rest des Tages und morgen noch fressen lassen, damit sie wieder Kräfte sammeln. Denn abgesehen von dieser Mini-Oase, ist die Wüste ringsumher vollkommen unwirtlich.

Nachdem ich meine Sachen unter einer Palme ausgebreitet habe (ein paar vertrocknete Datteln unter den Palmwedeln deuten darauf hin, dass es sich um eine Dattelpalme handelt), ziehe ich erneut los, um die Umgebung zu inspizieren. Bald entdecke ich die frischen Spuren eines Landrovers und eines Lastwagens. Die Reifen sind neu und haben Profile, wie Militärfahrzeuge. Ohne Zweifel habe ich es hier mit einer Patrouille zu tun. Ich versuche, die Ereignisse der letzten Tage zu rekonstruieren. Ich denke, dass eine sudanesische oder libysche Patrouille das Gebiet inspiziert hat und dabei auf den Besitzer der beiden Kamele und vielleicht seine Familie gestoßen ist. Diese haben dann wohl die Gelegenheit genutzt, um zu einem bewohnten Ort am Nilufer mitzufahren, eventuell um dort die Ernte von den wilden Dattelpalmen der Oase zu verkaufen. Oder aber sie sind gewaltsam fortgeschleppt worden …

Auf dem Rückweg bemerke ich einen an einem Palmwedel hängenden Zettel mit eilig daraufgekritzelten arabischen Buchstaben. Leider gelingt es mir nicht, die Zeichen zu entziffern, aber ich errate, dass es sich um eine Bitte an den etwaigen Ankömmling handelt: »Bitte, die beiden gefesselten Tiere tränken.« Als Dank steht daneben eine Schale mit Datteln, eine andere mit ein paar trockenen Stücken *kesra* (Fladenbrot), und in einem letzten Behältnis befindet sich der Nachtisch, bestehend aus gut zwanzig dicken, schwarzen Skarabäen-Käfern, die ihre Beine ineinander verfangen, übereinander krabbeln und an der glatten Wand der Plastikschüssel abrutschen. Etwas weiter entfernt finden sich noch leere Dosen, ein Kebabisch-Kamelsattel und ein wenig auf dem Boden verstreutes Getreide, *dura* und *zril*. So vergeht der Tag langsam mit dem für mich ungewohnten Säuseln des Windes in den Palmwedeln, wobei mein Blick durch den Pflanzenwuchs aufgehalten wird, während die Sicht vorher bis zum Horizont reichte.

Diese neuen Empfindungen rufen eine dumpfe Beklemmung in mir hervor. Ich habe gelernt, die Reg und ihre unermesslichen, flachen Weiten zu lieben … Hier habe ich den Eindruck, beobachtet zu werden, und vor allen Dingen gibt es hier zu viel Leben: zahlreiche Wespen, Ameisen, die mich mehrmals nötigen, meine Decke woanders auszubreiten, ja sogar Libellen. Ich muss jedoch meine Tiere weiden lassen. Einige unter den Palmen verstreut liegende Kadaver von Kamelen, die vor Erschöpfung und Hunger verendet sind, zeugen von der Zeit, als die Karawanen auf ihrem Weg von El-Kharga in Ägypten zu den Natronminen von El Atrun im Sudan in Selima Halt machten. Diese uralte Route wurde schon zu pharaonischer Zeit benutzt, da das Natron damals zur Einbalsamierung der Toten gebraucht wurde. Heute ist sie eine vergessene Wüstenpiste, und die einzigen, die noch ihre Geheimnisse kennen, sind die alten arabischen Karawanenführer aus El-Kharga.

Während dieser unvermeidlichen Ruhepause rufe ich mir noch einmal die ganze zurückgelegte Strecke ins Gedächtnis zurück. Heute ist der 30. September. Ich bin also schon 26 Tage unterwegs, seit ich meine Tiere in dem kleinen ägyptischen Hafen Marsa Alam zum ersten Mal belud.

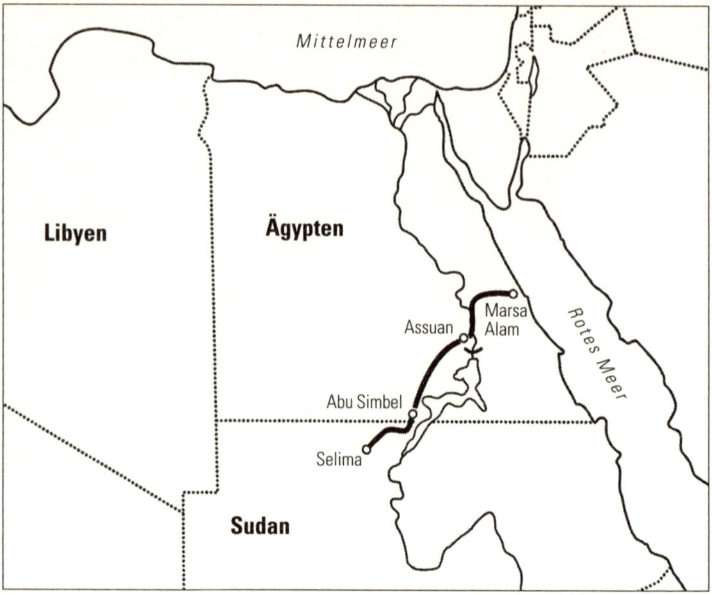
Mittelmeer
Libyen
Ägypten
Marsa
Alam
Assuan
Rotes Meer
Abu Simbel
Selima
Sudan

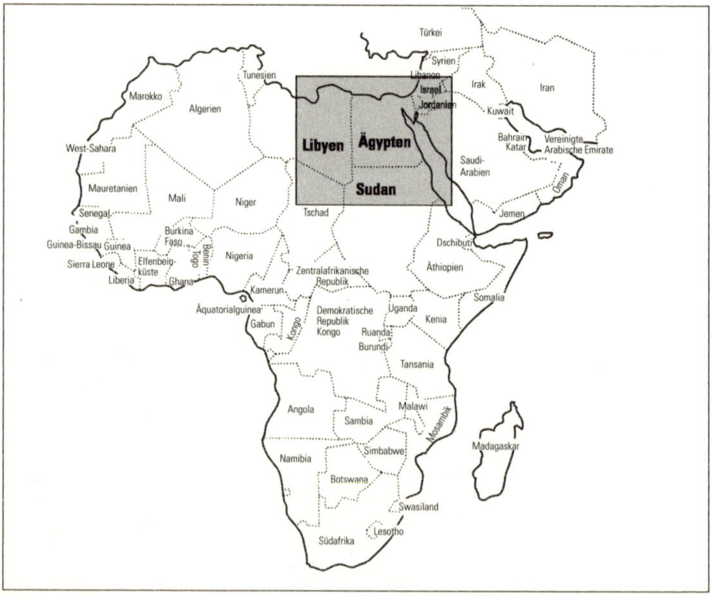
Türkei
Syrien
Tunesien
Libanon
Israel
Jordanien
Irak
Iran
Marokko
Algerien
Kuwait
West-Sahara
Libyen
Ägypten
Bahrain
Katar
Vereinigte
Arabische Emirate
Saudi-
Arabien
Oman
Mauretanien
Mali
Niger
Sudan
Senegal
Tschad
Jemen
Gambia
Guinea-Bissau
Guinea
Burkina
Faso
Benin
Togo
Nigeria
Dschibuti
Sierra Leone
Elfenbein-
küste
Liberia
Ghana
Zentralafrikanische
Republik
Äthiopien
Kamerun
Somalia
Äquatorialguinea
Gabun
Kongo
Demokratische
Republik
Kongo
Uganda
Kenia
Ruanda
Burundi
Tansania
Angola
Sambia
Malawi
Mosambik
Madagaskar
Namibia
Simbabwe
Botswana
Swasiland
Lesotho
Südafrika

Moukhabarat, der ägyptische Geheimdienst

Alles hatte schlecht begonnen. Die erste Hürde bestand in der berühmten »Genehmigung« der Moukhabarat, also des ägyptischen Geheimdienstes. Dabei hatte ich in Kairo alles versucht, um sie zu erhalten. Ich hatte sogar schon erwogen, meinen Körper zu benutzen, um die charmante Zora zu verführen, die im Pressezentrum dafür zuständig war, die Akte weiterzuleiten. Der ganze Ärger hatte schon geraume Zeit vor meinem Aufbruch begonnen. Bis ich ihr endlich klarmachte, dass ich weder im königlichen, auf der Uferpromenade des Nils gelegenen Hilton noch im Sheraton Gesira mit seinen klimatisierten Suiten residierte ... Was sie liebenswürdigerweise sofort auf Arabisch an ihre Kolleginnen weitergab, die herbeigelockt worden waren wie Fliegen von einem Honigtopf. »Schon gut, er wohnt in Giseh.« Bezaubernde kleine Vergissmeinnichtblumen. Grundregel: Niemals unbedacht durchblicken lassen, dass man Arabisch versteht.

Diese wunderbare Liebesgeschichte konnte leider nur scheitern. Als ich die klimatisierte Halle des Pressezentrums betrat, wirkte ich wohl genauso wie man sich einen typischen Reporter vorstellt, der ich jedoch gar nicht bin: sauber, kleine

Aura von Gefahr und geteilten Geheimnissen, dehnbare Spesenrechnungen … Alles Eigenschaften, die dazu beitragen können, ein Nähmädchen zu knacken. Da sie aber nun einmal nicht auf mich zutrafen, verstrickte ich mich in Rechtfertigungen wie: ein lebhaftes Interesse für die ägyptischen Nomaden, eine Leidenschaft für den Wüstensand und für extreme Leistungen; für so etwas hatte man hier keinerlei Verständnis. Ich hätte besser daran getan, den neuesten Warenkatalog des Kaufhauses *La Redoute* mitzubringen.

Und dabei weiß sie lange nicht alles: dass ich nicht immer genug Bares habe, um mein Auto vollzutanken, dass ich keine HiFi-Anlage besitze und dass es mir mangels Geld schwerfällt, meine Freundin einmal im Monat ins Kino einzuladen. Mein ganzes Erspartes geht in erster Linie für Aufenthalte in den Wüstenregionen drauf. Unnütz, ihr das erklären zu wollen; es würde sie nur unnötig in einen Abgrund der Ratlosigkeit stürzen.

Um mir nachher keine Vorwürfe machen zu müssen, hatte ich obendrein die verschiedenen Ministerien abgeklappert, die sich an unterschiedlichen Punkten dieser mit Schmutz und Staub überhäuften Riesenmetropole von zehn Millionen Einwohnern befinden, deren einziger befahrbarer Verkehrsweg noch immer der Nil ist … Stundenlanges Stehen im Stau in einem der unzähligen gelben Taxis inmitten eines irrsinnigen Verkehrs, wo sich Eselskarren mit im Osten fabrizierten knatternden Lieferdreirädern und klapprigen Autos mischen, um endlich wieder zum Ausgangspunkt zurückzukommen, dem Tahrir-Platz im Zentrum der Stadt mit seinem Hochhausklotz, einer Art riesigem Passagierschiff mit rußgeschwärzten Seiten, wo die ganze Verwaltung des Landes zentralisiert ist. Dort zeigt sich ein Ägypten, das Lichtjahre von dem der Touristen entfernt ist, die man in Sahara City mit seinen Neonlichtern und seinen Zelten für Bauchtanzdarbietungen sehen kann. Nachdem ich die erste Hürde in Gestalt des *bawa,* des wachhabenden Pförtners, überwunden habe, bietet sich mir im Innern ein unbegreifliches Schauspiel: Tausende von Beamten, die sich unterhalten, Tee trinken oder einfach eine Stunde lang mit starren Augen über derselben Seite ihrer Akte brüten. Die weiblichen Beamten richten einen aufdringlichen, samtweichen Blick auf mich, zumindest diejenigen, die ein Kostüm tragen und an den Beinen behaart sind. Die anderen im Tschador sind viel zu beschäftigt damit, sich Rachat Lokums und Pistazien einzuverleiben ... Nachtisch vom Mittag oder Aperitif vor dem Abendessen ... Einige Büros liegen nach einer Außengalerie hin, die um einen dunklen, vergitterten Innenhof herumführt, und man hat den Eindruck, dass der ganze produzierte Papierwust in diesem klaffenden Schlund verschwindet. Fehlt nur noch die Wasserspülung!

Indessen werde ich mit einem Schwall bürokratischer Lyrik bedacht: Ein Bürochef, der mit einer ganzen Batterie verschiedener Stempel, den Symbolen seiner Amtsbefugnisse, ausstaffiert ist, will etwas unternehmen. Er will am Joch dieser erdrückenden Bürokratie rütteln. Sehr gut. Er nimmt seinen Telefonhörer ab. Kurzer Schlagabtausch auf arabisch, begleitet von Bücklingen und übertriebenen Höflichkeitsgesten, als ob sein Gesprächspartner ihm gegenübersitzen würde. Doch das ist eigentlich nur die Aufwärmphase, denn gleich beginnt er eine heftige Auseinandersetzung, nimmt einen zweiten Hörer ab, dann einen dritten. Seine Assistenten, die ihm nicht nachstehen wollen, tun es ihm bald gleich. Augenblicke später hallt der ganze Raum vom Lärm plötzlich erwachter Stimmen wider. Als Leiter des Beamtenorchesters gibt er den Ton an, hebt die Arme und legt sich zwischendurch wieder ein wenig mit seinen Gesprächspartnern an. Schweißperlen bilden sich auf seiner Stirn, die Gesten werden ruckartiger.

Man nähert sich dem Finale: nicht enden wollende Grußformeln und ein allmähliches, gleichförmiges Abklingen des Wortschwalls. Schließlich herrscht wieder Ruhe im Raum. Mein Berater wischt sich die Stirn und schickt den weiß gekleideten Wachposten, den man mit seiner Quastenmütze für einen Matrosen im Ausgehanzug halten könnte, nach Tee. Endlich wendet er sich mit einem bedauernden, etwas verkrampften Lächeln wieder mir zu. Zweifel kommt in mir hoch; hat er vielleicht nur nach einem Küchenrezept für seine Frau gefragt? Ratlos beschließe ich, mir meine Kamele zu besorgen und diese nach allen Richtungen wuchernde Stadt zu verlassen. Wenn ich Sand, Felsen und eine trockene Luft um mich habe, werde ich mich wenigstens wieder »zu Hause«, in meinem Element fühlen.

Tags darauf rolle ich schon an Bord einer Maschine der Egypt Air über die Landebahn von Assuan in Oberägypten. Bei fünfundvierzig Grad im Schatten Ende August klebt der Asphalt der Piste an meinen Schuhsohlen. Von oben aus betrachtet, scheint der militärische Betrieb in vollem Gange zu sein, mit im Sand vergrabenen Radaranlagen zur Flugabwehr und darum herum verstreuten Bunkern für MiG-Flugzeuge. Es scheint eine ernste Gefahr zu drohen, und die Möglichkeit eines Krieges mit dem Sudan wird gegenwärtig von allen ins Auge gefasst.

Ich nehme mein im Frachtraum verbliebenes Gepäck in

Empfang – ein banger Augenblick: Das Metallsuchgerät klingelt, als ich die Kontrolle passiere. Es ist gewiss mein Karabiner, den ich in zerlegtem Zustand unter den Kleidern verborgen habe. Aber es ist zu heiß, und der Sicherheitsverantwortliche verzichtet auf eine Durchsuchung. Als ich die Schwingflügeltür hinter mir habe, gehts gleich in Richtung »Nile City Hotel«. Scharen von Touristen, alle gekommen, um die ägyptischen Tempel zu besuchen, nehmen denselben Weg. Ich für meinen Teil habe etwas anderes zu tun: Ich muss Ismat, einer reizenden Nubierin, der ich vor drei Jahren zum Spaß die Ehe versprochen habe, einen Höflichkeitsbesuch abstatten. Die Ärmste wartet wohl noch immer auf mich. Ich habe doch wirklich eine schwarze Seele. Gesagt, getan. Ja, sie ist da, ihr Vater bestätigt es mir, hocherfreut, mich wiederzusehen. Aber die liebe Ismat hat inzwischen zehn Kilo zugenommen und es wohl hübsch gefunden, sich einen goldenen Schneidezahn einsetzen zu lassen.

Ich bin trotz allem sehr glücklich, Freunde wiederzusehen; die Nubier sind unglaublich fröhliche und gastfreundliche Menschen. Die ganze Nacht verbringe ich damit, Scherze zu machen und den Männern und den erstaunlich schönen, schwarz verhüllten Frauen anlässlich einer großen Hochzeit am Nilufer beim Tanzen zuzusehen. Ich bin der einzige Weiße; dabei liegen die Luxushotels nur ein paar hundert Meter entfernt.

Am nächsten Morgen beginnen die ernsten Dinge. Ein Besuch auf dem Kamelmarkt von Daraw stimmt mich verdrießlich. Es ist einer der bedeutendsten Märkte der Sahara und der größte von Ägypten. Der Markt liegt am Rande der kleinen

Stadt, weit weg von den Verkaufsständen und dem Souk mit seiner Fülle aller nur erdenklichen Gewürze: Zimt, Koriander, Thymian, *karkade* (Hibiskusblüten, mit denen man kalten oder heißen Tee bereitet), *aradeb* ... Ohne die Feluken und vor allem die Kamelkarawanen hätte Ägypten all diese Produkte niemals kennen gelernt.

Nicht weit von mir entfernt bietet ein Händler ausgepressten Zuckerrohrsaft feil. Ganze Zuckerrohrpflanzen werden zum Pressen zwischen zwei Walzen geschoben, und der so gewonnene Saft wird direkt vor dem Stand getrunken. Gleich am Eingang sind zwei große Teppiche ausgebreitet, auf denen man sich im Schatten des Daches aus Papyrusflechtwerk zu einem Glas Tee niederlässt. Oder zum Feilschen. Der Markt selbst wird von einem Mäuerchen aus flachen Steinen begrenzt. Es ist der Sammelplatz für Hunderte von Kamelen, von denen die meisten erst kürzlich eingetroffen sind.

Hier vor mir steht ein kleinwüchsiger Alter im letzten Stadium eines Kaufabschlusses. Er hält ein Bündel ägyptische Pfundnoten in der Hand, die man hier in Erinnerung an die türkische Herrschaft noch allgemein als *kuruç* bezeichnet. Man feilscht sicher um den Preis für das Halfter, das normalerweise beim Kauf des Tieres nicht inbegriffen ist. Endlich ist der Handel abgeschlossen, die Banknoten wechseln den Besitzer und werden dem Verkäufer langsam, eine nach der anderen, in die Hand gezählt. Und immer noch eine dazu für den Vermittler.

Da drüben bietet mir ein Mann an, im Schutze eines Wandschirms ein paar Züge aus seiner Wasserpfeife zu rauchen. Er verfügt über mehrere solcher Nargilehs, die er, fertig bereitet, mit zwei Stückchen weiß glühender Holzkohle aus dem Ofen zum Rauchen feilhält. Danke, ich rauche nicht. Ich interessiere mich nur für die Kamele. Und diese Kamele sind hier von äußerst mittelmäßiger Qualität. Ich fasse ein großes, braunes Tier ins Auge, aber als ich ihm den Kopf drehe, bemerke ich eine dicke Schwellung infolge einer Infektion am Hals. Ein anderes Tier hat einen durch das Gewicht des Packsattels verletzten Höcker. Nicht zu gebrauchen. Die meisten sind große Reittiere aus der Sahelzone, ziemlich schlecht abgerichtet, ein wenig räudig und mager. In der Tat gut als Schlachtfleisch.

Ein wütendes Gebrüll, das die anwesenden Männer nicht einmal veranlasst, sich umzudrehen, dringt an mein Ohr: Man bugsiert ein Kamel auf die Ladefläche eines Lastwagens. Die Stammgäste des Marktes sind an dieses Schauspiel längst gewöhnt. Das Tier sträubt sich wild, schlägt aus und versucht zu beißen. Und es sind nicht weniger als ein halbes Dutzend Männer nötig, um es anzuheben, zu schieben, zu ziehen, es im Wagenkasten, der schon ganz mit Exkrementen anderer verängstigter Tiere übersät ist, auf die Knie zu zwingen und ruhig zu stellen.

Alle Kamele kommen aus dem Sudan und werden illegal über die Grenze geschmuggelt. Sie sind mit einem gefälschten tierärztlichen Attest versehen, das ganze fünfzig Pfund kostet. Aber der Augenblick ist nicht günstig (es ist das Ende des Sommers), die Umstände sind schlecht (man steht kurz vor dem Krieg) und, kurz gesagt, die Kamele sind minderwertig. Zumal sie gerade von ihrem langen Marsch kommen und nicht in der Lage sind, sofort wieder eine Reise anzutreten.

Dafür habe ich mich mit Nasser, einem etwa zwanzigjährigen Saida-Araber aus dem Süden Ägyptens, angefreundet. Er hat lockiges, aber kurzgeschorenes Haar und ist bis auf einige wilde, lange Haare am Kinn noch bartlos. Seine schwarzen Augen blicken ernst. Er trägt eine weiße »gallabiya« mit langen Ärmeln und dazu Lederschuhe, die aus einer anderen Epoche stammen. Als ich ihn zum ersten Mal sah, half er gerade dabei, die Kamele auf die Lastwagen zu verladen, wirklich eine harte und schmutzige Arbeit. Er erklärte mir, er mache das nicht regelmäßig. Normalerweise gehe er auf die höhere Schule, aber er schwänze den Unterricht, sooft er könne, um als Unterstützung für seine Familie ein paar ägyptische Pfund zu verdienen. Nasser wirkt auf mich natürlich, aufgeschlossen und fröhlich. Sorglos. Wie es die Besitzlosen in diesem Land so oft sind. Kein Elend trotz der Armut. Man kümmert sich nur um das schlicht Lebensnotwendige: um die Familie und um die tägliche Nahrung, wenn möglich mit Fleisch. Das Übrige so, wie es gerade kommt. Er beneidet mich sicherlich um meine abendländischen »Reichtümer«. Und ich mag sein einfaches, aber zugleich sehr verantwortungsbereites Leben.

Die Saida-Araber zählen zu den wenigen Ägyptern mit beduinischen Vorfahren, im Gegensatz zu den Fellachen, die schon seit alters her Bauern auf den bewässerten Feldern des Niltales waren. Die Mentalität ist nicht die gleiche. Mit Nasser klappere ich den ganzen Süden des Landes ab, auf der Suche nach Kamelen, die robust genug sind, den vor mir liegenden langen Weg durchzustehen. So leihen wir uns den Lastwagen von Said aus, wie andere sich einen Caddie nehmen, um in den Supermarkt zu fahren, und zu dritt suchen wir mit unserem Fünfzehntonnengefährt die Weideflächen von Oberägypten ab. Die Kamele, die von den Händlern in Daraw gekauft worden sind, werden nach der Ernte auf den Mais- oder Papyrusfeldern gehalten. Sie sollen dort Fett ansetzen, bevor man sie mit der Eisenbahn zu den Schlachthäusern der übervölkerten Städte des Nordens schickt.

Das erste Kamel erstehe ich für viertausend französische Franc. Das ist teuer, aber da der Verkäufer mir bei Allah geschworen hat, dass es mit keinem versteckten Mangel behaftet sei ... So rechne ich auf Allah, um den etwaigen Meineid zu bestrafen. Das zweite Tier ist nur recht notdürftig abgerichtet, aber es ist schneeweiß und scheint sehr robust zu sein. Es wird mir für den Transport des Gepäcks und des Wassers dienen.

Endlich, nachdem wir zwei Wochen lang gesucht, zähe Verhandlungen geführt, gefeilscht und mehrere hundert Kilometer im Lastwagen zurückgelegt haben, gelangen wir alle fünf – ein Saida, ein Nubier, zwei Kamele und ich – an die Strände des Roten Meeres. Die Tiere in den Lastwagen zu verfrachten war schon kein Leichtes, sie abzuladen genauso wenig. Mehrere Leute eilen uns zu Hilfe, um die beiden Kamele zu bändigen, die durch die Reise in einem Fahrzeug, das sie nicht kennen und dergleichen sie sicherlich niemals gesehen haben, halb wahnsinnig geworden sind.

Hauptsache, sie laufen nicht auf den zweihundert Meter entfernten Stacheldraht zu, der seit dem Sechstagekrieg die verminten Geländeabschnitte begrenzt, wie es an den ägyptischen Küsten so oft der Fall ist. Endlich beruhigt, lege ich ihnen auf dem feuchten Sand Fußfesseln an. Ihr Fell ist noch gesträubt und vor Aufregung schweißgebadet, ihre Augen sind verdreht und ihr Maul zum Brüllen geöffnet. Hoffentlich habe ich morgen am ersten Tag meiner Kamelexpedition ruhigere Tiere. Ich verbringe noch die Nacht mit Nasser und genieße diesen letzten menschlichen Kontakt in vollen Zügen. Der Strand ist nicht sehr reizvoll, mit kleinen Beamtenvillen und einer einzigen Mole für die wenigen Feluken der Fischer und Schwarzhändler. Nasser verschwindet mitten in der Nacht und kommt mit zwei alten Jutesäcken zurück. Diese, so erklärt er mir, sollen dazu dienen, den Höcker des Kamels zu polstern, weil man mit den Ababda-Sätteln, die ich habe, unmittelbar auf dem Höcker sitzt. Ich weiß den Wert dieser letzten Aufmerksamkeit wohl zu schätzen und nehme mir vor, den Unterschied gleich am nächsten Morgen zu testen.

4. September gegen Mittag. Nasser ist schon im Morgengrauen mit dem Lastwagen davongefahren und hat hinter sich eine riesige Staubwolke aufgewirbelt. Und hier bin ich nun in den Hügeln am Rande des Roten Meeres, nachdem ich bereits den schmalen Streifen Schwemmland, der das Meer säumt, hinter mich gebracht habe.

In Ägypten gibt es fast keine Nomaden mehr: einige wenige Bisharin oder Ababda, die mit ein paar Ziegen in diesen engen, heißen Schluchten ein elendes Leben fristen. Die schwarzen Felsen ziehen die Hitze an, und daran vermag auch die Nähe des Meeres nichts zu ändern. Die Kamele bleiben hin und wieder vor dichten Grasbüscheln mit kleinen gelben Blumen stehen. Andere Sträucher von graugrüner Farbe verschmähen sie dagegen völlig. Diese Pflanzen sind mir unbekannt, und so vertraue ich bei ihrer Auswahl auf den Instinkt der Tiere. Im Übrigen hat jedes von ihnen eine ausgesprochene Vorliebe für bestimmte Pflanzenarten. Das ist ganz normal, denn sie kommen aus unterschiedlichen Regionen mit ihnen jeweils vertrauten Pflanzen. Ich lasse sie von Büschel zu Büschel schlendern, wenn es welche gibt, und behalte gleichzeitig einen bestimmten Marschrhythmus bei. Außer wenn sie Anstalten machen, sich an einem Weideplatz länger aufzuhalten. Dann genügt meist ein deutliches Schimpfwort: *Imschi, ya haluf-el-kibür,* was ich besser nicht übersetze, und ein leichter Fersendruck auf den Hals, um die Ordnung in der kleinen Karawane wiederherzustellen.

So ziehen die Stationen im Laufe der Zeit an mir vorüber: Sheikh Schazli, eine heilige Stätte in der Nubischen Wüste, wo der Prophet Mohammed geweilt haben soll und die im Fastenmonat Ramadan Tausende von Pilgern anzieht ... Barramiya, eine alte, verlassene Goldmine, wo ich zu meiner großen Freude eine Wasserzisterne in gutem Zustand entdecke ... Eine in der Wüste versteckte stillgelegte Luftwaffenbasis ...

Am fünften Tag endlich erreiche ich den Nil, dem ich zwei weitere Tage bis nach Assuan folge. Welch ein Unterschied! Gewissenhafte Fellachen, die ständig damit beschäftigt sind, ihre mit Papyrus, Luzernen oder Dura bestellten Rieselfelder im Schatten von Zitronen-, Feigen- und Eukalyptusbäumen zu bepflanzen und zu bewässern.

Ich muss hier besonders auf die Kamele achtgeben, damit sie nicht das stehende Wasser der Bewässerungskanäle trinken. Ich selbst lösche meinen Durst an den zahlreichen *zif* oder tönernen Amphoren, die auf allen Pfaden des Niltals in großer Zahl anzutreffen sind. Das Wasser daraus ist wunderbar kühl. Ich lehne es ab, das Wasser der Amphoren mit dem zweifelhaften Wasser der *seqiya* in Zusammenhang zu bringen, doch es ist offensichtlich, dass es sich um das gleiche Wasser handelt, in beiden Fällen um Nilwasser ... Aber dadurch, dass ich seit Jahren jedes x-beliebige Wasser trinke, wenn es nur einigermaßen flüssig ist, habe ich mir einen völlig immunen Organismus geschaffen. Das zweite Kamel, dasjenige, das ich zum Wasserträger bestimmt habe, bestätigt die Meinung, die ich anfangs von ihm hatte: Es ist praktisch nicht abgerichtet. Es stürzt sich wahllos auf die Gartenpflanzen, die Palmdächer der Häuser und die Ladungen der Esel. Ich kann mich noch so sehr in seinem Namen entschuldigen und es in Gegenwart der örtlichen Bevölkerung als großen Schweinigel bezeichnen, es nützt nichts. Mehrmals höre ich arabische Verwünschungen, während die Kinder erschreckt auseinanderstieben. Kamele sind den Nilfellachen nahezu unbekannt, und ich fühle mich wie ein Nomade, der wie in alten Zeiten im Niltal auf Raub auszieht. Meine Tiere sind wirklich nicht dazu geschaffen, hier zu leben wie die Kühe in einem Stall, Papyrus zu fressen und ein Hort für große, dicke Zecken zu sein. Übrigens bekommen sie davon sogar Durchfall.

Nach zwei Tagen schlammiger und tropischer Feuchtigkeit bin ich wieder in der Umgebung von Assuan und treffe dort Nasser an, der sich freut, mich nach dieser ersten Etappe wiederzusehen. Ich wäre doch trotz allem nicht in dieser elenden »kleinen« Nubischen Wüste umgekommen, die man in fünf Tagen durchquert. Wir gönnen uns ein schlichtes Abendessen, bestehend aus Maniokfladen, die in verschiedene Soßen getunkt werden, aus *foul* (traditionelles ägyptisches Gericht aus dicken Bohnen) und aus eingelegten Zitronen. Nasser und sein Vater – ein rechtschaffener Mann, der sein halbes Leben in Saudi-Arabien verbracht hat, um lediglich einen Toyota-Lieferwagen mitzubringen, mit dem er jetzt arbeitet – wollen mich unbedingt über Nacht dabehalten: Davon kann keine Rede sein. Ich muss dem Obersten der Moukhabarat in Assuan einen Besuch abstatten. Irgendwie hat er erfahren, dass ein Weißer auf Kamelen im Süden Ägyptens unterwegs ist.

Eine schnelle Dusche in meinem Hotel, ein sauberes Hemd, und schon stehe ich vor dem Tor der Geheimdienstkaserne. Geheimpolizisten in Zivil, jene kleinen Spitzel, von denen es in den Städten des Südens nur so wimmelt, und ein paar untere Dienstgrade in Uniform, die zweiten deutlich fetter als die ersten und stets mit einem schwarzen, dichten Schnurrbart im Gesicht …

Natürlich, wir befinden uns kurz vor Ausbruch des Golfkrieges, und Ägypten steht im antiirakischen Kreuzzug an vorderster Front. Man befürchtet einen Anschlag, und jedermann ist verdächtig. Ich natürlich als Allererster. Schon jetzt ist es verboten, auf der Kasernenstraße den Gehsteig entlang des Polizeigebäudes von Assuan zu benutzen. Gestern Abend hörte ich im Radio, dass man versucht habe, die Nummernschilder eines Diplomatenwagens der amerikanischen Botschaft in Kairo zu stehlen … Um sie bei einem Attentat an das Sprengstoffauto zu montieren. Die Umstände sind also alles andere als günstig. Aber ich weiß, dass ich es in jedem Fall schwer haben werde, ein Interesse für die Nomaden, für ihre Lebensweise und besonders für ihre Anpassung an die Wüste zu rechtfertigen.

Es drängt mich vor allem danach, die Geheimnisse zu erfahren, die diesen Menschen das Überleben in einer extrem feindlichen Welt ermöglichen. Es ist wohl ihren Tieren, Kamelen und Ziegen, zu verdanken. Aber insbesondere auch ihren Techniken, denn in der Wüste Kamele zu haben, bedeutet bei Weitem noch nicht, dass man auch richtig mit ihnen umgehen kann, um zu überleben. Und erst recht nicht, um dauerhaft dort zu leben.

Oberst Abbas ist ein Mann der Wüste. In Zivil, gewelltes Haar, das ein ausgemergeltes Gesicht umrahmt, Wangen und Kinn von einem starken Bartwuchs bläulich schimmernd, schwarze, lebhafte Augen, die auf einen zugleich tatkräftigen und intelligenten Menschen schließen lassen. Er bringt sein Leben damit zu, Schwarzhändler und islamische Fundamentalisten zu jagen, und als das Eis zwischen uns gebrochen ist, erzählt er mir von seinen erfolgreichsten Beutezügen. Aber die Befehle dazu kommen von oben, aus Kairo. Es kann keine Rede davon sein, dass ich Ägypten auf dem Rücken eines Kamels verlasse; ich kann höchstens bis zur Grenze reiten, muss aber alle dort gemachten Fotos und Filme doppelt entwickeln lassen und die Kopien den Moukhabarat aushändigen. Außerdem ist es zwingend vorgeschrieben, dass mich ein Mann der Moukhabarat dabei begleitet. Mein Hirn arbeitet auf Hochtouren, aber im Augenblick finde ich leider keinen Ausweg. Ich nicke also zu allen Befehlen, ohne auch nur den Versuch zu unternehmen, darüber zu diskutieren, was sowieso zu nichts führen und höchstens eine verstärkte Aufmerksamkeit auf meinen Fall lenken würde. »*Thank you very much, sir! If it's for my security* …« (Vielen Dank, Sir! Wenn es denn für meine Sicherheit sein muss …) Man bringt mir also einen dieser kleinen Halbstarken, die ich am Eingang gesehen habe, einen dieser Kaffeehauspolizisten und erbärmlichen kleinen Spitzel.

Das Erstaunliche an ihm ist zunächst sein kleiner Wuchs: höchstens ein Meter sechzig. Aber sein durchfurchtes Gesicht ist das eines Erwachsenen. Es fällt schwer, ihn altersmäßig richtig einzuschätzen. Vielleicht zwischen fünfundzwanzig und dreißig. Er trägt einen feuerroten Sportanzug, der ihm zu groß ist, und dazu lackierte Lederschuhe: merkwürdige Kombination, doch über Geschmack und Farben lässt sich nicht streiten. Auf jeden Fall hasse ich sowohl rote Sportanzüge als auch allzu glänzend lackierte Schuhe ... Und noch mehr hasse ich es, in meiner Bewegungsfreiheit eingeschränkt zu sein.

Der Oberst setzt ihm ruhig und bedächtig auseinander, was er von ihm erwartet. Wiederholt es ihm nochmals. Fragt ihn von neuem, um ganz sicher zu gehen, dass mein zukünftiger Begleiter auch richtig verstanden hat. Dadurch kommen mir allmählich Zweifel an der Verstandesschärfe des Letzteren. Aber Oberst Abbas ist ein schlauer Fuchs, und eine einzige Warnung genügt, um alles zu sagen: mich keinen Augenblick aus den Augen zu lassen! Bloß das nicht. Sonst wird sich die ganze Mannschaft hier zur Minenräumung an den ägyptischen Stränden wiederfinden oder auf einem vorgeschobenen Posten in der Wüste Sinai. Als wir eben den Raum verlassen wollen, wird mein Begleiter noch einmal zurückgepfiffen. Hat er diesmal wirklich alles verstanden? Auf der Türschwelle höre ich ihn ein weiteres Mal mit eintöniger Stimme die Anweisungen herunterleiern.

»*My name is Adel*«, stellt er sich mir dann vor.

»Sehr erfreut, mich redet man mit ›Sir‹ an!«, erwidere ich knapp, aber freundlich. Die Art unserer Beziehung ist damit schon festgelegt, und ich bin jedenfalls in zweifacher Hinsicht im Vorteil: Er versteht offensichtlich gar nichts von Kamelen und auch nichts von den französischen Sätzen, die ich mir in meinen unrasierten Bart brumme. Ich beschließe gleich, ihm das störrischste Kamel zuzuweisen, um wenigstens diesen langen Marsch, der uns von Assuan nach Abu Simbel in die unmittelbare Nähe der sudanesischen Grenze führen soll, etwas heiterer zu gestalten. Dort angekommen, lassen mir die Behörden die Wahl zwischen zwei Möglichkeiten: Mich mit den Tieren auf einem speziellen Fährboot mit geringem Tiefgang und großer Ladefläche nach dem Sudan einzuschiffen. Kostenpunkt: fünfundzwanzigtausend Franc. Ausgeschlossen. Oder sie zu verkaufen, an Bord eines Nilschiffes zu gehen und mir im Sudan andere zu beschaffen. Ebenfalls ausgeschlossen. Aus dem einfachen Grund, weil die Sudanesen keinen Ausländer auf ihrem Staatsgebiet dulden und ich weder Visum noch Genehmigung habe. Und im Übrigen kontrollieren sie den Nordwesten ihres Landes nicht selbst, weil sie ihn im Austausch gegen ich weiß nicht was an die Libyer abgetreten haben. Eine dritte Möglichkeit ist seit Langem in meinem widerspenstigen Hirn herangereift, aber im Augenblick will ich sie darin lieber noch sorgfältig verborgen halten.

»Adel, du trödelst!«

Er bittet mich inständig, am nächsten Morgen vor der Abreise auf einen Sprung bei ihm vorbeizugehen. Ich werfe einen Blick auf seine leichten, sorgfältig gewachsten Tanzschuhe, deren Vorderenden spitz zulaufen, und verziehe den Mundwinkel zu einem Grinsen. In der Tat, um einen Wüstenmarsch zu unternehmen …

»Ok, you have two minutes tomorrow morning, do it quickly!«

»Thank you, sir!«

Am nächsten Tag gegen Mittag hat Adel sich schon zweimal von seinem Reittier in den Staub befördern lassen, und das trotz der zahlreichen Schläge mit dem Knüppel, die er ihm versetzt … vielleicht ja auch gerade deswegen. Aber das ist nicht mein Problem, und außerdem ist das Kamel ein stolzes, körperbetontes und individualistisches Tier ... Etwas später ersticke ich fast vor Lachen, als ich mich auf die verzweifelten Rufe meines Begleiters hin umdrehe. Der vielen von seinem Reiter blindlings ausgeteilten Hiebe müde, hat Adels Kamel einfach beschlossen, sich im Rückwärtsgang gegen eine dornige Akazie zu wenden. Der unglückliche Adel findet sich in deren scharfen Dornen wieder und ist darin zu völliger Reglosigkeit verurteilt. Er ist weder im Stande, von seinem Reittier herunterzuklettern noch es vorwärts zu bewegen. Da haben wir einen, der sich mit Sicherheit nach den erfolglosen Treibjagden auf die unzähligen faden Blondinen zurücksehnt, unschuldige deutsche oder schweizerische Touristinnen, die auf den Terrassen der Cafés von Assuan sitzen.

Was die Hitze anbelangt, so sind wir nichts mehr schuldig. Die Sonne glüht gegen Ende dieses Monats September. Außerdem ist dieses Gebiet durch das Ansteigen des Wassers im Nassersee nach dem Bau des Assuanstaudamms tiefgreifend verändert worden. Was vorher wie ein Paradies auf Erden war, mit nubischen Dörfern voller fröhlicher, lachender Kinder, mit tausendjährigen koptischen Kirchen, großzügigen Palmenhainen und ganzen Schwärmen von weißen Feluken auf den Windungen des Nils, liegt derzeit unter den Millionen Kubikmeter Wasser des »High Dam«-Staus begraben. Wir wandern also talaufwärts durch die Wadis, ehemalige, heute trocken liegende Wasserläufe, die den Nil speisten, durch eine dürre Einöde, in der kein Strauch gedeiht. Wir befinden uns am Rand der größten Wüste der Welt und auf dem östlichen Streifen der so genannten Libyschen Wüste. Manche Orte tragen noch den Namen, den ihnen die einstigen Bewohner der vernichteten Dörfer gaben: Kalabsha, Toesca ... Alle wohnen jetzt in Betonbauten in künstlich nachgebildeten Dörfern. Aber sie sind trotz allem so fröhlich ... Die Ufer des Sees liegen vielleicht zwanzig Kilometer weiter östlich, aber ich weiß, dass sie schlammig und ungastlich sind. Für uns zwei gehen die Wasservorräte schnell zur Neige. Mehrmals stoßen wir auf Patrouillen der Moukhabarat oder zuweilen auf einfache, einsam in der Wüste gelegene Kasematten mit ein oder zwei Wachtposten, die sofort heiter gestimmt werden, wenn der andere seinen Ausweis der Moukhabarat hervorzieht, einen Wisch, der mit einem Foto und einem Stempel versehen ist. Bei jeder Gelegenheit erzählt er von seinen verdienstvollen Großtaten als Kameltreiber in der Wüste. Wenn man ihn so reden hört, könnte man meinen, er kenne alle Finessen und Geheimnisse der Wüste. Er geht den Patrouillen nicht aus dem Weg, sondern lockt sie sogar noch herbei, mit seinem knallroten Sportanzug und ... seinen spitzen Lackschuhen. Ich glaube, er hat mich am ersten Tag hereingelegt, als wir einen Umweg an seinem Haus vorbei machten.

Mehrmals begegnen wir Spuren zahlreicher vorüberziehender Kamele. Sie stammen von Schmugglern aus dem Stamm der Kebabisch, die vom Sudan her kommen. Sie bewegen sich fast ausschließlich nachts fort, um die Kontrollen zu vermeiden und um die Kühle auszunutzen. Man bemerkt sie praktisch nie, und alles trägt dazu bei, sie mit einem geheimnisvollen Nimbus zu umgeben. Selbst bei den Kamel-Transaktionen auf dem Markt von Daraw sind sie bereits nicht mehr zugegen. Gebietsmäßig auf das westliche Ufer des Nils beschränkt, verkaufen sie die ganze Herde (Hengste, Stuten und sogar auf der langen Karawanenreise geborene Kamelbabys) an versierte arabische Händler.

Eines Abends jedoch, als Adel und ich gerade mit der Zubereitung des kärglichen Mahls aus Fladenbrot und Suppe beschäftigt sind, das wir mit dem hie und da auf dem Weg zusammengesuchten Holz über dem Feuer garen, vernehmen wir beide ein ungewöhnliches Geräusch in der Stille der Nacht: Peitschenknallen und Rufe von herankommenden Hirten ... Eine Herde zieht genau hinter dem Hügel vorbei, der uns für die Nacht Schutz bietet, und man hört jetzt ganz deutlich den Stimmenlärm und das Brüllen der Kamele aus der Karawane. Der »andere« ist in Angst und Schrecken versetzt und bedeutet mir, mich ganz still zu verhalten. Natürlich, wenn sie ihn hier mit seinem erbärmlichen Ausweis der Moukhabarat in der Tasche erwischen, könnte es sehr gut möglich sein, dass sie die »sudanesische Hinrichtung« an ihm vornehmen: Arme und Beine werden jeweils an ein Kamelbein gebunden und der Bauch mit dem Messer aufgeschlitzt. Wenn man dabei ein Stückchen Darm an einem Baum befestigt und das Tier antreibt, ist es unterhaltsamer, geht aber leider auch schneller. Nun sind die Gelegenheiten, sich in der Wüste zu vergnügen, jedoch äußerst rar. Übrigens ist diese Art von Zeitvertreib noch gar nichts, verglichen mit den Vergnügungen der Danakil, die ihrem Feind die Hoden abschneiden, um sie ihrer Verlobten als Geschenk zu überreichen. Aber so ästhetisch diese Gabe anfangs auch sein mag, so entwickelt sie sich doch schnell zu schrumpeligen, vertrockneten kleinen Dingern.

So kann man sich in Adels augenblickliche Lage leicht hineinversetzen. Ich kann nicht umhin, ihn mit lauter deutlicher Stimme nach dem Grund für seine Schweigsamkeit zu fragen und ihm zu erklären, dass die Kebabisch reizende Menschen und bewundernswerte Kamelzüchter sind. Ein Glück, dass das Peitschenknallen und das Stampfen der Hornsohlen auf dem Sand allmählich verklingen, denn ich spüre, dass er einer Ohnmacht nahe ist. Im Übrigen bin ich überzeugt, dass sie unser mageres Feuerchen bemerkt haben. Von diesem Tag an bittet er mich regelmäßig um mein kleines Radio, das er sich jede Nacht ans Ohr presst, während er, unter seine Decke verkrochen, daliegt und mein offenes Messer unter seinen Sachen versteckt hält.

Mit der Zeit verlieren auch die Kamele an Gewicht. In dieser Gegend gibt es keine Weidegründe, und sie verweigern den Mais, den ich für sie vorgesehen hatte. Er macht sie zu durstig. Die natürlichen Zisternen aber, die den Reiseweg vorzeichnen, sind alle ausgetrocknet.

Anfangs hielten die Sättel gut auf dem Höcker der Kamele. Es handelt sich dabei um ein Holzgestell, das den Höcker umrahmt und auf kleinen Kissen aus Palmfiberwerg aufliegt. Inzwischen rutschen die Sättel auf die Seite. Man muss zwei zusätzliche Riemen hinzunehmen, die den Nachteil haben, den Tieren den Unterleib einzuschnüren. Immerhin ist es in unserem Fall nicht mehr so schlimm, da sie beide kastriert sind.

Sechs Tage nach unserem Aufbruch von Assuan kommen wir endlich in die Umgebung von Abu Simbel, dem Endpunkt unseres gemeinsamen Reiseabschnitts. Es ist Spätnachmittag, aber die Sonneneinstrahlung ist noch immer intensiv. Von hier aus müsste ich die Tiere normalerweise mit dem Lastwagen nach Assuan zurücksenden. Das kommt gar nicht in Frage. Ich schlage entschlossen den Weg zu Ahmeds Karawanserei ein. Das ist der Nomadenmischling, von dem mir die Schwarzhändler in endlos langen Gesprächen immer wieder berichteten, wenn wir bei einem Glas Tee die Neuigkeiten aus der Wüste austauschten. Ich erkläre Adel, die Kamele bräuchten vor allem Nahrung und Ruhe. Was er umso bereitwilliger genehmigt, als er selbst sich in einer sehr schlechten körperlichen und seelischen Verfassung befindet. Seine glänzenden Lackschuhe sind überall aufgerissen, und das Leder ist schrumpelig geworden (obwohl er sehr wenig gelaufen ist und fast die ganze Strecke auf dem Rücken seines Kamels zurückgelegt hat). Seine Haut hat sich dunkel gefärbt, sodass man ihn mehrfach für einen sudanesischen Nomaden hält, was er sehr übel nimmt. Aber er hat es vor allem eilig, in seine Kaserne zurückzukehren, um vor einem Publikum, dessen Gunst ihm schon im Voraus sicher ist, über seine Heldentaten als Karawanier zu berichten. Als ich ihm daher meine Absicht mitteile, noch am selben Abend mit ihm im Auto nach Assuan zurückzufahren, um seinen Vorgesetzten über seine hervorragenden Eigenschaften Bericht zu erstatten, auch wenn ich meine Tiere dann später mit dem Lastwagen abholen müsste, erklärt er sich sehr zufrieden damit. Er hätte nur den Wunsch, eine letzte Nacht in einem der zahlreichen Touristenpaläste unweit der Tempel von Abu Simbel zu verbringen. Schon wieder eine Szene!

Ich gerate in Zorn, werfe ihm eine Streichholzschachtel mitten ins Gesicht, beschimpfe ihn auf Arabisch und drohe, ihm eine Backpfeife zu verpassen. Er fügt sich sofort. Die Sache ist erledigt. Das erste Auto wird uns nach Assuan zurückbringen. Aber zuerst müssen die Kamele versorgt werden … Bei der Ankunft in der Karawanserei, einer ärmlichen, aus Pappdeckeln und alten Brettern zusammengefügten Wellblechhütte, bereiten uns einige Kebabisch-Nomaden einen herzlichen

Empfang. Sie selbst sind zwei Stunden früher eingetroffen, und ihre Kamele halten sich in der Umgebung auf. Sie helfen mir, das Gepäck abzuladen und die Tiere, die es ordentlich nötig haben, an einer riesigen Zisterne zu tränken. Alle Kamele kommen hierher, um nach Herzenslust zu trinken, wobei sie dauernd zwischen gewaltigen, über den Boden verstreuten *zril*-Bündeln und der Wasserstelle hin und her pendeln. Die verschiedenen Wasserstandsmarkierungen am Bottich zeigen die enormen Mengen an, die die Kamele sich einverleiben.

Hin und wieder kommt es zwischen den älteren männlichen Tieren der Herde zu gegenseitigen Angriffen, die der Einschüchterung dienen. Dabei zittert das als Zeichen ihrer Manneskraft am Kropf und auf dem Höcker angesammelte Fett bei jedem Schritt ihres ruckartigen Laufs und vermittelt einen schwachen Eindruck von ihrer männlichen Stärke. Aber die Peitschen sorgen in der *hamla* schnell wieder für Ordnung.

Die Kebabisch sind zu fünft und seit zehn Tagen, von Dongola kommend, mit fünfzig Kamelen unterwegs. Zumindest ist es das, was sie mir erzählen. Sie sitzen alle um einen Maisbrei mit reichlich Zwiebelsoße herum, in den jeder abwechselnd seine Finger taucht. Das ist köstlich nach diesen Tagen der Genügsamkeit. Wir unterhalten uns über dieses und jenes, und ihre Bewunderung für diesen *nasrani,* diesen weißen Ungläubigen, der sich mit seinen beiden Kamelen allein auf die Reise begibt, scheint grenzenlos zu sein. Dann schweift das Gespräch ab, und man kommt auf die vermehrten Schwierigkeiten an den Grenzen und auf die endlosen Schikanen der Moukhabarat zu sprechen. Adel scheint sich noch mehr zu krümmen, als seine kleine Größe es zulässt. Er zieht noch heftiger an seiner Wasserpfeife, von der er sich niemals trennt, und wenn er im Erdboden versinken könnte, würde er es sicherlich tun. Als die Unterhaltung jedoch ein wenig präziser wird, lege ich unauffällig einen Finger auf meine Lippen, und meine Gesprächspartner verstehen sofort. Die Augen hinter der Sonnenbrille, die er niemals absetzt, verborgen, hört Ahmed aufmerksam und zurückhaltend zu. Die Gastlichkeit seiner ärmlichen Behausung erscheint während dieser kurzen Zeit wie ein ungewohnter Luxus. In einer Ecke steht ein Korb mit Zwiebeln, zwei oder drei Hühner gackern nahe bei der Matte, die das ganze Mobiliar bildet. Draußen ist ein Kebabisch dabei, mittels einer Nadel und einem ledernen Faden ein Stück Leder geschickt auf die abgenutzte Hornsohle eines Kamels zu nähen. Seine Bewegungen sind sicher und genau.

Alle diese Kebabisch sind außergewöhnlich gut aussehend, hoch gewachsen, dunkel und feingliedrig, besonders ein Alter in einer schmutzigen, abgetragenen Tunika, dessen ernstes Gesicht mit den durchdringenden Augen fast unter einem weißen Prophetenbart verschwindet. Er ist der Führer, derjenige, der sich auskennt. Respektvoll suchen wir uns gegenseitig auszuloten. Sein Leben ist die Wüstenpiste. Was denkt er wohl über diesen *nasrani* zu Kamel? Jedenfalls hat er an meinen Gebärden sofort eine bestimmte Vertrautheit mit der Sahara und den dortigen Gewohnheiten abgelesen, und das muss viele Fragen in seinem Kopf aufwerfen.

Ich hätte noch Stunden dort verbringen mögen, aber Adel, der weggegangen war, um einen Wagen aufzutreiben, kommt zurück und teilt mir mit, dass der Fahrer uns erwarte. Ein kurzer Abschiedsgruß und die letzten die Kamele betreffenden Empfehlungen an Ahmed. Im gleichen Maß, wie die Begrüßungszeremonie lang ist, sind die Abschiedsförmlichkeiten auf das einfachste beschränkt. Man geht einfach weg, ohne sich umzudrehen. Zurück in Assuan, stehen wir am nächsten Morgen – Adel noch immer auf seinen hohen Absätzen – vor dem Eisenportal der Kaserne der Moukhabarat, die auf halbem Weg zwischen Stadtzentrum und Staudamm liegt. Oberst Abbas empfängt uns sehr freundlich in Zivil, erkundigt sich nach meinem Befinden und nach dem meiner Kamele. Tee, türkischer Kaffee *masbut* – gerade richtig, nicht zu süß und nicht zu bitter – und Palaver. Man verpflichtet mich noch dazu, meine Kamele unter Adels Aufsicht mit dem Lastwagen zurückzuholen. Diskutieren wäre unnötig, und so finde ich mich ziemlich ratlos auf dem staubigen Bürgersteig wieder, der an der Kaserne entlangführt. Während ich nachdenklich zu Fuß in mein Hotel zurückkehre, steht mein Entschluss bereits fest. Eine Dusche, ein sauberes Hemd, und ich gehe wieder hinaus, nachdem ich einen schnellen Blick in den Spiegel geworfen habe: blaue, sehr helle Augen, die sich von einem sehr braunen Gesicht mit völlig aufgesprungener Haut abheben, blonde, von dem wochenlangen Marsch unter sengender Sonne ausgebleichte Haare, eine fast weiße Strähne, die mir ins Gesicht fällt. Okay, okay! Beinahe sofort fasse ich auf der Terrasse des Hotels eine Schweizer Touristin ins Auge, ein bisschen fade, ein bisschen dicklich, aber »nett«. Auf meine Frage, ob ich mich an ihren Tisch setzen dürfe, beeilt sie sich, die benachbarten Stühle von den dort herumliegenden läppischen Zeitschriften und der Sonnenbrille freizuräumen. Ich berichte ihr kurz von den paar Wochen, die ich mit meinen Kamelen zugebracht habe. Sie scheint fasziniert und starrt mich unverwandt mit runden Augen und einem halbgeöffneten kleinen Schmollmund an. Dann ruft sie aus: »Oh! Einem

Abenteurer bin ich mein Lebtag noch nicht begegnet!« Unterhaltsam, aber sie wird es sicher schnell bedauern.

Bei meinem fünften türkischen Kaffee bin ich dabei angelangt, die von mir bereisten afrikanischen Länder im Einzelnen zu erörtern. Tatsächlich sind es seit den nunmehr fast fünfzehn Jahren, in denen ich mich durchschnittlich nur sechs Monate im Jahr in Frankreich aufhalte, nahezu alle, außer die Länder des Horns von Afrika und jene südlich des Äquators. Niger, wo ich ein Jahr zuvor einen schweren Motorradunfall hatte, als ich allein auf einer Piste mit hundertdreißig Stundenkilometern auf eine Ziege prallte. Der Unfall ereignete sich um 9 Uhr morgens, und es war bereits gegen 21 Uhr, als man mich endlich auf das Bett einer Ambulanz legte. Die Decke, auf der man mich ausgestreckt hatte, war rot von Blut. Drei Tage im Koma. Anderthalb Monate im Buschkrankenhaus, in denen ich darauf wartete, dass sich die Knochen von selbst wieder einrenken würden ... bevor ich mich wieder auf mein Motorrad schwang und weiterfuhr. Kamerun, wo ich 1984 bei einem misslungenen Putsch beinahe von der Menge niedergemetzelt worden wäre, weil ich als Weißer allein auf der Straße einen seltenen Leckerbissen darstellte. Nigeria, wo mein Auto explodierte: Verbrennungen zweiten Grades auf dem ganzen Körper und im Gesicht. Keine Medikamente. Ein Besuch beim Zauberer: ein Tütchen mit einem Pulver, das ich für fünf Franc kaufte, und dann ein Junge, der mir auf der Straße hinterherrannte und schrie: »Mister, Mister, nimm nicht dieses Pulver. Es soll dich noch kränker machen, weil du weiß bist!« Trotzdem, Gott weiß, ob ich Afrika liebe! Aber den unmöglichsten Prüfungen ausgesetzt, habe ich mir wohl in körperlicher und seelischer Hinsicht einen Stahlpanzer zugelegt.

Mein sechster türkischer Kaffee hat sich unterdessen auf dem Boden des Glases gesetzt. Meine Gesprächspartnerin lässt mich nicht mehr aus den Augen, während sie bereits geschlagene fünfzehn Minuten mit dem Löffel in ihrem Tee herumrührt. Ich frage sie, ob sie mir einen Gefallen tun könnte.

»Aber natürlich, alles, was du willst!«

Wir gehen also an die Rezeption des Hotels, und ich wende mich an die Rezeptionsdame, die der Neuangekommenen sogleich vernichtende Blicke zuwirft.

»*For my last night in Aswan, I go with that miss in her hotel, the Cataract Hotel.*« (Meine letzte Nacht in Assuan werde ich mit dieser jungen Dame in ihrem Hotel, dem Cataract Hotel, verbringen.)

Dann lasse ich mein Gepäck zu einem Taxi bringen, und alles ereignet sich so offenkundig, dass selbst ein blinder, stummer und tauber Spitzel sich über die Situation im Klaren wäre. Ich nehme vorne neben dem Fahrer Platz, und wir beginnen einen Handel in Arabisch, von dem die Schweizerin auf dem Rücksitz nichts versteht. Gut, er ist einverstanden, aber wir müssen zuvor noch Sandwiches kaufen. Unterdessen ist das Auto die Niluferpromenade entlanggefahren und in die Allee eingebogen, die zum Cataract Hotel führt, einem herrlichen, im maurischen Stil erbauten repräsentativen Gebäude, das die letzten Riffe des Flusses überragt. Endlich hält das Taxi vor dem Eingang, und gleich eilt ein Hotelpage herbei, um die Wagentüren zu öffnen. Die Schweizerin steigt aus, ein bisschen linkisch und sichtlich gehemmt, als ich sie leicht berühre.

»Nun gut, Schätzchen, ich muss jetzt leider aufhören, denn ich habe zwei Kamele, die in der Wüste auf mich warten.« Dann, indem ich meinen Worten die Tat folgen lasse, gebe ich ihr einen leichten Klaps auf den Hintern und füge hinzu: »Hoffentlich bist du mir nicht allzu böse.«

Ohne eine Antwort abzuwarten, zwänge ich mich durch die halb offene Tür rasch wieder ins Taxi und rufe dem Fahrer, einem kleinen, kahlen und klapperdürren Fellachen, zu: »*We can go!*« Offensichtlich hat er von der ganzen Situation rein gar nichts begriffen, aber er startet wie der Blitz durch, wobei er die Hälfte seines Reifenprofils auf dem Asphalt zurücklässt. Die Schweizerin bleibt bass erstaunt auf der Freitreppe ihres Hotels zurück.

Richtung Südwesten; ich werde ihm sagen, wo er in der Wüste anzuhalten hat ...

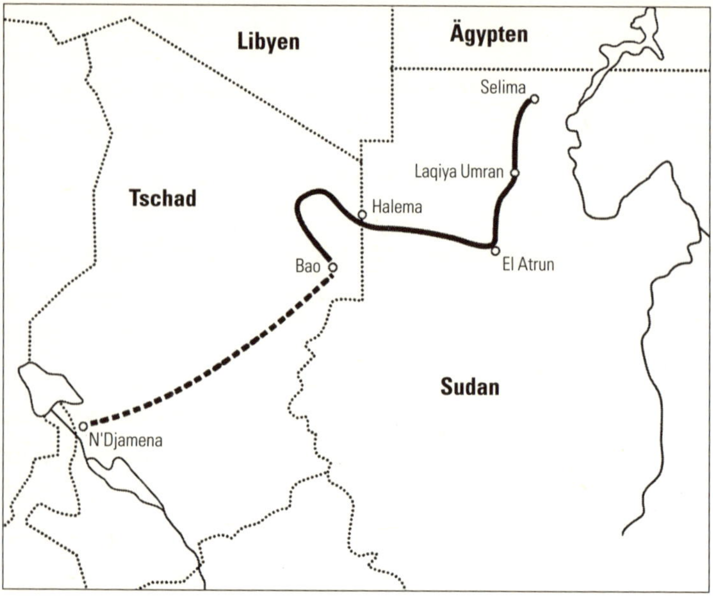
Libyen
Ägypten
Selima
Laqiya Umran
Tschad
Halema
Bao
El Atrun
Sudan
N'Djamena

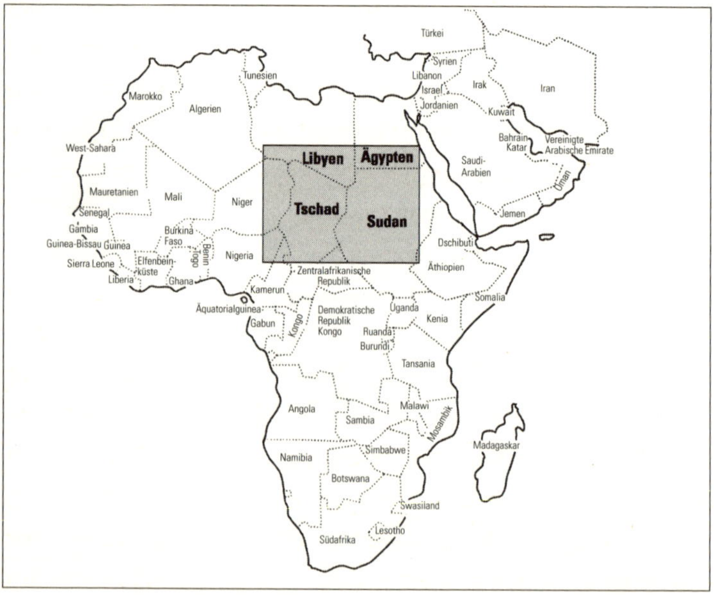
Türkei
Syrien
Tunesien
Libanon
Marokko
Algerien
Israel
Jordanien
Irak
Iran
Kuwait
West-Sahara
Bahrain
Katar
Vereinigte Arabische Emirate
Libyen
Ägypten
Saudi-Arabien
Mauretanien
Mali
Niger
Tschad
Sudan
Oman
Senegal
Jemen
Gambia
Burkina Faso
Guinea-Bissau
Guinea
Benin
Togo
Nigeria
Dschibuti
Sierra Leone
Elfenbein-küste
Liberia
Ghana
Zentralafrikanische Republik
Äthiopien
Kamerun
Somalia
Äquatorialguinea
Uganda
Demokratische Republik Kongo
Kenia
Gabun
Kongo
Ruanda
Burundi
Tansania
Angola
Malawi
Sambia
Mosambik
Madagaskar
Namibia
Simbabwe
Botswana
Swasiland
Lesotho
Südafrika

Ash Shimaliya, die erste Wüstenetappe

Oase Selima im Sudan, den 30. September um 6 Uhr morgens. Ich bin klar zum Aufbruch und muss zugeben, dass ich nicht unzufrieden bin, diesen Ort zu verlassen, der trotz des Schattens der Palmenbäume keine Zuflucht vor den Menschen bietet. Jeden Augenblick war ich darauf gefasst, ein libysches Militärfahrzeug auftauchen zu sehen. Hinter dem Hügel, der den Eingang zur Schlucht verbirgt, hätte ich sein Herannahen nicht einmal bemerkt, und das Rauschen des Windes in den Palmwedeln übertönt jedes ungewohnte Geräusch. In der Reg kann man nicht auf diese Weise überrascht werden. Daher bin ich froh, die ausgedehnten, fahlgelben Weiten wieder zu finden, die mit kegelförmigen Felshügeln übersät sind. Außerdem kann man hier mit dem Kompass sehr gut die Richtung anpeilen, denn es gibt immer eine Bergkuppe oder eine charakteristische Oberflächengestalt, die den Blick auf sich zieht und die sich auf der Mittellinie meines Visierfernrohres befindet. Man braucht bloß stundenlang darauf zu halten, um sich schließlich das Vergnügen zu gönnen, sie zu erklimmen.

Die Schritte der Kamele sind langsam und regelmäßig. Vor dem Weggehen heute früh wollte ich sie ein letztes Mal am *oglat* tränken, aber sie verweigerten das angebotene Wasser. Dann lud ich ihnen die Säcke mit den Futterpflanzen auf, die ich am Vortag gesammelt hatte. Indem ich mein Messer als Sichel benutzte, hatte ich tatsächlich zwei Bündel von dem zarten, grünen Gras geschnitten, das hier überall sprießt, und es mit grünen sowie mit trockenen Palmzweigen vermischt. Damit kann ich die Tiere zumindest ein paar Tage in diesem Sand- und Felsenmeer ernähren. Nachdem ich den Ash Shimaliya (den sudanesischen Teil der Libyschen Wüste), eine wahre Trockenzone, schräg durchquert habe, hoffe ich, im weiteren Verlauf auf die ersten *gizzu*-Pflanzen zu stoßen. *Gizzu* ist ein Pflanzentyp, der im Sudan heimisch ist. Das Wort bezeichnet aber auch eine bewährte Praxis der Kebabisch, die darin besteht, in der südlichen Zone der Libyschen Wüste zu nomadisieren, wobei sich die Tiere mit dem Wasser aus den Pflanzen und die Menschen mit der Milch der Kamelstuten begnügen. Ich werde jedoch sicherlich keine Weidewirtschaft zu sehen bekommen, weil ich in der Wüste noch zu weit nördlich sein werde. *Gizzu* kommt von dem arabischen Wort *gaz,* was bedeutet, ohne Wasser, nur vom Wasser der Pflanzen leben. Man darf sich nun aber nicht völlig mit Wasser durchtränkte Pflanzen vorstellen. Es handelt sich lediglich um Futtergras oder in Büscheln auftretende Sträucher, manchmal trocken und braun, wenn sie schon ein oder zwei Jahre alt sind. Diese Pflanzen, die nur in bestimmten wenigen Gebieten und stets in geringer Zahl vorkommen, heißen auf Arabisch *dema, saadan* oder *saleyam.* Aber in dieser Zeit hat es anscheinend am Rande des Kordofan und des Darfur nicht geregnet. Obgleich sich die Afrikaner wie die Bauern bei uns immer über die schlechten klimatischen Bedingungen beklagen, besteht wenig Aussicht, dass sie die Wüste grünen sehen wie in manchen früheren Jahren. Hier wird sie jedenfalls nie mehr ergrünen. Die uralte Wüste des Ash Shimaliya ist völlig unfruchtbar geworden, mit ihren sandigen Kratern, ihren Furchen und Wucherungen ohne die geringste Vegetation. Es ist die reine Mondlandschaft.

Die einzigen Orientierungspunkte, die nicht mineralischer Natur sind, sind die zahlreichen gebleichten Kamelskelette. Manchmal vollständig, manchmal von einem Schakal, den man sich in dieser Gegend zugegebenermaßen nur schwer vorstellen kann, über mehrere hundert Meter verstreut. Es sind Relikte. Relikte der alten Natronkarawanen. Auf den Knochen findet sich keine Haut mehr, nicht einmal abgeschilferte oder mumifizierte. Alles das ist alt, sehr alt. Die Zahl der Gebeine zeugt von der Trockenheit dieser Wüste, aber insbesondere von den riesigen Karawanen mit Tausenden von Kamelen, die über Jahrhunderte hinweg auf dieser alten Karawanenstraße dahingezogen sind. So manchem Tier schwanden bei einer letzten Steigung auf dem Rückweg die Kräfte, oft kurz vor Erreichen des Etappenziels. Dann drehte es sich mit dem Rücken zum Wind, der ständig aus Nordosten bläst, und brach zusammen, um nie wieder aufzustehen. Der Rest der Karawane zog weiter. All das für Natron, eine weiße, kreidige Substanz, die man mühevoll von der Oberfläche der El Atrun-Senke herunterkratzt, einem ehemaligen Seenbecken, das vierzehn Tagesmärsche entfernt liegt. Die Karawanen, die aus dem Süden kommen, begeben sich noch immer dorthin, aber durch das Gebiet weiter nördlich reist niemand mehr. Das Natron wird heute für zwei Dinge benötigt: Einerseits wird es mit dem scheußlichen Kautabak vermengt, den alle

Nomaden hier in rauen Mengen verzehren. Andererseits setzt man es während der Erholungs- und Mastzeiten dem Wasser der Kameltränken zu, nachdem man es in einem Mörser zerstoßen hat. Wie es scheint, festigt es das Knochengerüst, macht Durst und reinigt das Tier von innen, da es wie ein Abführmittel wirkt.

Eben komme ich vor einem alten, aufgeschlitzten Natronsack an, den eine Karawane hier zurückgelassen hat. Dieser in der Einöde so ungewöhnliche Gegenstand hat schon von weitem meine Aufmerksamkeit erregt, und ich habe einen leichten Umweg in Kauf genommen, um zu überprüfen, um was es sich handelt. Ich bücke mich, um einen dieser kleinen weißen Brocken in die Hand zu nehmen, und führe ihn dann zum Mund. Er hat einen merkwürdigen Geschmack: weder salzig noch süß, noch bitter. Eigentlich etwas fade.

Jetzt komme ich an einen Kieshügel, einen kleinen Berg, der zunächst aussieht wie alle anderen, aber dann in eine sehr steinige, ockerfarbene und mit Geröll übersäte Hochebene übergeht. Die Karten, die alle bis El Atrun nur Sand verzeichnen, sind also falsch. In Wirklichkeit beginnt an dieser Stelle ein steiniges Plateau, das Plateau des Djebel Abyad, des weißen Berges. Man findet hier ungeheure Mengen versteinerten Holzes. Richtige Wälder, oftmals ganze Baumstämme von rotbrauner Farbe. Ich versuche immer, mir die Landschaft vor Augen zu halten, wie sie vor ein paar tausend Jahren ausgesehen hat, mit ihren Wäldern, ihren Tälern, ihren Flüssen und ihren Bewohnern, die unter den Kronen dieser gewaltigen Bäume der Fischerei und der Jagd nachgingen. Ich suche den Boden nach Pfeilspitzen oder Messern ab, die meine Vermutung, dass hier einst Menschen lebten, bestätigen könnten.

Aber mein Auge ist leider nicht geübt genug, um eine Feuersteinscherbe inmitten des übrigen pastellfarbenen Gesteins zu unterscheiden. Dafür stoße ich mehrmals auf etwas, wovon ich glaube, dass es vorislamische, vielleicht sogar steinzeitliche Gräber sind: mehrere kleine Hügel, die im Kreis um einen etwas größeren Hügel – vielleicht das Grab des Anführers – angeordnet sind; wobei die Oberfläche mit einer violett schimmernden Felsplatte abgedeckt ist, die in der Nacht leicht fluoresziert.

Von Zeit zu Zeit trifft man auf geometrische, zuweilen ganz regelmäßige Fluchtlinien, die man für Häusersockel halten könnte. Aber diese auf den Boden gezeichneten Linien können ebenso gut rein natürliche Felsausstriche sein. Diese Region hat etwas Magisches. Zumal sie nur von sehr wenigen Menschen durchwandert worden ist. Da ich beständig sogar die wenigen ehemaligen Karawanenstraßen meide, ist es mehr als wahrscheinlich, dass ich der Erste bin, der den Boden unter seinen Füßen betritt.

Selbst die Tiere der Sahara haben diese Zone für immer verlassen. Doch da, eine hauchdünne Vipernspur, die mir fast fehl am Platze vorkommt. Ich versuche, dem Abdruck im Sand zu folgen. Aber die Kamele »wittern« das Reptil, das sich vielleicht nur einige Meter entfernt unter einer dünnen Sandschicht vergraben hält, wobei es nur den Kopf und die Augen hervorschauen lässt. Die Kamele brüllen und scheinen außerordentlich nervös zu sein. Sie besitzen wohl tatsächlich einen Instinkt. Es wäre unsinnig, die Tiere unnötig in Schrecken zu versetzen.

Die wenigen Tiere, die hier noch leben, kommen ausschließlich nachts zum Vorschein. Wenn die Dunkelheit hereingebrochen ist und die Kamele nach ihrem zwölfstündigen Marschtag mit Fußfesseln ein paar Meter von meiner Decke entfernt kauern. Wenn die letzten notwendigen Handgriffe nach der einfachen Mahlzeit und der Futterverteilung an die Kamele verrichtet sind. Wenn ich mich endlich ein Weilchen ausstrecken kann, um mir ein wenig Ruhe zu gönnen, was während des Tages unmöglich ist, dann zeigen sie sich, kommen aus dem Sand hervor, in den sie sich tagsüber eingegraben haben. Jede Nacht. Überall. Schwarze Skarabäen, drei oder vier, manchmal auch noch mehr, die von den Mehlresten angelockt werden und aus dem Nichts plötzlich auftauchen. Und man hört in einem fort, wie ihre mit Häkchen bewehrten Beine gegen die Leinwand der Säcke angehen. Es versetzt mich immer wieder in Erstaunen, wenn ich in dieser feindlichen Gegend ganz unerwartet nächtliches Leben wahrnehme. Und ich begreife die Hochachtung, die die pharaonischen Zivilisationen diesem Insekt entgegenbrachten. Eine Hochachtung, die durch die Unzerstörbarkeit dieser Tiere noch vergrößert wurde: Man kann noch so sehr versuchen, sie unter der Sohle zu zertreten, wenn man ihr ununterbrochenes Gescharre satt hat – sie machen sich gleich wieder auf und davon. Was mir am meisten Sorge bereitet, ist die Möglichkeit, dass eines dieser Insekten mir im Laufe der Nacht ins Ohr kriechen könnte, wie es dem Forschungsreisenden Burton seinerzeit passierte. Der Schmerz muss fürchterlich sein, wenn die Beine auf der Suche nach einem Ausgang am Trommelfell kratzen. Aber ich denke, sie sind zu groß. Und außerdem ist ein Skarabäus immer noch besser als ein Skorpion, der hier jedoch, wie es scheint, nicht häufig vorkommt.

Am sechsten Tag nehme ich endlich in der Ferne einen

Baum wahr. Beim Näherkommen stelle ich fest, dass es sich um eine Art dornlose Akazie handelt, die zwar trocken ist, deren Blätter aber wieder ergrünt sind und an den Zweigen herabhängen. Es ist die einfache Umkehrung des atmosphärischen Drucks bei der Annäherung an die feuchteren Gebiete des Südens, die dieses leichte Ausschlagen verursacht hat. Es ist das erste greifbare Anzeichen dafür, dass irgendwo die Trockenheit etwas zurückgeht. Aber die Sahelzone liegt noch mehr als tausend Kilometer entfernt, und ich habe eigentlich nicht vor, mich dorthin zu begeben. Als die Kamele nahe genug herangekommen sind, stürzen sie sich gleich auf den grünen Reiser. Ich für meinen Teil entdecke auch kleine, rote Früchte, die ich sofort koste. Das ist wahrlich ein eigenartiger Geschmack, irgendetwas zwischen Kirsche und Pflaume, bis ich schließlich eine Beere in den Mund bekomme, die weniger reif ist als die anderen und die so pfefferig schmeckt, dass ich sie sofort wieder ausspucke, um einen Liter Wasser nachzutrinken. Nun ja, bei drei Beeren pro Baum und einem Baum alle vier Tage wäre es sowieso nie eine üppige Obstmahlzeit geworden. Am Fuße des Baumes sammle ich wenigstens ein paar abgestorbene Wurzeln für meinen Holzvorrat. Seit einigen Tagen schon ist mir das Holz ausgegangen, und weil ich mangels Brennstoff mehrere Tage hintereinander rohes Mehl mit der Hand gegessen habe, bin ich nun gerne bereit, ein paar Minuten zu verlieren.

Ich bin hungrig. Ich bin immer hungrig. Als ich aus Ägypten floh, musste ich meine transportierbare Menge an Lebensmitteln begrenzen, um keine Aufmerksamkeit zu erregen. Beim Abmarsch hatte ich sechs Kilo Mehl, drei Kilo Datteln, Bouillonwürfel, Tee und ein paar Fadennudeln. Das bedeutet also so viel wie gar nichts. Den Zucker habe ich gleich am ersten Tag verloren. Er ist vom Kamel gefallen. Der Hunger peinigt mir daher den Bauch, aber ich muss mich streng mit dem Essen zurückhalten. Trotzdem hat sich noch kein Anzeichen von Erschöpfung bemerkbar gemacht. Ich fühle mich im Gegenteil unheimlich gut und aktiv. Dagegen gibt mir das weißschwänzige Kamel einigen Anlass zur Besorgnis: Als ich von dem Baum aufbrechen will, wo die beiden Kamele mit Weiden beschäftigt waren, lässt es sich entschlossen auf den Boden fallen und hat offensichtlich nicht die Absicht, noch einen Schritt weiterzugehen. Ich stürze sofort herbei, um es mit seiner Laufleine zu schlagen. So etwas darf ich auf keinen Fall dulden. Es muss weitermachen. Mein Leben hängt augenblicklich davon ab und das seine ebenfalls. Wenn es hier zusammenbricht, hat es von vorneherein keine Chance zu überleben, weil es keinen Tropfen Wasser finden wird. Ich weiß, was es hat. Es hat eine schlimme Entzündung in den Achselgruben der Vorderbeine. Es blutet und eitert, aufgerieben durch einen Gurt, den Adel ihm an der falschen Stelle angelegt und obendrein zu stark festgezurrt hatte. Seitdem ist die Wunde nicht wieder zugeheilt.

Das Tier bräuchte acht bis zehn Tage Ruhe, aber das ist unmöglich. Wichtigste Faustregel in der Wüste: Wenn es wenig Wasser gibt, muss man laufen, sehr schnell laufen. Als wir abends in einer u-förmigen Düne lagern, die einsam und allein auf der Hochebene liegt und durch ihre fast senkrechten Sandwände eine regelrechte Schanze bildet, versuche ich wieder, das verletzte Tier zu behandeln wie jeden Abend, indem ich die Wunde einpudere und desinfiziere. Das tut ihm unheimlich gut, aber ich weiß, dass es schon am nächsten

Morgen nach den ersten paar Schritten wieder zu schmerzen anfangen wird.

Der nächste Tag ist gerade der Tag, an dem ich in Laqiya Umran ankommen sollte, der einzigen auf der Karte angegebenen Wasserstelle, fast auf halbem Weg zwischen der verlassenen Oase Selima und den Minen von El Atrun. Nach El Atrun gibt es bis zum Tschad theoretisch nichts mehr. Anders ausgedrückt, auf meinem Weg durch den Sudan existieren nur drei Wasserstellen, die sich auf nahezu eintausendzweihundert Kilometer verteilen. Laqiya Umran ist die zweite. Noch immer ist die intensivste Aufmerksamkeit vonnöten. Vergessen wir nicht, dass ich mich illegal in diesem Land aufhalte. Und obendrein weiß niemand so genau, was eigentlich darin vorgeht. Die Oase Merga, gut hundert Kilometer westlich von hier, ist von libyschen Soldaten besetzt, die den gar nicht so weit entfernten tschadischen Rebellen etwas weiter südlich logistische Hilfe zukommen lassen. Was werde ich wohl in Laqiya Umran vorfinden?

Gegen elf Uhr morgens, als ich immer noch über das steinige Plateau des Djebel Abyad wandere, verschlägt es mir plötzlich den Atem, so schön ist das Landschaftsbild, das sich mir bietet. Ein steiles Tal schneidet sich tief in die Hochebene ein, als hätte jemand an dieser Stelle einen gewaltigen Schlag mit einer Axt geführt. Unermesslich große Dünen stützen sich an der Schwindel erregenden Felswand ab, und der Wind nimmt in der Nähe des Steilabfalls an Heftigkeit zu.

Ich hatte mir schon gedacht, dass eine Wasserstelle hier ohne besondere natürliche Gegebenheiten existieren könnte. Jetzt muss ich nur noch einen Abstieg finden, und bald entdecke ich einen beeindruckenden sandigen Gang zwischen zwei Felsensäulen, in den die Kamele nur äußerst widerwillig einbiegen. Aber ich jage sie mit Gewalt hinunter, indem ich sie mit einem kräftigen Schlag aufs Hinterteil antreibe, und schon bin ich auf dem Grund des Shooty Valley angelangt: Bleibt nur noch, die Wasserstelle ausfindig zu machen. Und die Umgebung mit dem Fernglas auszuloten. Offensichtlich gibt es hier nichts außer ein paar Büschen, auf jeden Fall kein menschliches Wesen. Es ist das Ende der Welt. Immerhin sehe ich ein Büschel Palmwedel, aber kein Wasser. Dabei brauche ich dringend welches, besonders für die Tiere. Ich lasse die Kamele frei laufen, und sie steuern auf eine Stelle zu, die spärlich mit Gazellengras bewachsen ist, nicht mehr als ein paar Quadratmeter, eine kleine, frische Rasenfläche. Dann suche ich weiter nach meinem Brunnen. Nichts. Andererseits stelle ich beim Barfußlaufen einen gewissen Temperaturunterschied unter meinen Fußsohlen fest, und vom Horizont wandert mein Blick nach unten, auf den Boden. Er ist stellenweise feucht. Ich erinnere mich daran, was mir Theodore Monod, ein großer Wüstenspezialist, vor der Abreise sagte: »Vielleicht ist es nötig zu graben.« Gleich fange ich an zu buddeln wie ein Frettchen, mit meinen Händen, meinen Nägeln und meinem Löffel … Im ersten Loch, nichts: Der Boden ist zu lehmig. Doch aus dem zweiten Loch von einem Meter Tiefe quillt das Wasser schließlich sehr schnell hervor. Ich erhalte ungefähr einen Eimer Wasser in einer halben Stunde. Es ist gegenwärtig 13 Uhr, und ich muss einige Zeit hier verweilen, um die Tiere mit dem nötigen Wasser zu versorgen. Ich beschließe, den Weitermarsch auf den nächsten Morgen zu verschieben.

Ich war so mit meiner Suche nach Wasser beschäftigt – und danach hatte ich alle Hände voll zu tun, um die Kamele voneinander zu trennen, die durch das kostbare Nass in höchste Erregung versetzt worden waren –, dass ich noch gar nichts von der Anwesenheit eines anderen Lebewesens bemerkt hatte. Eine kleine Gazelle läuft etwa fünfzehn Meter von mir entfernt friedlich umher und wählt sich die zartesten Rasentriebe aus. Sie ist sich meiner Gegenwart anscheinend überhaupt nicht bewusst. Es ist ganz offensichtlich das erste Mal, dass sie ein menschliches Wesen erblickt. Sachte nehme ich den Karabiner, der seit meiner Einreise in den Sudan stets an meinem Kamelsattel hängt, lege an, drücke ab ... und schieße daneben. Ich bin ein miserabler Schütze. Natürlich ergreift die Gazelle die Flucht, aber ruhig, im Trab und nur durch den ungewohnten Lärm gestört ... um eine Stunde später wieder an dieselbe Stelle zurückzukommen, wo ich sie erneut verfehle. Dabei hätte ich eine zusätzliche Portion Nahrung dringend gebraucht. Die Tiere hier kennen den Menschen nicht. Immer noch dabei, meinen Holzvorrat zu erneuern, bemerke ich unter einer schattigen *talha,* einem Tamariskenstrauch, einen erstaunlichen tierischen Mikrokosmos: Spuren von Gazellen, Schakalen, Wüstenfüchsen, Mäusen, Eidechsen, Schlangen, Skarabäen, Skorpionen und von Ameisen. All dies findet sich unter ein und demselben Baum. Verwunderlich! Es ist der einzige Ort in der ganzen Umgebung, wo irgendeine Form von Leben überhaupt möglich ist.

Als ich am nächsten Morgen von der anderen Seite des Cañons wieder aufbreche, fällt mir das sonderbare Verhalten eines mehrere hundert Meter von mir entfernten Raben auf. Er flattert in geringer Höhe und vollführt dabei so anormale Drehungen und Wendungen, dass ich zum Fernglas greife. Und da erblicke ich eine der äußerst seltenen Mendesantilopen mit ihrem wunderbaren spiralförmigen und geriffelten Gehörn. Der Rabe versuchte nur, die Aufmerksamkeit des unbekannten Raubtiers, nämlich des Menschen, auf die Antilope zu lenken, um sich hinterher an den Resten des Festmahles schadlos zu halten. Ich hatte schon früher bei mehreren Gelegenheiten bemerkt, dass die Raben in Afrika einen fantastischen Instinkt besitzen, jedenfalls was den Tod anbelangt. Aber hier nimmt er schon aktiv an der Tötung teil.

Als ich das Shooty Valley verlassen habe, fordert die Wüste wieder ihren Tribut. Normalerweise sind es bis El Atrun noch sechs Tage, wenn ich meinen gewohnten Schritt beibehalte, das heißt zwischen fünfundvierzig und fünfzig Kilometer am Tag. Die sandigen Weiten und der Schotter des Plateaus folgen wieder in stetem Wechsel aufeinander, aber die Oberflächengestalt beruhigt mich wenigstens dahingehend, dass die Möglichkeit der Durchfahrt eines Fahrzeuges sehr eingeschränkt ist. Ich durchquere noch zwei große Wadis, die von der Hochebene steil abfallen. Sie sind aber bei weitem nicht so eindrucksvoll wie das von Laqiya Umran und haben ein zu wenig ausgeprägtes Relief, als dass man dort im Untergrund Wasser finden könnte.

Ich komme zügig voran, trotz der Hitze, die schon in der Mitte des Vormittags ihre volle Kraft entfaltet hat, um bis zum Abend nur ganz allmählich wieder zurückzugehen. Wir sind noch im Oktober. Das ist keine gute Reisezeit, besonders hier nicht. Wenn die Sonne im Zenit steht, muss man jeden Quadratmillimeter Haut mit dem *chech* bedecken. Und die Landschaft ist in ein so grelles Licht getaucht, dass die Sonnenbrille unverzichtbar wird. Man muss sogar den ledernen Seitenschutz wie bei Gletscherbrillen links und rechts anbringen, damit die Helligkeit der Rückstrahlung nicht durch die Augenwinkel eindringt.

Bis dahin habe ich immer zwischen Marschieren und Reiten abgewechselt, um mit den Kräften der Tiere sparsam umzugehen. Aber auch weil man vom ständigen Reiten einen unglaublich wehen Hintern bekommt, besonders auf Sätteln, mit denen man direkt auf dem Höcker aufsitzt, wie sie in der östlichen Sahara benutzt werden. Das Problem besteht darin, dass ein Höcker nun mal ein Höcker ist. Ständig rutscht man gegen den vorderen Sattelknauf (an dem man sich die Weichteile quetscht) oder gegen den hinteren Sattelknauf (was am unteren Teil des Rückens reibt). Die Bisharin, die Tubu und die anderen Stämme polstern ihre Sättel mit großen Mengen Decken und reisen dann auf ihrem Gepäck sitzend.

Außerdem muss man dauernd die Marschrichtung des Kamels mit dem Zügel korrigieren. Es genügt nicht, ihm einmal die Richtung zu weisen. Ein Kamel ist ein Tier mit den verschiedensten Bedürfnissen und Gelüsten, die leider nicht immer mit denen des Reiters übereinstimmen und denen man vorgreifen muss. Deshalb ist es nötig, den Kurs Hunderte von Malen, mit einem Auge auf dem Kompass und dem anderen am Horizont, zu überprüfen.

Eines Nachmittags, als ich noch immer auf demselben mächtigen Tier reite, nähert sich das zweite – dasjenige, das ich schon seit langem *Haluf Kibiir* (großes Schwein) getauft habe – unauffällig von hinten und schnappt mit seinem Maul nach meiner Schulter, glücklicherweise ohne fest zuzubeißen, bevor es wieder loslässt und zurückweicht, bis sein Zügel sich spannt. Bestürzung! Mein Puls steigt auf hundertsechzig. Das blöde Vieh hätte mich sehr gut aus dem Sattel werfen können. Dieses verdammte ... Ich beschimpfe es ausgiebig, wie ich es so oft tue, seitdem ich offensichtliche Anzeichen von Schwäche an ihm entdeckt habe. Aber ich vermag nicht klar zu erkennen, ob es sich um Erschöpfung oder um eindeutigen Unwillen handelt, weil es schlecht abgerichtet ist. Eines ist sicher: Es hat begriffen, dass ich der bin, der es zwingt, diese unmenschliche Wüste zu durchqueren, und das hat es mich wissen lassen. Und ich habe es wissen lassen, dass ich sein Herr bin, indem ich ihm einen kräftigen Hieb versetzte. Den Zügel meines Kamels um die Schulter geschlungen, macht mir Laufen ebenso viel Spaß wie Reiten, besonders während der ersten zwei kühlen Morgenstunden. Dann drängen sich die Erinnerungen in meinem Kopf, Erinnerungen an meine Familie.

Aber selbst das ist in dieser kahlen Wüste zu viel. Man muss sich eben für die Welt, in der man leben will, entscheiden. Diese Welt hier duldet keine Gefühlsduselei, weder für sich selbst noch für andere. Nur fortwährende Aufmerksamkeit und eiserner Wille garantieren ein Überleben. Besonders, wenn man allein ist. Kein Mystizismus. Nur ein starkes, dauerhaftes Verlangen, am Leben zu bleiben. Und immerfort dieses bohrende Hungergefühl. Bis um zehn Uhr denke ich an einen Espresso und ein heißes Croissant auf einer Terrasse. Danach kommen die chinesischen Nudeln mit Meeresfrüchten an die Reihe. Anschließend ... Nein, dann ist es schon zu heiß, und man will nur noch einen eisgekühlten Orangensaft. Das ist das einzige, wovon man in der Wüste träumt.

Ich beginne, diese menschenfeindlichen Orte zu lieben und mich dort wohl zu fühlen, da ich mich ihnen vollkommen angepasst habe. Ich stelle mir die libyschen Soldaten in der Oase Merga vor, die nur an die arabischen Städte des Nordens, Tripolis oder Bengasi, gewöhnt sind. Für sie muss die Wüste die reinste Hölle sein.

Woran denkt man, wenn man allein in der Wüste ist? Leidet man nicht unter der Einsamkeit? Verspürt man nicht eine gewisse Furcht angesichts dieser unberührten Weiten? Fehlen einem nicht die Menschen? Auf all diese Fragen kann ich nur mit einem dreimaligen Nein antworten. In der Wüste denkt man zunächst einmal an gar nichts. Man hat natürlich die verschiedensten Gelüste, deren Befriedigung aber unmöglich ist. Daher kann man sie ebenso gut vergessen oder verdrängen. Man muss sich einfach dem Gelände und seinen Anforderungen anpassen, und diese strenge Askese bildet die Grundlage für alles andere. Man muss die eigenen Gelüste, die Schmerzen, den Hunger, den heftigen Wind, die Kälte, die Hitze und die Müdigkeit vergessen können. Und nur die unendlich große Freude zurückbehalten, da zu sein, diese fantastische Landschaft zu durchwandern, mit der großen Befriedigung, dass nur sehr wenige in der Lage wären, das alles zu ertragen. Einsamkeit? Niemals. Zuweilen mag man sich sagen, es sei nun einmal ein Gesetz der »Normalität«, dass man sich durch seine Mitmenschen angezogen fühlt. Aber wozu eigentlich? Um einen Tee zu trinken? Ich kann ihn mir selbst bereiten, und zwar dann, wenn ich es für richtig halte. Um des menschlichen Kontaktes willen? Ich weiß nur zu gut, dass die Beziehungen hier nur durch Stärke und Reichtum diktiert werden. Wie anderswo entscheiden Eifersucht und Neid über alles. Doch überdies bestehlen die Starken hier zu Lande die Schwachen. Bei mir werden sie vielleicht zögern, weil sie noch nie einen Weißen auf einem Kamel gesehen haben und nicht sofort begreifen. Darin liegt meine Chance: das Überraschungsmoment auszunutzen. Wo bleibt unter diesen Bedingungen das menschliche Interesse? Außerdem bin ich illegal hier. Angst? Was für eine Angst? Mit meinen Kamelen fühle ich mich wohl. Unabhängig. Ein wenig Futter. Hin und wieder Wasser und vielleicht eine leichte Furcht vor der Gewissheit, dass niemand die Grenzen der menschlichen und ebenso wenig der tierischen Widerstandsfähigkeit genau kennt. Wenn es noch so viele unerforschte Räume in der Wüste gibt, so liegt es an diesen Grenzen ... Und an der für eine Wüstendurchquerung erforderlichen methodisch-rationalen Vorbereitung, zu der die Nomaden einfach nicht in der Lage sind. Soundso viel Wasser für soundso viele Tage bis zu dem und dem Brunnen ... Eine unverständliche Sprache für Nomaden, die nur das kennen, was sie kennen, und nichts anderes.

Jemand, der die Wüste nicht liebt, würde es keine vierundzwanzig Stunden aushalten. Unter diesen Bedingungen würde er verrückt werden, irgendetwas Unüberlegtes tun und garantiert mehr aus Angst als durch Untauglichkeit austrocknen. Dieser Zweikampf mit der größten Wüste der Welt gefällt mir, begeistert mich. Mit gleichen Waffen. Praktisch ohne Technik. Mit der Kraft der Fußknöchel. Vorangetrieben durch den Willen. Wer die Nomaden kennt, weiß, dass es oft nur eine Antwort, nur eine mögliche Haltung gibt, wenn ein Problem auftritt. Keine Weidemöglichkeit: weiterziehen. Kein Wasser mehr: den Brunnen tiefer graben oder wieder aufbrechen. Für mich verhält es sich ebenso, nur in zehnfach stärkerem Maße. Ich kann mir keine Unaufmerksamkeit leisten. So wenig wie möglich darf dem Zufall überlassen bleiben. Ich darf keinen Irrtum begehen. Praktisch bedeutet das: den richtigen Kurs beibehalten, nicht vom Kamel fallen, seine Tiere ständig überwachen, sie so viel wie möglich entlasten und pflegen, alles nüchtern ertragen und gesund bleiben.

Eine andere große Unbekannte: Werden die Kamele durchhalten? Nichts ist unsicherer. Ich weiß sehr gut, dass, wenn sie sterben, ich mit Sicherheit auch sterben werde. Ganz zu schweigen davon, dass sich jederzeit irgendein Zwischenfall ereignen kann, der sich sofort katastrophal auswirkt, besonders wenn man allein ist.

All diese Gedanken bilden in meinem Kopf ein dichtes Gewirr, aber ich verdränge sie geflissentlich. Ich stehe noch am Anfang, und da ist es normal, an diese Dinge zu denken, an das Leben, den Tod, das Risiko ... Aber ich weiß auch, dass die beste Überlebensgarantie noch immer darin besteht, jede Handbewegung mit peinlicher Sorgfalt auszuführen. Ich weiß, dass Irrtümer sich aus Ungeschicklichkeiten, Unachtsamkeiten und mangelnder Routine ergeben.

Eine Kursabweichung von einigen Graden kann dazu führen, dass man am Brunnen vorbeizieht; ein Kamel, das nachts nicht ordentlich gefesselt wurde, kann einem den Tod bringen, wenn es davonläuft. Ein aufgerissener Wasserschlauch, ein böser Sturz vom Kamel, ein zugeschütteter Brunnen, eine unglückselige Begegnung, die fehlende Nahrung für die Tiere ... Alles ist möglich. Meine beste Versicherung ist, alle Dinge gut, ruhig und gewissenhaft zu verrichten. Meine Kehle schnürt sich ein wenig zusammen, wenn ich all diesen möglichen Gefahren ins Auge schaue. Es ist zwar nicht direkt Angst, aber es ist trotzdem eine gewisse Besorgnis. Wenn ich mir der Risiken nicht bewusst wäre, wäre ich schon von vorneherein erledigt. Deshalb bin ich angespannt, aufmerksam.

Und dann dieser Wüstenkrieg, der sich an der tschadischsudanesischen Grenze anbahnt und ausbrechen wird, sobald die heiße Jahreszeit vorüber ist. Gerade heute Abend bin ich staunend vor einer aufgebrochenen leeren Holzkiste stehen geblieben, deren herausgerissene Holzplanken mit scharfem Eisendraht beschlagen waren. Auf der einen Seite zeigte sich eine gut leserliche kyrillische Aufschrift – und ich spreche Russisch. »Kalaschnikow«, stand darauf. Die Russen haben wohl die Karawanenführer in dieser Gegend mit Waffen ausgerüstet. El Atrun ist gegenwärtig einen Tagesmarsch entfernt, und ich habe das Gefühl, dass mich Unannehmlichkeiten erwarten. Ich brauche jedoch unbedingt Wasser. Ich weiß, dass ich mich im Fall einer Gefangennahme, ob nun durch die Libyer, die Rebellen oder die Sudanesen (die vor kurzem wieder die Scharia, das islamische Gesetz, eingeführt haben), auf das Schlimmste gefasst machen kann. Am nächsten Tag bewege ich mich daher ständig mit dem Fernglas in der Hand weiter. Ich versuche, sorgfältig zu navigieren, um zumindest genau auf den Brunnen zu treffen und so zu vermeiden, dass ich stundenlang auf der Suche nach einem Wasserloch in der Oase herumstöbern muss. Auf der Karte sind vier oder fünf verschiedene *oglats* verzeichnet.

Vielleicht werden ja nicht alle bewacht. Und mit ein bisschen Glück kann die Oase auch verlassen sein wie die von Selima. Am späten Nachmittag komme ich endlich am Rand des Djebel Abyad an, der hier endet, und das Becken von El Atrun erscheint weiß und leuchtend zu meinen Füßen. Keine Dattelpalmen, nur Tamariskenwäldchen um die östlichste Wasserstelle herum. Fast eine Stunde lang beobachte ich aufmerksam die Umgebung, während die Kamele in einem verborgenen Winkel des Geländes kauern. Es tut sich offensichtlich nichts.

Ich mache mich an den Abstieg, der zu den Büschen führt, und steuere dabei auf ein einzelnes, etwas abseits stehendes Palmbüschel zu ... Und da taucht plötzlich ein paar Meter vor mir jemand auf. Scheiße – *Shit* – verdammt – jetzt gibts kein Entrinnen mehr. Vor allem darf ich mir jetzt nichts anmerken lassen. Ich muss weitergehen und versuchen, den Fehler wieder wettzumachen, möglichst natürlich zu erscheinen. Die erste Person, die ich sehe, erscheint mir sehr schwarz und hat ganz das Aussehen eines Zaghawa. Das ist die vorherrschende Volksgruppe bei den tschadischen Rebellen, die sich als Flüchtlinge im Sudan aufhalten. Das erste, was ich von seinem Körperbau erkenne, ist sein Allerwertester. Er hatte sich nämlich hinter eine Baumgruppe zurückgezogen, um sich vor den Blicken der anderen zu schützen. Denn es gibt noch andere! Natürlich konnte er nicht ahnen, dass jemand von Nordosten käme. Ich gehe zwei Meter entfernt an ihm vorüber, ohne dass er die geringste Scham zeigt oder auch nur die leichteste Bewegung andeutet. Er antwortet sogar auf meinen Gruß. Und dann finde ich mich mit einem Mal mitten unter etwa fünfzehn Schwarzen wieder, die vorher im Schutz der *talhas* verborgen gewesen waren.

Überschwängliche Begrüßung auf Arabisch, Erklärungen: Es sind keine Zaghawa. Es sind vier Rizeigat – weiße, nicht sesshafte Araber –, Besitzer einer Karawane von einigen Kamelen, die gekommen sind, um Natron zu holen. Die anderen sind Sklaven und von der Hautfarbe her viel schwärzer. Sie kommen aus der sudanesischen Provinz Kordofan und sind dazu bestimmt, morgens und abends das Gepäck auf- und abzuladen und, einmal an Ort und Stelle, das Natron zu schürfen. An einer Schnur im Schatten sind dünne Scheiben von

Gazellenfleisch zum Trocknen aufgehängt. Die Sättel liegen etwas abseits, und die von ihrem Gestell losgebundenen kleinen Polster dienen als Kopfkissen.

Man tränkt mir die Tiere am *oglat,* man füllt mir die Schläuche bis obenhin mit Wasser, und man lädt mich in den Schatten ein. Man bringt mir einen Auflauf aus hauchdünnem Blätterteig, vermischt mit Milch und Zucker. Die Cornflakes sind also eine Erfindung der Rizeigat. Im Übrigen sind sie reizende Leute, die sich nach meinem Befinden erkundigen. *Rizeigat* bedeutet in Sudanesisch-Arabisch soviel wie »glücklich«, und tatsächlich sind sie die Besitzer von stattlichen Herden in der Gegend von Darfur. Aber diese Herden müssen auch gehütet werden, und deshalb unternehmen sie von Zeit zu Zeit einen bewaffneten Feldzug gegen die Dinka, ein sesshaftes Volk im Süden, um dort ein paar Sklaven zu rauben. Ich hatte das schon drei Jahre zuvor im Sudan gesehen. Augenblicklich sitzen mir sehr gastfreundliche Nomaden gegenüber, besonders einer von ihnen, ein großer Dunkelhäutiger um die dreißig in einer *dijellaba,* aber ohne *chech,* mit dem die Verständigung leichter ist. Ja, die libyschen Truppen stehen in Merga, siebzig Kilometer nördlich. Ja, die Zaghawa-Rebellen sind hundert Kilometer entfernt, südlich des Wadis Howar, aber selbst die Nomaden der Gegend meiden diesen Ort aus Furcht vor den Minen und vor den dort praktizierten Hinrichtungen ohne Gerichtsverfahren. Es gibt sogar drei sudanesische Polizisten in El Atrun, und zwar am Hauptbrunnen, etwa zehn Kilometer von hier. Verfügen sie über ein Fahrzeug? Nein. Haben sie ein Funkgerät? Nein.

Ich weiß, was ich wissen wollte. Unnötig, sich noch länger aufzuhalten. Die Stunde, die ich hier bin, ist schon zu viel. Auf

Wiedersehen! Die Kamele setzen den Weg nur widerwillig fort. Das Grün der Pflanzen verlockt sie, und das Gewicht des Wassers macht ihre Last noch drückender. Ich umgehe das Zentrum des Beckens und wandere an der steil abfallenden Felswand der Hochebene entlang. Immer wieder stoße ich auf kleine Schneisen von Karawanenpisten und zuweilen auch auf mehrere Wochen alte Wagenspuren.

Die Dunkelheit ist schon fast hereingebrochen, und da ich keine Anhaltspunkte mehr erkennen kann, ziehe ich es vor, zu kampieren, um denjenigen, denen ich aus dem Weg zu gehen versuche, nicht unverhofft gegenüberzustehen. Ich stelle sie mir vor, wie sie zwischen den Mauern einer Lehmhütte sitzen, ihr Hirsebrot backen und dabei ihr *kuruç,* ihre Einnahmen von den Mautgebühren der wenigen Kamelkarawanen zählen. Das zweite Kamel, *Haluf Kibiir* hat die schlechte Angewohnheit, jedes Mal laut zu brüllen, wenn man es niederknien lässt. Aber diesmal halte ich ihm, aufs äußerste gereizt, mit beiden Händen das Maul zu, um sein Murren zu ersticken. Der Wind trägt weit.

Am nächsten Morgen bei Tagesanbruch gibt es wieder dasselbe *righa,* dasselbe Gebrüll, als ich ihm das Zaumzeug anlege. Aber glücklicherweise kommen bald felsige Hügel, die die Sicht auf den Grund des Beckens versperren.

Im Laufe des Tages verändern sich die Landschaft und die Bodenbeschaffenheit tiefgreifend, und es wird sandig, sehr sandig. Dabei bilden sich aber keine Dünen im eigentlichen Sinne, sondern ein gleichsam mit Schaumkronen bedecktes Meer aus abgerundeten Hügeln, die zuweilen aus sehr weichem Sand bestehen. Der Führer der kleinen Rizeigat-Karawane konnte mir keine Auskunft über dieses nahezu unbekannte Gebiet geben, das sich bis zum Tschad und den ersten Ausläufern des Ennedi-Gebirges erstreckt. Die Sudanesen bleiben im Sudan, die Tschader im Tschad. In manchen außergewöhnlichen Jahren verlaufen sich einige wenige Kebabisch mit ihren Kamelen in den Norden. Aber auf alle Fälle nicht dieses Jahr und auch nicht so weit nach Norden.

Am Abend finde ich einen großartigen Unterschlupf in einer Anhäufung von steil aufragenden Dünen. Es sind einladende Dünen mit einem spärlichen, von der Sonne verbrannten Pflanzenwuchs. Zahlreiche Spuren von Mendesantilopen verraten jedoch, dass es hier tatsächlich tierisches Leben gibt. Mendesantilopen sind fantastische Tiere, die sich auf erstaunliche Weise an die Wüste angepasst haben und in der Lage sind, Hunderte von Kilometern auf der Suche nach einem vorübergehenden Weidegrund zurückzulegen, ohne ein einziges Mal zu trinken.

Ich lerne, mich in dieser Art von Schwerelosigkeit zu bewegen, in diesem riesigen Raum, wo nichts den Blick aufhält, wenn nicht der Horizont selbst. Und immer geht es vorrangig darum, den Kurs zu halten. In manchen Gebieten ohne jegliche Orientierungshilfe oder wenn ein Relief von der Marschrichtung abzulenken droht, muss man alle Sinne benutzen, um sowenig wie möglich von der vorgeschriebenen Bahn abzukommen. Der kleinste Kieselstein, der in einiger Entfernung auf der Erde liegt, kann als Orientierungspunkt dienen, auf den man zusteuert. Oder manchmal genügt für ein kurzes Anvisieren auch nur die unterschiedliche Farbe des Sandes, ein hellerer oder ein dunklerer Fleck. Wenn alle Landmarken fehlen, kann man schon mit ein paar Schritten um zweistellige Gradzahlen vom Kurs abdriften. In diesem Fall gibt es nur eine Lösung: zu navigieren, indem ich meinen Schatten oder den der Kamele als Anhaltspunkt nehme. Dabei muss ich den Winkel zwischen meinem Schattenriss auf dem Boden und der eingeschlagenen Richtung beibehalten: immer derselbe Winkel ... Immer derselbe Winkel, eine Stunde, zwei Stunden lang, und immer wieder auf dem Kompass nachprüfen ... Und selbst dann ist es noch nicht einmal sicher, dass man nicht doch abkommt. Diese Technik lässt sich übrigens nur morgens anwenden, wenn ich die Sonne im Rücken habe. Abends muss ich die über dem Sand untergehende Sonne anvisieren, die sich fast mir gegenüber befindet. Heute steht sie eher um fünfundzwanzig Grad weiter links. Im Gegensatz zu dem, was man meint, geht die Sonne nicht im Osten auf und im Westen unter. Es besteht eine Abweichung von gut zwanzig Grad zwischen der astronomischen Position und der wirklichen Bahn des Sterns.

Doch wenn man eine gleichbleibende Achse zur Sonne oder zu seinem Schatten beibehält und diese Haltung tagelang nicht ändert, kann man praktisch ohne die Hilfe des Kompasses sagenhafte Entfernungen zurücklegen.

Manchmal, wenn ich mich zu Fuß direkt nach Westen bewege, wirft die über meiner Schulter hängende Leine ihren Schatten vor mir auf die Erde, und dieser Schatten fügt sich genau in den Schatten des Kamels ein, und zwar zwischen seine beiden Ohren.

Alle Karawanenführer der Welt müssen sich diese Arten von Orientierungshilfen einprägen. Ich bin und bleibe davon überzeugt, dass man eine Karawanenstraße vollständig und genau erklären kann, indem man diese verschiedenen Zeichen mit der Abfolge der Tage, Etappe für Etappe aufzählt ... Manche Karawanenführer, unter anderen auch die Tubu, benutzen für ihre Tiere ein schmiedeisernes Gebiss, das von einem Ring überragt wird. Diesen tragen die Kamele hinter ihren Nüstern. Der Schatten, den dieser Ring auf die Erde wirft, zeigt gemäß der Rundung der Ellipse die Richtung an, der man folgen will. Wenn man im Herbst genau nach Westen ziehen will und die Sonne im Rücken hat, beschreibt der Ring vor einem im Sand einen vollkommenen Kreis.

Wenn ich meine Position hin und wieder astronomisch überprüfe, stelle ich fest, dass ich täglich kaum mehr als drei Grad vom Kurs abkomme. Das entspricht gerade ein paar hundert Metern, was so gut wie nichts ist.

Am Tag darauf entdecke ich in dieser sandigen Weite einen majestätischen, fast anachronistisch wirkenden Baum. Eine Insel inmitten eines ockerfarbenen Ozeans. Als ich näher komme – wieder einmal, um den Gelüsten meiner Kamele nachzukommen –, bemerke ich wie in Laqiya das erstaunliche tierische Leben, das sein Astwerk birgt: Winzige, farbenprächtige Vögel, ein wenig wie die Hirsefresser in der Sahelzone, und ein weißes Falkenpärchen lassen sich vom Wüstenwind und den Turbulenzen am Wipfel des Baumes umherwirbeln und zeigen nicht die geringste Scheu. Alle leben in bestem Einvernehmen im Schutze dieses riesigen Baumes, den ich gleich »Philipps Baum« nenne, da er auf keiner Karte verzeichnet ist. An Bäumen wird dieser der letzte sein.

Allabendlich erhebt sich ein trockener Wind, der über die sandige Oberfläche fegt und den Horizont verschleiert. Weit und breit existiert keine Bodenerhebung, die ihn aufhalten könnte. Eines Morgens muss ich sogar die Leinen und die Sandalen ausgraben, die während der Nacht unter einer zehn Zentimeter dicken Sandschicht begraben wurden. Das Landschaftsgemälde um einen her verändert sich dauernd, und ständig tauchen neue Zeichen für denjenigen auf, der sie zu lesen vermag. Vielfältige Abdrücke im Sand zeugen vom nächtlichen Leben, das sich lautlos und zuweilen nur ein paar Schritte entfernt abspielt, mit all seinen Dramen und Überraschungen.

Am vierten Tag nach El Atrun bin ich wie jeden Morgen damit beschäftigt, dieses offene Buch zu entziffern, dessen vollgeschriebene Seiten als mit Spuren bedeckte Sandflächen vor mir liegen. Sieh an, da ist ein Fennek, ein Wüstenfuchs, gelaufen und von Busch zu Busch geschlichen. Merkwürdig, seine kleinen Katzenspuren folgen genau meinem Kurs. Dann entdecke ich zu meiner Rechten die Spuren einer kleinen Wüstenspringmaus. Sie bewegen sich ebenfalls von Platz zu Platz, kratzen stellenweise auf der Suche nach einem Insekt an der sandigen Oberfläche. Dann werden die beiden Spurenreihen geradliniger. Jetzt rennen sie um die Wette. Und schließlich bleibt nur noch die Spur des Fuchses zurück. Nachdem ich die ganze Episode mit Interesse verfolgt habe, breche ich beim Gedanken an diesen unerwarteten Ausgang in Lachen aus. Ich habe noch das Lächeln auf den Lippen, als ich einige Schritte weiter wie angewurzelt vor Spuren eines anderen Typs stehen bleibe: Toyota, 230x18, militärisches Profil, zwei Fahrzeuge, frische, sehr frische Spuren ... Es ist 7 Uhr 30 morgens. Ich bin seit einer Stunde unterwegs, und der Wind hatte sich gerade in dem Augenblick gelegt, als ich aufbrach. Nun lege ich in der Stunde etwa vier Kilometer zurück, und die Sichtweite beträgt hier ebenfalls vier Kilometer. Die Rechnung ist einfach: Ich begreife nicht, wie ich diese Patrouille kreuzen konnte, ohne dass wir uns gegenseitig bemerkten. Noch ein anderer Gedanke drängt sich mir auf: Auch ich hinterlasse Spuren. Und es genügt, dass ein Fahrzeug nach meinem Vorüberkommen darauf stößt und sich die Mühe macht, den Fußspuren eines Mannes und zweier Kamele zu folgen, die hier offensichtlich nichts verloren haben …

Schon vor El Atrun hatte ich zweimal Pisten von Militärkolonnen gekreuzt. Vor dem Überqueren der Wagenspuren hatte ich jedes Mal eines meiner Tiere bestiegen, damit man glauben sollte, es handle sich um zwei verirrte Kamele. Aber hier kann jederzeit irgendjemand aus den weichen Dünen auftauchen, wenn gerade ein Materialtransport von Libyen zu den Rebellenlagern im Gange ist. Auch hatte ich am Vortag einen ungewöhnlichen Gegenstand bemerkt, der oben auf einem Sandhügel in der Sonne glänzte. Er sah ganz so aus wie das Heck eines Wagens, in jedem Falle eckig genug, um nicht natürlich zu sein. Nach langem Zögern nähere ich mich schließlich, um, durch den verzerrten Maßstab in die Irre geführt, einen nagelneuen, geplatzten Reifen zu entdecken. Nebst Resten von Toilettenpapier – das den Arabern unbekannt ist –, was mich zu der Vermutung führt, dass die Libyer von russischen Militärberatern begleitet wurden. Ich zumindest weiß, warum ich niemals ein Indiz hinterlasse. Der Krieg mit dem Tschad wird ganz offensichtlich wieder aufgenommen. Alles deutet darauf hin. Warum sonst sollte eine so menschenfeindliche Wüste derart überwacht werden?

Der Sandwind bietet, wenn er bläst, einen gewissen Schutz. Er ist im Moment kein Gegner mehr, sondern ein gleichmäßiger Wind aus Nordosten, der die feinsten Sandkörner bis auf eine geringe Höhe hochwirbelt und damit den Horizont verschleiert. Ich bin sehr froh, ihn im Rücken und nicht ständig im Gesicht zu haben, und ich beglückwünsche mich dazu, meine Wüstendurchquerung von Osten nach Westen und nicht umgekehrt begonnen zu haben. Schon als Junge hasste ich es, auf dem Fahrrad gegen den Wind anzustrampeln, dagegen liebte ich es, mich von ihm treiben zu lassen.

Das einzige Problem ist schließlich die Seekrankheit. Habe ich »seekrank« gesagt? In der Tat, wenn die Erhebungen unter einem Sandschleier verschwinden, wenn selbst die Kamelbeine nicht mehr sichtbar sind und man keinen Orientierungspunkt hat, bekommt man das langsame Schaukeln des typischen Kamelgangs erst voll zu spüren. Man fühlt sich ungefähr so wie bei Nacht und Nebel in einem Auto ohne Stoßdämpfer. Zwei- oder dreimal sollte ich unter diesem eigenartigen Unwohlsein leiden, zu dem Hunger und Müdigkeit das ihre taten. Ein einziges Gegenmittel: weitermachen. Der Futtervorrat ist seit langem schon erschöpft, schon seit El Atrun. Glücklicherweise und wie ich es eigentlich auch vorgesehen hatte, finde ich stellenweise eine magere Weide für die Kamele. Oftmals fällt dieses Ereignis aber nicht auf den Abend, wo die Tiere während der Ruhepause ungestört fressen könnten. So lasse ich sie am Leitstrick von Busch zu Busch gehen und gerade so lange dort verweilen, bis sie den Mund voll haben. Und immer wieder finde ich Spuren von Mendesantilopen, die aber zu vorsichtig sind, um sich überraschen zu lassen. Man spürt, dass diese Gegend mit ein wenig Regenwasser sehr schnell wieder ergrünen könnte. Mancherorts sind noch einige Samenkapseln von Cram-Cram-Pflanzen zurückgeblieben, diese kleinen, klettenartigen Bällchen, die nur auf Weiden in der Sahara vorkommen.

Ich nähere mich allmählich dem Tschad, und der Sand wird bald dem Sandsteingeröll des Ennedi-Gebirges weichen. Die Karte weist auf zahlreiche Brunnen und *geltas,* Wasserlöcher, hin. Hier beginnt eine andere Art von Wüste. Endlich erblicke ich ganz in der Ferne ein Relief, das aus den weichen Dünen hervortritt, und am nächsten Tag überschreite ich die Landesgrenze. Eine letzte Überraschung auf sudanesischem Boden: Am Rande der letzten Dünen entdecke ich Dutzende von prähistorischen Mahlsteinen, im Durchschnitt zwei bis drei pro Düne, neben denen Reste von Tonwaren verstreut liegen. Die ehemalige Siedlung, die es hier wohl gegeben hat, muss sehr ansehnlich gewesen sein, praktisch eine ausgedehnte Stadt.

Ein Freund von mir, ein Anthropologe, hatte mir von einer sagenhaften Stadt erzählt, auf die es gewisse Hinweise in einigen antiken arabischen Schriften gibt, die wiederum auf mündlicher Überlieferung beruhen. Sie soll an einem Kreuzpunkt gelegen haben, an dem die Karawanenstraßen aus dem alten pharaonischen Ägypten des Nils, dem Golf von Syrte in Libyen und aus Schwarzafrika aufeinander trafen. Eine Stadt mit reichen Kaufleuten, unzähligen Kamelkarawanen, die ständig kamen und gingen und mit ihrem Rhythmus das geschäftige Treiben des Marktortes bestimmten: Seidenstoffe, Straußenfedern, Elfenbein, Gold, Perlen, aber auch gestohlene Buckelrinder und Sklaven. Nachdem sie mit Sicherheit so manches Mal von plündernden Horden verwüstet worden war, musste sie wohl den zerstörerischen Angriffen einer letzten Invasion weichen. Heute ist die Sandwüste des Ash Shimaliya an die Stelle der einstigen Savannenlandschaft getreten. Die Kaufleute sind weiter nach Süden abgewandert. Andere Städte sind entstanden: Abeschr, Njala, El-Fascher.

Aber die Dünen haben die Eigenart, dass sie bestimmte Hindernisse mehr schützen, als sie zu bedecken, sei es nun ein Bodenstein oder ein Steinmäuerchen. Ein Bodenstein kann in der Staubwüste jahrtausendelang zutage liegen, während die Dünen von beiden Seiten um ihn herumwandern. Der geschliffene, einst zum Mahlen des Getreides benutzte Stein bleibt einfach auf dem Sand liegen. Vielleicht stehe ich gerade auf dem Fleckchen Erde, wo sich das antike Stadtzentrum befand. Vielleicht fanden an dieser Stelle sogar die Tauschgeschäfte und der Handel mit Sklaven statt ..., oder es wurden hier die Packsättel der Karawanenkamele beladen.

Ich überlasse die Region ihrem Geheimnis und nehme Abschied von den neolithischen Getreidemörsern und den Tonscherben. Wenn es hier keine starke Besiedlung gegeben hätte, hätten die Leute doch wohl die vorhandenen Mahlsteine zum persönlichen Gebrauch mitgenommen. Die Tatsache aber, dass sie zu Hunderten verstreut liegen, ist der Beweis, dass es hier Tausende von Menschen gegeben haben muss. Es sieht jedenfalls nicht so aus, als könne die Antwort darauf in Kürze gefunden werden.

Man müsste genaue Aufnahmen des Geländes machen und systematische Ausgrabungen und Analysen durchführen ... Ich persönlich ziehe es jedoch vor, diese jungsteinzeitlichen Gegenstände in ihrer natürlichen Umgebung zu sehen und nicht in einem verstaubten Museum oder, schlimmer noch, im Magazin, bei den nicht zugänglichen Beständen, wo sie, der Willkür einiger eifersüchtiger Wissenschaftler preisgegeben, darauf warten, mit einem Schild versehen und klassifiziert zu werden. Niemals ist es mir in den Sinn gekommen, auch nur die unbedeutendste Pfeilspitze aufzuheben und mitzunehmen.

Es ist das Erbe der Wüste. Und wenn ich zu den Problemen der Zugänglichkeit auch noch die geopolitische Lage im Grenzgebiet zwischen dem verfeindeten Tschad und Sudan betrachte, dann bezweifle ich, dass man diese Gegend in den nächsten Jahrzehnten erneut vergewaltigen wird.

Doch nun zurück zu prosaischeren Dingen: Ich brauche unbedingt Wasser. Ich habe die Wahl zwischen den Brunnen des Murdi, einer Senke im Norden des Ennedi-Gebirges, und den kleinen *oglats* der Täler, die vom Massiv selbst eingeschlossen werden. Ich entscheide mich für die zweite Möglichkeit. Es verlangt mich nach einer bergigen Umgebung, in der man sich obendrein besser verstecken kann – meine ewige Sorge. Eine Zone muss ich jedoch meiden, und zwar die südliche Region des Gebirgszuges mit dem Land der Zaghawa, den regulären Garnisonen und den aufständischen Bideyat-Nomaden (Vettern der Zaghawa).

Noch am selben Abend schlafe ich unterhalb meiner ersten *gara,* meines ersten Berges. Zur Rechten blicke ich auf das Halema-Massiv, das die Nordostspitze des Gebirgsstocks bildet und sich sogar ein wenig in den Sudan hineinzieht. In Halema soll sich der erste Brunnen befinden, aber wenn ich mir so die vertrockneten, verbrannten Pflanzen und die abgestorbenen Bäume der Umgebung betrachte, bin ich mir fast sicher, dass er ausgetrocknet ist. Es ist unnötig, kostbare Zeit mit Suchen zu verlieren. Meine Wasservorräte nehmen beständig ab.

Am nächsten Tag ziehe ich in großer Entfernung an den steilen Felswänden des Halema-Massivs vorbei, um auf das Wadi Kaedi zu treffen, eines der großen Wadis, die aus dem Ennedi hervorkommen. Am Vorabend hatte ich meine französischen Karten ausgepackt, die viel genauer sind als diejenigen, die ich bisher benutzte. Ich bin allerdings noch sehr wenig damit vertraut, und da ich es sonst immer gewohnt war, einen ungenaueren Maßstab vor mir zu haben, dringe ich viel zu weit ins Wadi Kaedi ein. Ich bedaure es jedoch nicht. Es ist ein wunderbarer Spaziergang durch die zwischen Felsmassiven eingezwängte Schlucht. Nach der Libyschen Wüste staune ich hier über die Üppigkeit der Vegetation. An der Mündung des Wadis glaubt man sich zuweilen in den Ebenen der Hochplateaus von Kenia. Eine Überfülle an Pflanzengattungen, bis hin zu bestimmten Arten von Bodenlianen, ist hier anzutreffen. Ich sehe mehrere Dorkas-Gazellen und eine Mendesantilope, ein weißer Fleck, der ins Innere des Wadis flüchtet.

Auf dem Rückweg entdecke ich ein verlassenes Tubu-Lager. Einige in den Boden gerammte Pflöcke, Überreste des Tragwerks der Mattenzelte, durchlöcherte Trinkschalen mit verrostetem Boden ... Ich habe den Eindruck, dass die Suche nach Wasser nicht leicht sein wird.

Nach unendlich langem Herumsuchen finde ich schließlich die Stelle, wo sich die *gelta* von Gourgouro befindet, die auf der Karte als ständige Wasserstelle eingezeichnet ist. Ausgetrocknet. Durch den Anblick von Kalkkonkretionen am Grunde der kleinen, in den Fels gegrabenen Schüssel neugierig geworden, setze ich meinen Weg durch ein Gewirr von Wildpfaden fort, denen die Kamele nur mit Mühe folgen können. Mehrmals fessele ich sie vor steilen Abhängen, um sie beim Abstieg wieder zu finden, nachdem ich mich davon überzeugt habe, dass kein Wasserausstrich vorhanden ist. Beim weiteren Vordringen entdecke ich noch zwei kleine Wasserlöcher. Ebenfalls ausgetrocknet. Diese waren auf der Karte nicht eingezeichnet, aber da mein Auge für den kleinsten Hinweis geschärft ist, sei es nun eine Ansammlung von Kotkügelchen oder eine alte, liegen gelassene Schnur, prüfe ich alle Möglichkeiten. In dieser Zone gibt es kein Wasser mehr.

Sehen wir also in Dorogbé nach, einer weiteren nie versiegenden *gelta,* wenn man der Karte glauben darf. An meinem zweiten Tag im Ennedi-Gebirge überquere ich einen kleinen, stark versandeten Pass: Eine Düne hat sich an den Steilhang angelagert, den es zu besteigen gilt. Die Kamele sträuben sich, und als ich das weiße Kamel, »Looser«, an der Leine hinter mir herziehen will, reiße ich ihm dabei den Nasenring heraus. Aber eigentlich ist es mehr die Schuld dieses Dummkopfs, der sich im falschen Moment auf die Knie fallen lässt und sich dabei in ein und derselben Bewegung den Ring mitsamt dem Nasenflügel herausreißt. Programm für den Rest des Tages: Ärger und Beschimpfungen. Aber eigentlich nur deshalb, weil ich mir große Sorgen mache. Looser kommt nicht mehr so recht vom Fleck und lässt sich mit zurückgeworfenem Kopf und klappernden Beinen ins Schlepptau nehmen. Am Abend auf der Zwischenstation bin ich gezwungen, ihm mit einer riesigen Nadel von zwanzig Zentimetern Länge den anderen Nasenflügel zu durchstechen. Die Nadel ist mit einem Öhr versehen, durch das eine doppelte Schnur eingefädelt werden kann. Natürlich geht das alles nicht reibungslos, und erst nach einem erbitterten Nahkampf gelingt es mir schließlich, ihm einen zweiten künstlichen Ring am Nasenflügel zu befestigen. Wenn ich es nicht täte, wäre das Kamel sehr bald nicht mehr am Leben. Wenn es nicht mehr weitergeht, findet es kein Wasser zum Trinken, und wenn es nicht trinkt, stirbt es sehr schnell.

Die Etappen folgen aufeinander: *gelta* von Dorogbé: ausgetrocknet. Enéké: ausgetrocknet. Tegroba: ausgetrocknet. Jedes Mal, wenn ich mich am Grunde der ausgetrockneten *gelta* wiederfinde und den feinen Sand zwischen meinen Fingern durchrinnen lasse, ist es mir, als versetzte mir jemand einen Peitschenhieb in den Nacken. Eine Befriedigung bleibt mir immerhin: Ich finde stets die genaue Lage, einzig und allein mithilfe der Karte und der Wahrnehmung. Ein schwacher Trost.

Ein anderer Gegenstand der Besorgnis sind die Minen. Ich weiß, dass die Wasserstellen vermint sind. Ich weiß auch, dass der Südrand des Ennedi-Massivs vermint ist. Es können alte Minen aus dem tschadisch-libyschen Krieg von 1987 sein, die entweder von den Libyern gelegt wurden und den Tschadern unbekannt sind oder von den Tschadern gelegt wurden und den Libyern unbekannt sind. Es können aber auch Minen für den Krieg sein, zu dem gerade gerüstet wird. Die regierungstreuen Truppen könnten sie gelegt haben, um den Rebellen den Weg durch den Norden abzuschneiden. Man hat zwischen diesen Möglichkeiten die freie Wahl! Deshalb bemühe ich mich immer zu schauen, wohin ich den Fuß setze, besonders, wenn der Untergrund sandig ist. Da ich mich ständig abseits der Piste fortbewege und allein meinem Kurs folge, habe ich den Vorteil, mit geringerer Wahrscheinlichkeit auf eine Mine zu treten. Die Wüste ist groß. Und Allah ebenfalls. Ich gehe auch von dem Grundsatz aus, dass, wenn es keine Wagenspur gibt, auch kein Fahrzeug vorbeigekommen ist, um Minen zu verlegen. Diese werden nicht auf dem Rücken von Menschen transportiert, und in dieser Region habe ich bemerkt, dass Spuren nicht mit Sand überdeckt werden, sondern sichtbar bleiben.

Auf alle Fälle rechtfertigt die Suche nach Wasser alles. Das sage ich mir, als ich sehr früh am Morgen eine schöne, sonnige Schlucht hinuntersteige, die zum Wadi Sini führt, einem Wadi, wo ich endlich ein wasserhaltiges *oglat* zu finden hoffe. Glücklicherweise hatte ich meine Wasservorräte nicht allzu knapp bemessen. Aber gegenwärtig darf mir trotzdem kein Irrtum mehr unterlaufen.

Unten in der Schlucht, an der Stelle, wo enorme, von Erdpyramiden überragte Felsen den Durchgang halb versperren, sehe ich Ziegen. Wenn es Ziegen gibt, muss ganz in der Nähe ein Lager sein. Zumindest ein Frauenlager. Ich habe allem Anschein nach keinen Grund zu fliehen. Am Ausgang des Engpasses, dort, wo das Gelände ebener wird, um eine ausgedehnte, mit *gesch*-Büscheln übersäte Hochfläche zu bilden, entdecke ich unter einer Baumgruppe den Lagerplatz. In der Nähe von dem, was sich als einfaches Biwak mit auf dem Boden ausgebreiteten Decken und Säcken herausstellt, stehen ein Mann, ein Tubu von ungefähr vierzig Jahren, hager und sehnig, mit dunkler Haut und schief stehenden Zähnen, zwei reife Jugendliche um die zwanzig und ein Junge. Seine drei Söhne. Einer der Jungen hat eben zwei Mähnenschafe geschlachtet, die mit den Hinterfüßen an den Ästen eines Baumes aufgehängt sind. Die blutigen Köpfe liegen, ein paar Schritte weiter, beim Feuer einander gegenüber. Alle vier sind damit beschäftigt, mit hochgekrempelten Ärmeln und einem Messer in der Hand, die Tiere zu zerlegen, wobei sie hin und wieder ein wenig rohes Fleisch verschlingen. Ihre Arme sind bis zu den Ellenbogen blutüberströmt.

Bei meinem Näherkommen zeigen sie sich unschlüssig, ja besorgt. Sie begreifen ganz offensichtlich nicht, was ich hier eigentlich mache. Obendrein ist die Gegend nicht sehr sicher. Ohne lange zu fragen, bringen sie meine Kamele schließlich dazu, sich niederzulegen, und helfen mir beim Abladen. Die Leber eines der geschlachteten Tiere, die zum Braten auf die Glut gelegt worden war, ist gerade eben gar. Ich habe keine Zeit, lange zu warten; die Neuigkeiten werden beim Essen ausgetauscht. Doch sobald die in Stücke geschnittene, salzlose Leber verspeist ist, beginnen sie, mein Gepäck zu durchsuchen – für einen Ethnologen ein interessanter lokaler Brauch. Sie reißen sich den Tee, das wenige noch verbleibende Mehl und die letzten Datteln unter den Nagel. Die Brühwürfel lassen sie liegen, weil sie sie nicht kennen. Inzwischen versucht ein anderer, meine Uhr verschwinden zu lassen, die in der Vordertasche eines Sackes steckt. Ich mache Miene, wegzugehen. Die Kamele hatten Zeit, ein paar Schritte zu tun. Ich muss sie nur noch holen, sie niederknien lassen und beladen, während ich ständig ein wachsames Auge darauf habe, was hinter mir geschieht ... Ich habe verstanden, dass es hier kein Wasser gibt. Mit einer leichten Bewegung zeige ich meine Richtung an. Der andere schüttelt verneinend den Kopf. Er wirkt kühl und ruhig und versteht offenbar nur das, was er verstehen will. Das heißt gar nichts. Er weist mich in eine andere Richtung und fasst ohne weiteres den Zügel des Kamels. Sogleich stellt sich der Jugendliche, der mit einem Kampfgewehr bewaffnet ist, drei Schritte weiter hinten auf. Die Waffe ist schon lange entsichert. Ich bin mir fast sicher, dass mein Schicksal besiegelt ist und dass sie einfach ihr Lager nicht beschmutzen wollen. Doch ganz so schlimm sollte es doch nicht kommen. Nachdem wir eine Stunde unterwegs sind, gelangen wir zu einem weiteren Lagerplatz: ein anderer, etwa fünfzigjähriger Tubu, ebenfalls vom Stamm der Murdia, ebenfalls mit krummen Zähnen, die aber von einem Kinnbärtchen eingefasst werden, mit seiner Frau und seinem ungefähr dreißigjährigen Sohn, beide viel schwärzer als der Alte. Sie haben kein Wasser mehr und nehmen mir fünf Liter ab, sodass mir nur noch drei Liter bleiben. Es hat überhaupt keinen Sinn, den Helden zu spielen. Einer Kampfwaffe ist meine Knallbüchse nicht gewachsen, besonders nicht in Anbetracht meiner Schießkünste. Dagegen sind meine Widersacher von einer nahezu teuflischen Treffsicherheit. Sie beweisen es noch einmal, indem sie zwei frisch getötete Gazellen herbeischaffen. Kurz zuvor hatte ich in der Schlucht zwei Schüsse hallen hören.

Am nächsten Morgen machen die beiden Männer und ich uns nach Bao auf, dem nächsten Brunnen abseits meiner Route. Ich habe keine Wahl. Schließlich verfüge ich nur noch über drei Liter Wasser. Am Abend im Biwak klauen sie mir auch noch diese letzten drei Liter, um ihre Gebetswaschungen zu verrichten und ihre Hirsekugel zuzubereiten. Ich bin völlig entmutigt. Ich hasse es, ohne einen Tropfen Wasser zu reisen, und genau das ist es, was mich bis Bao erwartet. Zwei Tage ohne Wasser und ohne Nahrung. Was mich allerdings am meisten stört, ist, dass ich gezwungen bin, mit Idioten zu reisen. Ich bin einfach nicht mehr daran gewöhnt.

Endlich kommen wir in die Umgebung von Bao. Ein paar einsam gelegene Hütten aus geflochtenen Matten in einem sehr breiten, sandigen Wadi. Ein paar Bäume. Da es gerade Essenszeit ist, machen die beiden Tubu vor einer ihnen bekannten Hütte halt. Darinnen befinden sich ausschließlich Frauen, einige davon schön, feingliedrig mit brauner Haut und zu kleinen Zöpfen gewebtem Haar. Ein Nasenflügel ist von einem dünnen Silberring durchbohrt. Aber sie haben eine seltsame Art, sich niederzuhocken, die nicht gerade elegant wirkt. Man lädt mich zu der traditionellen Hirsekugel ein, die man mit bloßen Händen isst. Gleich danach machen sich die Frauen an meinem Gepäck zu schaffen. Die eine nimmt sich einen Faden, die andere versucht, einen Wasserschlauch an sich zu bringen. Ein Wasserschlauch mit einem Fassungsvermögen von einem halben Hektoliter aus speziellem synthetischem Material im Wert von fast tausend Franc gegen zwei Handvoll Hirse ... Gelassen nehme ich ihnen alles aus den Händen, um es wieder am richtigen Platz zu verstauen.

Vor allem sind nun Formalitäten zu erledigen, denn wie es scheint, gibt es in Bao einen kleinen Polizeiposten. Ich gehe also durch das Wadi, bis ich zu dem einfachen Lehmbau gelange. Es sind schwarze Tschader aus dem Süden des Landes, Sara oder Hadjarai, die perfekt französisch sprechen. Es ist übrigens das erste Mal seit drei Monaten, dass ich mich wieder in meiner Muttersprache verständige. Sie bieten mir Wasser in Hülle und Fülle: erste Dusche seit Selima. Wir haben gerade noch Zeit, um einige wenige Worte zu wechseln, als zwei mit bewaffneten Goran völlig überladene Toyotas vom Gebirge her auf uns zugerumpelt kommen. Sie sind mit verschiedenartigen Waffen ausgerüstet, von der Panzerfaust bis zur M 16. Einen Augenblick später bin ich schon von etwa zwanzig Goran umgeben, die überrascht sind, einem Weißen zu begegnen, der per Kamel reist, während sie selbst schon seit langem das Nomadenleben gegen das Leben in der Garnison und das Kamel gegen den Toyota eingetauscht haben – und das alles einzig und allein für das Vergnügen, zu kämpfen.

Die letzte Geisel des Tschad

Die Aufdringlichsten beiseite schiebend, tritt nun ihr Anführer vor. Er ist von massiger Statur mit einem braunen, eckigen Gesicht und trägt Basketballschuhe an den Füßen. Seine ockerfarbene Tunika wird an den Hüften mit einem breiten Ledergürtel voller Patronen zusammengehalten. Man errät sofort, dass er ihr Chef ist, der dank seines Äußeren und seiner Vorliebe für den Kampf besonders geeignet dazu scheint.

»Woher kommst du?«

»Ich komme aus Ägypten.«

»Aber niemand ist jemals auf einem Kamel von Ägypten hierher gekommen.«

»Ich schon.«

Eine offene Skepsis zeigt sich in seiner Miene. Meine runzlige, tief sonnengebräunte Haut und meine schmutzigen, abgewetzten Kleider, die ich seit Wochen am Körper trage, reichen nicht aus, um ihn zu überzeugen.

»Dazu kommen wir später noch.«

Zuerst müssen die Kamele versorgt werden. Ich breche diese fruchtlose Unterhaltung mit einem beschränkten Gesprächspartner ab, damit ich mich um meine Tiere kümmern kann. Mit genau festgelegten Handgriffen, die jetzt schon einiges an Geübtheit verraten, lade ich mein Gepäck ab, trage es zu einem Haufen zusammen und breite nach Tubu-Art eine Decke darüber – damit die anderen nicht glauben, es mit herrenlosen Gepäckstücken zu tun zu haben, die sie sich einfach aneignen können.

Dann, ohne mich weiter um die bass erstaunten Soldaten zu kümmern, steuere ich den Brunnen an. Die Kamele haben seit dreizehn Tagen nicht getrunken, seit El Atrun. Das ist eine enorme Leistung für diese Zeit. Wir haben den 23. Oktober, und ich reise seit fast zwei Monaten mit denselben Tieren. Wenn sie nicht ausgezeichnet gewesen wären, wären sie schon zusammengebrochen. Ich nehme das kleine Fass, das mich immer begleitet, und mein Seil. Der Brunnen ist tief. Über dreißig Meter. Man muss außerdem einen kleinen Stein an der Seite des Eimers befestigen, damit dieser leichter unter die Wasseroberfläche sinkt und sich ganz füllt.

Meine Tiere saufen gierig einen Eimer nach dem anderen. Zum Schluss sind es über hundert Liter. Das Seil reißt mir die Haut von den Händen, und die Arbeit ist sehr anstrengend. Dennoch bin ich froh, meine beiden Gefährten endlich vollkommen zufriedenstellen zu können.

Als die Plackerei beendet ist, kehre ich wieder zu meinem Gepäck und den Goran zurück, die keinen Zollbreit von der Stelle gewichen sind. Doch als die Kamele die Sättel und den Gepäckhaufen sehen, glauben sie wohl, man habe die Absicht, sie auf einen neuen Leidensweg zu schicken. Sie fangen sofort an zu brüllen, versuchen auszubrechen und stampfen mit den Füßen. Durch Zügel und Nasenring werden sie zurückgehalten. Meine ganze Überredungskunst und auch ein wenig Behändigkeit sind nötig, um sie noch ein paar Schritte weiterzubewegen und sie dort niederkauern zu lassen. Indem ich ihre angewinkelten Beine mit einem Strick zusammenbinde, stelle ich sie völlig ruhig.

Meine Kamele werden mir später folgen. Mich bringt man im Wagen zur Militärgarnison. Es ist ein merkwürdiges Gefühl, auf dem Vordersitz des Jeeps Platz zu nehmen, und ich begreife, wie in derselben Situation einem Kebabisch zumute sein muss, der noch nie ein Kraftfahrzeug gesehen hat. Viele von ihnen kennen keine Scheibe und klemmen sich die Finger in der Tür ein, weil sie deren Funktionsweise nicht kennen.

Die zwanzig Kilometer zum Camp werden in vollem Tempo zurückgelegt, wobei die Räder immer wieder in großen Sandrillen durchdrehen. Das ist ein Merkmal der goranischen Fahrweise: Entweder sie fahren mit zehn Stundenkilometern oder gleich mit Vollgas. Dazwischen gibt es nichts. Trotzdem ist es bereits stockdunkel, als wir unser Ziel erreichen. Im Bett des Wadis bietet sich mir der Anblick eines ausgedehnten Militärcamps. Hunderte von Soldaten in sehr verschiedenartiger Aufmachung sind in kleinen Gruppen um die Feuer herum versammelt. Andere wiederum liegen ausgestreckt unter ihren Decken. Einige mit Männern und Material beladene Toyotas rasen mit voller Geschwindigkeit und aufgeblendeten Scheinwerfern durchs Camp.

Mein Fahrer hält vor einem Zelt an der sandigsten Stelle des Wadis. Es ist das Zelt des Chefkommandeurs der tschadischen Streitkräfte, Kinni. Er ist hier im Rahmen einer Sonderinspektionsreise an die Ostfront gekommen. Der Krieg gegen die Rebellen wird fortgesetzt, so viel ist jetzt sicher. Man verlangt meine Papiere. Reisepass und Visum für den Tschad sind in Ordnung. Verschiedene Genehmigungen sind beigefügt. Aber die Zusammenkunft mit dem Kommandeur wird auf später verschoben, und man fährt mich ans andere Ende des Camps, wo ich die Nacht verbringen soll. Hier lagert die Kompanie des Hauptmanns Abdallah, eines kleinen Tubu der Murdia mit ... schief stehenden Zähnen. Er hinkt beim Gehen, weil ihn eine libysche Maschinengewehrkugel ins Bein getroffen hat. Aber eigentlich geht er sowieso nie, sondern sitzt die ganze Zeit am Steuer seines Toyotas, flankiert von einer Panzerfaust. Ein Blick auf den Kilometerzähler während der überschwänglichen Begrüßungszeremonie: Viertausend Kilometer. Das heißt so gut wie neu. Dankeschön, Frankreich. Ohne weitere Förmlichkeiten rolle ich meinen Schlafsack gegen eine Mauer aus Banko-Ziegeln aus ... Nicht ahnend, dass es für mehr als eine Nacht sein würde.

Am nächsten Morgen ist Kinni an Bord seines Privatflugzeugs weggeflogen. Bei Tagesanbruch hatte ich das ungewohnte Brummen eines Düsentriebwerks gehört. Aber er hat die Nummer zwei der Armee, den Kommandeur Masud, zurückgelassen. Ich treffe mich mit ihm zu einer Unterredung. Er ist ein tschadischer Araber aus der Dar Salamat: braune Haut, verglichen mit den Goran, von außerordentlich hohem Wuchs, mit einer quer übers Gesicht laufenden Narbe. Er spricht nicht Französisch. Seinen hohen Posten bekleidet er wegen seiner Aura als unbesiegbarer Krieger, und so sieht er auch aus. Mir fällt seine – vornehme – Art und Weise auf, amerikanische Zigaretten aus hellem Tabak zu schmauchen, bevor er sie halb geraucht im Sand austritt. Nun, er wird meinen Fall seinen Vorgesetzten in N'Djamena per Funk unterbreiten. Und man wird mich über das Weitere in Kenntnis setzen: Genehmigung, mit dem Kamel weiterzureisen, oder Zwangsrückkehr per Flugzeug in die tschadische Hauptstadt. Da Kinni nach Iriba, einer anderen Garnison weiter südlich, abgereist ist, denke ich, dass er das Präsidentenpalais meint, wenn er von seinen Vorgesetzten in N'Djamena spricht. Wenn man bedenkt, dass ich vielleicht schon in Fada, weit weg von dieser ganzen Zone, wäre, wenn ich nicht diese Schufte getroffen hätte, die mir mein Wasser gestohlen haben. Dort wäre ich im Grunde auf das gleiche Problem gestoßen. Aber dazu hatte ich Vorsorge getroffen. Seit einem Jahr waren die Tschader von meiner Durchreise unterrichtet. Ich hatte zuerst an den Innenminister in N'Djamena geschrieben. Abschlägiger Bescheid – aber das war klar, denn der Generalsekretär, der den Brief unterzeichnet hatte, stammt aus dem Süden. Nun will es aber die lokale Alchimie, dass die Unterschrift von einem aus dem Süden ohnehin zu nichts nütze ist und dass alle Entscheidungen von den Tubu getroffen werden. Daher richtete ich eine weitere Anfrage durch die Vermittlung eines Freundes direkt an den Amtssitz des Staatspräsidenten. Monatelang lauerte ich tagtäglich auf den Briefträger, bekam aber trotz mehrerer telefonischer und schriftlicher Nachfragen keine Antwort. Was sollte ich anderes tun, als abzureisen und vor Ort weitersehen? Wenn ich nämlich warten müsste, bis sich die politische Lage entspannt, wäre ich schon lange ein bärtiger, durch Rheuma unbeweglicher Greis. An der »hissènisch«-sudanesischen Grenze herrschen seit 1973 Unruhen. Mir war es aber vor drei Jahren schon einmal gelungen, sie zu überschreiten; es ist also möglich. Und man soll mir bloß nicht sagen, dass man nicht auf mich wartete.

Ich hatte mich stets in dem kindlichen Glauben befunden, dass ein Präsident nomadischen Ursprungs – Hissène Habré ist Annakaza – einer vollständigen Sahara-Durchquerung gegenüber aufgeschlossen sein könnte. Immerhin hat es bis heute noch niemand gewagt. Er selbst besitzt zahlreiche Kamelherden in der Provinz Borku, und einige Mitglieder seiner Familie leben noch immer unter dem »Dum-Palmen«-Zelt und folgen dem »nukhal«, der Wanderwirtschaft. Schwerer Irrtum: Man kann Herden auch nur als Symbole für Reichtum und Achtbarkeit besitzen ... und kann sich gleichzeitig in Sesseln aus weißem Leder in einem Palast aus Stuck und Marmor räkeln. Aber die Zahlen sind einfach: Alle Tubu und ihnen Gleichgestellte machen vierzigtausend Menschen aus, bei einer Gesamtbevölkerung von zweieinhalb Millionen Tschadern. Und die Annakaza, der Clan von Hissène Habré, besteht insgesamt lediglich aus nur sechstausendfünfhundert Personen. Wenn Habré sich an der Macht halten will, muss er wohl oder übel die Machtmissbräuche dulden, deren sich die Leute seines Clans in N'Djamena schuldig machen.

Das ist die momentane Lage. Nüchtern nehme ich wieder meinen Platz im Schatten der Mauer ein. Die kleinen Soldaten kommen mich einer nach dem anderen oder in Gruppen besuchen, trotz des ihnen erteilten Verbotes, mit mir zu sprechen. Die meisten sind noch halbe Kinder ohne eine andere Einnahmequelle als ihren mageren Sold und stammen mehrheitlich aus dem Süden. Manche sind zwangsrekrutiert worden. So mache ich die Bekanntschaft von einem vierzehnjährigen Jungen, der vom Kindergericht in Abéché für den »Einbruch des Jahrhunderts« verurteilt wurde. Tatsächlich hatte er eine Stange Marlboro von einem Marktstand gestohlen. Ein Diebstahl, der durch ein anderes Delikt noch verschlimmert wurde: durch den Versuch der Vergewaltigung einer Mamma, die drei Kopf größer war als er und ihn ordentlich durchbläute, bevor sie ihn am Hemdkragen zur Polizeiwache schleppte. Urteilsspruch: Bao auf Lebenszeit, und das könnte kurz sein.

Dann treffe ich einen Nigerianer, der zwangsweise eingezogen wurde, weil er bei einem Besuch im Tschad seine Papiere verloren hatte. Angemustert. Als Gegenreaktion spricht er immer noch ausschließlich Englisch. Und Félicien und Abdoulaye und viele andere ... Kinder. Ohne jede Hoffnung, dieser Strafkolonie eines Tages zu entrinnen. Die Goran können in den Genuss von Urlaub kommen. Sie lieben es, zu kämpfen, und werden daher zurückkehren. Es ist übrigens erstaunlich, dass man in den Reihen der Regierungstreuen auch Zaghawa oder Bideyat antrifft, obwohl sie es sind, die das Gros der rebellischen Truppen bilden. Es ist ganz einfach der Zufall, der das Lager bestimmt.

Meine Kamele geben mir Anlass zu großer Sorge. Sie sind heute Morgen hier eingetroffen – ein Tubu hat sie hergebracht –, aber es gibt, abgesehen von einigen Akazienschoten, keine Weidemöglichkeit. Alle Goran warten nur auf eines: mein Schicksal zu erfahren, um sich gegenseitig meine Reittiere streitig zu machen. Diese sind von einer sudanesischen Kamelrasse, die man hier nicht kennt. Außerdem kann jedermann sehr gut erkennen, dass sie trotz ihrer Erschöpfung herrliche weiße Tiere sind, abgezehrt, aber muskulös. Stunde um Stunde habe ich nur eine Sorge: sie zu ernähren. Und die Tage folgen aufeinander, ohne dass irgendeine Entscheidung im Hinblick auf meine Person getroffen wird. Tagtäglich werde ich mittags und abends zur kargen Mahlzeit der kleinen Soldaten eingeladen: Hirsekugel, vermischt mit Reis und ein wenig Soße. Die Mahlzeit wird auf einer *charganié*, einer großen Matte, vor dem Eingang der Hütte des Chefs, des Hauptmanns Abdallah, eingenommen. Zwanzig Personen hocken um zwei große, runde Schüsseln herum. Manchmal bin ich zu Gast beim Chef der Polizeiwache in Bao, einem alten analphabetischen Goran, der nur eine Sache lesen kann: die Etiketten der Medikamentenschachteln, die er unter seinem Schlaflager ansammelt und für die er sich von seinen Untergebenen sicherlich fürstlich entlöhnen lässt. Sein Haus liegt meiner Mauer genau gegenüber, auf der anderen Seite des Forts, und hier wird die tschadische Fahne aufbewahrt. Ich spüre, wie er mich aus seinem baufälligen Haus beständig bespäht und über diesen *nasrani* den Kopf schüttelt, während er darüber wacht, dass ja niemand das Wort an mich richtet. Fortan schlage ich seine Einladungen aus, was ihn fürchterlich kränkt. Meine Kamele fasten ja auch, und ich kann genauso gut mit den Soldaten essen.

Eines Morgens kommt eine kleine Karawane aus Bideyat am Hauptbrunnen an. Da ich mich für die Kamele interessiere, trete ich näher, um sie zu beobachten. Unter ihnen befindet sich ein wirklich schönes Tier von einer größeren Rasse als die Felskamele, die man gewöhnlich im Ennedi-Gebirge antrifft. Ein Gespräch kommt in Gang, und eine Stunde später einigen wir uns über den Preis. Auf diese Weise bin ich mit einem frischen Kamel gleich abmarschbereit, wenn die Lage sich entspannt.

Die Lage entspannt sich nicht. Im Gegenteil. Ein anderer Hauptmann, klein, schwächlich mit einer viel zu hohen, schrillen Stimme, stoppt seinen Toyota ein paar Meter vor »meiner« Mauer und schnauzt mich vom Auto aus an. Wie ich dazu komme, mir ohne Erlaubnis ein Kamel zu kaufen?

Schließlich bin ich zunächst einmal sein Gefangener. Nachdem ich schon an die Wagentür herangetreten war, um zu sehen, worum es sich handelte, kehre ich nun ostentativ auf meinen Platz zurück und sage ihm, er solle sich zum Teufel scheren. Der andere gerät in eine furchtbare Wut. Er hämmert auf seinem Lenkrad herum, fuchtelt wild mit den Armen und brüllt mit seiner piepsigen Stimme. Ich beende gerade noch in aller Seelenruhe die Maniküre meiner linken Hand, da legt er wütend den Gang ein und stiebt in einer Staubwolke davon, nicht ohne hinzuzufügen, dass ich mich darauf gefasst machen könne, Jahre hier zu verbringen, und dass er persönlich darüber wachen werde.

Ich weiß, dass alles möglich ist, in diesem Land, in dem Françoise Claustre fast drei Jahre verbracht hat, als sie von Hissène Habré als Geisel festgehalten wurde. Deshalb verlange ich, dass man mich zu Masud führt, der Nummer zwei der tschadischen Armee.

Nach den üblichen Höflichkeitsbezeigungen und nachdem ich ihm erklärt habe, dass meine Kamele drauf und dran seien, vor Hunger zu krepieren, frage ich ihn, ob er in den fast zehn Tagen, die ich hier bin, schon eine Nachricht erhalten habe. Er gesteht mir, dass er dem Generalstab noch keine Meldung gemacht habe, aber dass es nun nicht mehr lange dauern werde. Angesichts der Verblüffung, die auf meinem Gesicht zu lesen ist, und indem er die leichte Verspätung ausnützt, mit der die Information in mein Hirn vordringt, schwingt er sich unter Hinweis auf eine Inspektionsrundfahrt ans Steuer seines

Kommandojeeps ... um zehn Meter weiter im weichen Sand des Wadis stecken zu bleiben. Mitleidige Seelen eilen ihm zu Hilfe. Er startet von neuem durch, um sich einige Meter weiter wieder festzufahren. Er weiß offensichtlich nicht, wo der Hebel der Klauenschaltung sitzt. Sein Führungsstab, Araber aus seinem Clan, die neben mir auf einer Decke sitzen, lacht sich eins ins Fäustchen. Sie trauen sich aber nicht, sich allzu ausgelassen zu zeigen, aus Angst, sich bei der Minenräumung wiederzufinden. Wütend befreit sich Masud aus seinem Jeep, um in seinem Zelt zu verschwinden und die Eingangsplane herunterzuschlagen. Für heute ist es sinnlos, die Diskussion fortzusetzen. Das wäre nicht klug. Aber ich habe etwas anderes beschlossen: Ich werde keine Nahrung mehr zu mir nehmen, bis man über mein Schicksal entscheidet. Und außerdem ist diese Hirsekugel sowieso ungenießbar.

Erster Tag, zweiter Tag, dritter Tag. Rhythmisch untermalt einzig und allein durch die zweimal täglich stattfindende Zeremonie des Fahnenhissens vor meiner Mauer. In Habachtstellung wohne ich der armseligen Paradekarikatur der zerlumpten Jungen bei (der eine in Rangerhosen und *boubou,* der andere mit der Kopfbedeckung eines Trappers), die ohne großen Erfolg im Gleichschritt zu marschieren versuchen.

Masud kommt mich schließlich an meiner Mauer besuchen. Er nimmt auf meinem Schlafsack Platz, nicht ohne ihn vorher auf seine Weichheit überprüft zu haben. *»Ah, moquette, moquette!«* (Teppich, Teppich) Eines der wenigen französischen Wörter aus seinem Vokabular. Natürlich ist ein Hungerstreik in dieser Gegend nicht so recht bekannt, doch er versteht immerhin, wozu ich entschlossen bin, und verspricht, mich mit dem nächsten Versorgungsflugzeug nach N'Djamena bringen zu lassen. An Ort und Stelle wird jedenfalls kein Ausweg gefunden werden. Meine Habe wird er persönlich in seinem Zelt für mich verwahren, und er schreitet ein, als der Hauptmann Abdallah mein Geld beschlagnahmen will.

Seit vierzehn Tagen werde ich nun schon in Bao festgehalten. Am fünfzehnten fährt man mich im Jeep an die dreißig Kilometer entfernte Startpiste. Ich habe meine drei Tiere jemandem anvertraut, aber ich weiß nicht, in welchem Zustand ich sie wiederfinden werde. Am Morgen noch habe ich eine Minenräummannschaft ins Camp einfahren sehen: vier Toyotas in einer Reihe, die vor der Bruchbude des Polizeichefs hielten. Das alles kündigt nichts Gutes an. Wenn die Regierungstreuen eine Passage von Minen freiräumen, so geschieht dies, um anzugreifen. Die gewaltige zweimotorige Transall setzt zum Landeflug auf die von einem ohrenbetäubenden Lärm erfüllte Piste an. Neben mir auf einem der stoffbespannten Klappsitze des Rumpfes nimmt ein Soldat Platz, der den Auftrag hat, mich bis zur Oberkommandobehörde zu begleiten. Als ich durch die hintere Tür des Laderaums an Bord gehe, erlebe ich eine Überraschung: Die Besatzung des Flugzeugs ist französisch, alles Soldaten der Operation »Falke«, die die Versorgung der tschadischen Armee gewährleistet. Aber sie haben niemals Zutritt zu den tschadischen Militärstützpunkten im eigentlichen Sinn und sind nur befugt, Waffen, Treibstoff und Material mit laufendem Motor auf der Piste abzuladen, um danach gleich wieder zu starten. Das erklärt mir ein junger Leutnant des militärischen Geheimdienstes, der den Flug von N'Djamena eigens unternommen hat, um sich mit mir zu unterhalten. Sie haben nämlich verschiedene Funkmeldungen aufgefangen, in denen von mir die Rede war, und wollen sich darüber Gewissheit verschaffen. Was macht ein Franzose in dieser Zone, und vor allem, für welchen Geheimdienst arbeitet er?

Die zwei Stunden im Flugzeug sind für mich eine einzige Qual. Stark geschwächt von meiner heimlichen Durchquerung der Libyschen Wüste, dem zweitägigen Marsch nach Bao ohne Wasser und Nahrung, der fünfzehntägigen Haft und schließlich von meinem dreitägigen Hungerstreik, ertrage ich die Luftlöcher und den Lärm der Turbinen nur sehr schlecht. Mein Leidensweg geht zu Ende, als die Räder der Transall endlich die Landepiste des Flughafens von N'Djamena berühren. Als der hintere Laderaum geöffnet wird, spüre ich sofort den heißen Wind des bis zur Weißglut erhitzten Dschungels. Überraschung: Vor der Gangway erwartet mich eine Reihe von offiziellen Limousinen mit tschadischen Fähnchen. Das ist zu viel der Ehre. Nein, wie es scheint, ist es für Masud. Masud! Nein, er ist in Bao geblieben; ich bin es, den Masud zum Empfang schickt. Ihr habt von der Meldung über Funk nichts begriffen.

Es ist Freitagnachmittag; das Wochenende steht kurz bevor. Ende der Ausflüchte; man bringt mich in die Stadt zum stellvertretenden Befehlshaber im Lager der Märtyrer. Dort empfängt mich ein dicker, fetter Sara, dessen Uniformknöpfe abzuspringen drohen. Seine negroiden Nasenlöcher scheinen die ganze Luft des Raumes aufsaugen zu wollen. Er räkelt sich träge hinter seinem Schreibtisch. Das ist wirklich ein Problem. Er zögert. Offensichtlich muss er in die Große Moschee zum Beten gehen. Das würde mich allerdings wundern. Schließlich nimmt er den Telefonhörer ab: »Hallo, ist dort die DDS,

N'Guini Tokoi? Kannst du mir wohl einen Gefallen tun?« Kalte Schweißperlen stehen mir im Nacken. Die DDS ist die »Direktion der Dokumentation der präsidentischen Sicherheit«. Unter »Dokumentation« versteht man aber nicht, wie man meinen könnte, irgendeine Zusammenstellung von Dokumenten, sondern schlicht und einfach die politische Polizei. Ein paar Minuten später hält ein als Privatwagen getarnter Peugeot 504 ohne Nummernschild im Hof des Märtyrerlagers. Zwei Gorillatypen in braunen »Abacosts« mit Verbrechervisagen lassen mich hinten im Wagen einsteigen. Drinnen gibt es weder Fensterkurbeln noch Griffe zum Öffnen der Türen. Es ist eine Art »Wagen für Reisen ohne Rückfahrkarte« ...

Die Fahrt dauert nur ein paar Minuten. Ich erkenne die Örtlichkeiten wieder: die Kathedrale, die Tribünen auf der Grand-Place, wo die Militärparaden abgehalten werden ... Dann verschwindet das Fahrzeug in dem mit hohen Mauern umgebenen Anwesen der DDS, ohne die Geschwindigkeit vor den goranischen Wachtposten, die, bis an die Zähne bewaffnet, am Eingang stehen, auch nur eine Spur herabzusetzen. Genau gegenüber der US Aid. Man führt mich in das zweistöckige Gebäude, die ehemalige Residenz eines Kolonialverwalters. Oben befinden sich die Räume des Funkabhördienstes, unten die Dokumentation mit einem großen, links vom Eingang gelegenen Zimmer, in dem drei Beamte ununterbrochen auf ihren Schreibmaschinen herumtippen. Rechts davon liegt das Büro des Direktors, eines Neffen von Präsident Hissène Habré. Man lässt mich in einen kleinen viereckigen Raum mit weiß getünchten Wänden und zugezogenen Vorhängen eintreten, der mit Neonlicht erhellt wird.

Besuch von zwei Geheimpolizisten. Verhör. Ich erzähle von meiner Reise und meinen Beweggründen, und ich nenne ihnen die Vertreter des Staates, die von meiner Durchreise unterrichtet sind. Meine Gesprächspartner machen sich Notizen, ohne eine Gemütsbewegung zu zeigen. Wie viele Aufenthalte im Tschad? Der vierte. Wie viele im Sudan? Zwei. Habe ich das Lager von Idriss Deby gesehen? Wenn ich es gesehen hätte, wäre ich jetzt nicht hier, und meine Absicht war nicht, es zu finden, sondern ihm aus dem Weg zu gehen. Ich weiß, dass die Abendländer riesige Probleme mit ihren Satellitenbeobachtungen haben. Diese Kleinode der Technologie fangen oft völlig zu spinnen an und sind nicht in der Lage, mehrere hundert Toyotas am Rand der Libyschen Wüste aufzuspüren. Man kehrt daher zu den guten alten menschlichen Techniken zurück. Leider bin ich aber nicht dafür da. Schon während bestimmter Operationen des Golfkrieges waren die Satellitenfrequenzen auf meinem GPS-Navigationsgerät gestört. Sehr angenehm für die Durchquerung der Libyschen Wüste. Glücklicherweise ist es besser, wenn man darauf verzichten kann.

Meine vorhergehenden Aufenthalte im Tschad werden ausführlich erörtert. Anlass? Behördengänge, um eine Forschungsgenehmigung für den äußersten Nordosten des Tschad zu erlangen. Tatsächlich hatte ich vor, mindestens ein Jahr lang unter echten Nomaden zu leben, ihre Techniken, den Rhythmus ihrer Wanderungen und ihre Karawanenrouten zu studieren ... Aber ohne die »Genehmigung« läuft gar nichts. Die Welt ist so eingerichtet, dass ein Senegalese problemlos das Leben eines Weinbauern aus Bordeaux studieren oder sogar die Bretagne im Tretboot umfahren kann, dass aber ein Franzose in der Wüste eine schwerwiegende Gefährdung für die Sicherheit des betreffenden afrikanischen Staates darstellt.

Nach förmlichen Absagen von fast allen Ländern der Sahara traf ich daher letztes Jahr in N'Djamena ein. Weil der Tschad das einzige Land ist, an dessen Spitze ein Präsident nomadischen Ursprungs steht. Dreimonatiges Warten, während ich alle Ministerien der Stadt abklapperte. Endlich an einem denkwürdigen Samstagmorgen telefoniert der Minister für Forschung und höheres Bildungswesen (ein großer Schwarzer mit eingeritzter Gesichtshaut, aber gebildet in Mathe: das Gegenteil von dem, was man bräuchte, um über Ethnologie zu sprechen) mit dem Innenminister Ibo, der aus der Volksgruppe der Zaghawa stammt.

»Also, was sollen wir machen? Sollen wir ihn gehen lassen oder nicht?«

»Auf gar keinen Fall, lassen Sie ihn bloß nicht gehen!« Am Nachmittag des gleichen Tages ereignet sich ein Putsch im Fußballstadion von Kabalaye, wo Hissène Habré sich zum nationalen Finale auf der offiziellen Tribüne niedergelassen hatte. Die Bazooka ist schon auf den Eingang gerichtet. Der Präsident flüchtet. Er benützt eine Lieferantentür und erreicht am Steuer eines ganz gewöhnlichen Peugeot 505 das von Franzosen bewachte Lager am Rande des Flughafens. Sein Generalstabschef, Idriss Deby, und der Befehlshaber der FANT, Hassan N'Djamous, halten die Stadt einige Stunden lang, bevor sie in Richtung Sudan fliehen – eine weise Entscheidung, durch die eine Verwüstung der Hauptstadt vermieden wird. Vor dem Haus ihres Komplizen Ibo landet am Sonntagmorgen eine ganze Wagenladung aufgebrachter Goran. Ibo erhält eine Kugel in den Kopf. Ich werde niemals erfahren, ob seine Weigerung eine gute oder eine schlechte Tat gewesen ist. Auf jeden Fall wird es wohl die letzte gewesen sein. Ein unglückliches Zusammentreffen der Umstände wollte es, dass die Region, die ich zu erforschen beabsichtigte, gerade diejenige war, die den Aufruhr verursacht hatte: Idriss stammt aus Fada. Ich erschien also in jeder Hinsicht verdächtig, während es doch lediglich mein Wunsch war, einige Zeit ganz normal im Kontakt mit den Viehzüchtern der Sahara zu leben.

Wenn man gewisse Kader so reden hört, ist Afrika angeblich in eine neue Phase der Wirtschaft, der Verstaatlichung und des technischen Fortschritts eingetreten. Dabei wird in Afrika noch immer alles durch die ethnischen Unterschiede bestimmt. Eine Grundfeststellung, die keine Wertung beinhaltet. Es ist ethisch unmöglich, über einen Kontinent zu urteilen, dem man nicht angehört. Dagegen kann man sehr wohl über korrupte Führer urteilen, die ein Land innerhalb kürzerer Zeit in den Ruin treiben, als eine Banane zum Heranreifen braucht.

Immerhin erreichen diese heftigen Erschütterungen nur in geringem Ausmaß die wahren Nomaden der Sahara, die in der Wüste in völliger wirtschaftlicher Autarkie leben. Im Gegenteil, je schlechter es dem Land geht, desto notwendiger wird der Schwarzhandel in der Sahara und desto massiver die Bevölkerungsbewegungen. Der Preis für das Vieh steigt, und die Obrigkeit überwacht nicht einmal mehr ihr eigenes Gebiet. Letzten Endes leben die tschadischen Nomaden, wie sie immer gelebt haben: vom *rezzu,* ihren Raubzügen. Natürlich hüte ich mich wohl, meinen Kerkermeistern gegenüber irgendeine Meinung zu äußern. Und im Übrigen muss ich mir selbst eingestehen, dass man mir den Tschad so schnell nicht verleiden kann, ein Land, das zumindest das Verdienst hat, seine Werte zu bewahren. Einer der Aufseher, ein großer Schlanker, der mehr an Weiße gewöhnt ist, teilt mir mit, dass die Akte noch am gleichen Abend an den Präsidenten weitergeleitet werde. Der andere, ein dicker Schwarzer, sagt mir, er kenne mich. Er sei mir schon mehrmals in verschiedene kleine Bars und zu Festen unter freiem Himmel nach Moursal oder M'Bololo gefolgt. Das ist sicherlich wahr, und er ist wohl nicht enttäuscht worden ... Er fügt hinzu, dass ich jedenfalls schon karteimäßig erfasst sei. Das ist ebenfalls möglich, bei dem Glück, das ich habe, immer in irgendeinen afrikanischen Putsch hineinzugeraten. Eine Stunde später erscheint noch ein Fotograf, der mich gegen die weiße Wand stellt, um mich abzulichten. Dann verschwinden sie alle drei mit den Notizen in der Hand, um sie von einem der drei Sekretäre auf der Maschine abtippen zu lassen. Es ist sicher mit der einzige Dienst, der in dieser von Motten zerfressenen, verfallenen, vom latenten Bürgerkrieg zermürbten Hauptstadt mit den von Maschinengewehrkugeln durchsiebten, zuweilen frisch verputzten Gebäuden richtig funktioniert – noch dazu an einem Freitagnachmittag, dem offiziellen Feiertag.

Allein in der Dunkelheit des kleinen, abgeschiedenen Raumes zurückgeblieben, den meine Bewacher von außen abgeschlossen haben, denke ich über mein Schicksal nach. Alles in allem habe ich sämtliche vorgeschriebenen Papiere: Visum, Reisepass und verschiedene andere Dokumente ... Man kann mir höchstens vorwerfen, dass ich das gesehen habe, was ich gar nicht sehen wollte: den Truppenübungsplatz von Bao mit seinen zweihundert bis dreihundert Toyotas, von denen einige von Raketenwerfern des Typs Stalinorgel mit mehreren Abschussrohren oder von schweren 14,5-mm-MGs überragt werden ... mit seinen brasilianischen Cascavel-Panzerfahrzeugen, seinen massiven Panzern und seinen kleinen, auf libyscher Seite geborgenen Maretti-Flugzeugen. Ich schlafe mit angezogenen Beinen auf mehreren aneinandergereihten Stühlen ohne Decke ein, erschöpft durch die Entbehrungen und die nervliche Anspannung.

Am nächsten Tag bringt man mir zu essen: direkt auf dem Bürgersteig gegrilltes Fleisch, Bananen und Milch. Einmal am Tag. Das wird meine tägliche Mahlzeit sein. Ich habe einen Schrumpfmagen, und meine Gedärme funktionieren schlecht. Wie es aussieht, werde ich für lange hierbleiben. Aus dem Radio meines Kerkermeisters höre ich, dass der Bürgerkrieg im Osten ausgebrochen ist. Ich bin also mit dem letzten Flugzeug gekommen, das die Zone verließ. Die Transall-Maschinen landen dort nicht mehr. Ohne meinen Hungerstreik wäre ich jetzt dort Gefangener. Glück gehabt!

Drei Tage vergehen, ohne dass irgendetwas oder irgendjemand meine Isolation durchbricht. Ich glaube, zwischen diesen vier neonbeleuchteten Wänden wahnsinnig zu werden. Besonders, nachdem ich zwei Monate lang Tag und Nacht unter freiem Himmel geschlafen habe, in vollkommener Harmonie mit den Elementen. Ich bin nahe daran, mit dem Kopf gegen die Betonwände zu rennen wie ein gefangenes Tier. Schließlich verlange ich den Direktor der DDS, N'Guini Tokoi, den Neffen Hissène Habrés, zu sprechen. Dieser ist ein hoch gewachsener Annakaza-Tubu, dessen Gesicht von einer kleinen weißen Metallbrille umrandet wird. Er ist jung und trägt einen makellosen, sauberen *boubou*. Der Typ »afrikanischer Student in Frankreich«. Wenn er überhaupt gekommen ist, so geschah dies in dem Glauben, dass ich endlich »gestehen« und die Namen meiner »Auftraggeber« bekannt geben würde, denn er ist natürlich davon überzeugt, dass ich ein Spion bin. Er macht daraus auch gar kein Hehl.

Die Unterhaltung verschärft sich: Ich frage ihn, was für ein Gesicht er wohl machen würde, wenn man ihn, und sei es nur ein paar Tage, am Flughafen Roissy-Charles-de-Gaulle festhalten würde, ob er das dann nicht als Skandal bezeichnen und lauthals nach den Menschenrechten schreien würde, ob er nicht die Presse, die Medien und was weiß ich noch wen alarmieren würde ... Als Antwort Schweigen; er weiß das alles wohl. Dann zeigt er mit einem Mal sein wahres Gesicht. Ich sei nichts als ein dreckiger kleiner Weißer. Und er werde mich so lange hier behalten, wie es ihm passe. Und es kümmere ihn einen Dreck, ob man mich foltere oder gar hinrichte. Er ist an Hinrichtungen gewöhnt, und der Schari fließt direkt an dem Bau vorbei. Niemand weiß, wo ich bin oder wer ich bin. Es weiß noch nicht einmal jemand, dass es mich überhaupt gibt. Das ist wahr! Seit Assuan in Ägypten existiert keine Spur mehr von mir. Ich könnte ebenso gut in Ägypten wie im Sudan oder auch im Tschad sein. Es gibt mich einfach nicht. Ich denke die ganze Zeit nur an eines, nämlich an die unheimlichen Sorgen, die sich meine Eltern wohl machen. Doch ich kann nichts tun.

Ein Tag folgt auf den anderen in diesem merkwürdigen Gefängnis. Niemand weiß, was er mit mir anfangen soll. Man wartet auf die Antwort des Präsidenten. Er ist derjenige, der alle Entscheidungen trifft. Er ist sogar schon so weit, dass er höchstpersönlich, mit der Lieferaufstellung in der Hand, das empfindliche Gerät inspiziert, das ihm seine Verbündeten aus den Laderäumen der Frachtflugzeuge heraus übergeben. Mit dem Radiogerät meines Bewachers höre ich die Nachrichten von der Front. Schon lange hört niemand mehr Radio Tschad, sondern Radio France Internationale, sogar und vor allem die Agenten der DDS. Es steht schlecht. Wie es scheint, ist Bao dem Erdboden gleichgemacht worden. Hissène sucht verzweifelt nach Waffen. Sollte ich etwa zum Tauschobjekt werden?

Im Zimmer nebenan tippen die Beamten ununterbrochen auf den Tasten ihrer Schreibmaschinen herum. Ich begreife: Es sind die Akten der Häftlinge ... und der Angehörigen der Gefangenen ... und der Freunde der Angehörigen der Gefangenen. Jeder bekommt eine eigene Akte. Jede Akte wird, sobald sie fertig ist, von dem Neffen direkt zum Amtssitz des Präsidenten gebracht. Ich sehe ihn manchmal unter meinem Fenster am Steuer seines verbeulten Peugeot 504 davonrasen. Meistens ist der Fall schon im Voraus endgültig entschieden: Die Kerker sind voll, darunter einer, der nur wenige Meter von der Präsidentenwohnung entfernt liegt. Er kann die Schreie der Gefolterten hören. Seine Nächte müssen davon erfüllt sein. Zehn Meter von meiner Zelle entfernt befindet sich ein fleckiges Gebäude, dessen Öffnungen mit rohen Brettern vernagelt sind und dessen Grundmauern in einer Abwasserpfütze stehen, die sich durch eine geplatzte Rohrleitung gebildet hat. Dort ist es mir zwei- bis dreimal am Tag gestattet, zu pinkeln. Und dort ist es auch, wo die zweihundertfünfzig politischen Gefangenen des Regimes festgehalten werden.

Eines Tages, als ich den Vorhang meines Fensters etwas

beiseite schiebe, sehe ich einen kleinen, hellhäutigen Araber, ein ganz und gar libyscher Typ, mit fettigem Haar und einem infolge eines Feuerstoßes steif gebliebenen Bein. Er verhandelt unter meinem Fenster mit dem Stellvertreter von N'Guini, einem Schwarzen von imposanter Statur. Er ist schlicht und einfach der Chef der Libyer, die man in der Gendarmeriekaserne eingeschlossen glaubte und die die Tschader, nachdem sie sie umgestimmt hatten, für terroristische Aktionen gegen Ghaddafi trainierten. Er war gekommen, um seine Befehle entgegenzunehmen.

Ich war wirklich schon dabei, mich zu fragen, ob ich jemals meine Freiheit wiedererlangen würde oder ob ich nur am Leben bleiben würde ..., als N'Guini eines Morgens nach vierzehn Tagen bei der DDS, das heißt nach fast einem Monat Gefangenschaft, zu mir kommt und mir ankündigt, dass ich mich rasieren und mein Hemd wechseln müsse. Innerhalb von fünf Minuten werde ich auf freien Fuß gesetzt. Ich vermutete etwas, denn ich hatte im Radio den Besuch von Jacques Pelletier, dem französischen Minister für Kooperation, verfolgt, der von seinen Gastgebern dringend um Unterstützung ersucht worden war. Inhalt der Verhandlungen: geheim. Im Klartext bedeutet das: Waffen. Da man mich jetzt nicht mehr braucht, schiebt man mich ab.

Kleine Zwischenstation im Büro des Außenministers, wo mich ein sehr liebenswürdiger Mischling in die Obhut des Konsuls von Frankreich entlässt. Dieser trieft vor Schweiß und ist nahe daran zu ersticken. Kaum sind wir die Stufen des Ministeriums hinuntergeeilt, das seine Amtsräume mit der UNIR, dem Sprachrohr Hissènes, teilt, und kaum haben wir in seinem Cherokee mit den grünen Nummernschildern des Corps diplomatique Platz genommen, da lässt er seiner Entrüstung freien Lauf: »Sie hätten schon zwanzigmal tot sein können!« Das wusste ich, danke. Ohne lange zu fragen, nimmt er mich mit zu seinem Wohnsitz, der durch die diplomatische Immunität geschützt ist: »Es ist besser, dass ich Sie bei mir unterbringe.« Natürlich, sonst könnte mich ja ein gewöhnlicher Peugeot 504 ganz zufällig über den Haufen fahren und mich mit eingelegtem Rückwärtsgang versehentlich platt walzen ... Er wird sich darum kümmern, mein Visum in Ordnung zu bringen, was ein paar Tage in Anspruch nehmen wird. Ich kann meine Reise dann von der nigrischen Grenze aus fortsetzen. Er wird auch darüber wachen, dass ich meine Sachen zurückbekomme.

Das ist sehr freundlich, aber im Moment muss ich noch einige Besuche machen. Sie gelten Amina, Béatrice, Debi und anderen alten Freundinnen mit lockeren Sitten, aber mit einem heiteren, fröhlichen Gemüt.

»Hallo, Mädchen!«

»Oh, Philippe ist zurückgekommen! Wie geht es dir? Und deiner Familie? Und wie stehts mit deiner Gesundheit?« Sie altern schnell. Die eine, Fatimata, hat einen Stich mit dem Bajonett in die Leistengegend abbekommen und sich von einem angesäuselten Soldaten die Nase plattschlagen lassen. Eine andere, Amina, hat gerade einen Wundbrand am Bein glimpflich überstanden. Nach einer Schlägerei vor dem Equinoxe war eine Flaschenscherbe darin stecken geblieben.

»N'Djamena hat sich trotz allem ein wenig verändert.«
»Nein, Philippe, nichts hat sich verändert. Rein gar nichts.«

Traurigkeit liegt in ihrer Stimme. Sie sieht mich mit einem finsteren, leicht verführerischen Blick an und zwinkert mit den Augen. Nein, die Mädchen kennen mich. Sie wissen, dass ich nicht derjenige bin, der sie nach Frankreich mitnehmen wird. Außerdem sind wir Freunde. Das Lachen und die ausgelassenen Rufe enden schlagartig, als ein Jeep mitten in der Nacht vor dem Portal des Anwesens stoppt. Die Fremdenlegion. Für alle fängt wieder die Arbeit an ... Wenn man schon die Fremdenlegion zu den Waffen ruft – die Soldaten kommen aus Libreville und Djibouti –, dann muss die Lage im Osten wirklich kritisch sein.

Meine Kamele sollte ich nie wieder sehen. Sie waren »beschlagnahmt« worden. Ich erfahre, dass Masud umgekommen sein soll. Möglicherweise wurde er auf dem Rückweg vom Flugplatz getötet, wo er meine Ausrüstung abgeliefert hatte – allerdings ohne meinen Schlafsack, von dem er sich wohl nicht hatte trennen können. Hunderte von Verletzten werden in die Hauptstadt abtransportiert, Goran per Flugzeug, die aus dem Süden per Lastwagen, das heißt, wenn sie überhaupt die vorhergehende dreitägige Beobachtungszeit überstehen. Es bringt nichts, noch mehr Zeit in N'Djamena zu vertrödeln. Mit meiner wiedererlangten Ausrüstung und meinem Reisepass in der Tasche mache ich mich in Richtung nigrischer Grenze aus dem Staub. Vierhundertfünfzig Kilometer Sandwüste im Geländewagen. Mein Fahrzeug sollte das letzte sein, das das Land ordnungsgemäß verließ. Noch am selben Nachmittag werden die Grenzen dichtgemacht. Hissène Habré befindet sich mit sieben Milliarden tschadischen Franc und dem Präsidentenflugzeug Herkules C-130 auf der Flucht, während er seine Truppen im völligen Chaos zurücklässt. Letzte Amtshandlung: Die zweihundertfünfzig politischen Gefangenen, meine Nachbarn in der Dokumentation, werden hingerichtet und treiben auf dem Schari. Der Chef der DDS, mein Kerkermeister, wird einige Tage später in Kamerun festgenommen. Grund: Ermordung eines verdienstvollen Geheimboten, der gekommen war, um über die Rückkehr der Flüchtlinge zu verhandeln. Stattdessen schnitten sie ihm drei gegen einen die Kehle durch.

Meine Entscheidung ist getroffen: Ich werde heimlich in den Norden des Tschad zurückkehren, um meine Route dort fortzusetzen, wo ich sie unterbrochen habe; trotz der Aufruhrstimmung im Land, trotz der sich in wilder Unordnung befindlichen Truppen, trotz der Minen, trotz der Libyer, die von Norden vorstoßen – indem ich die Verwirrung ausnütze.

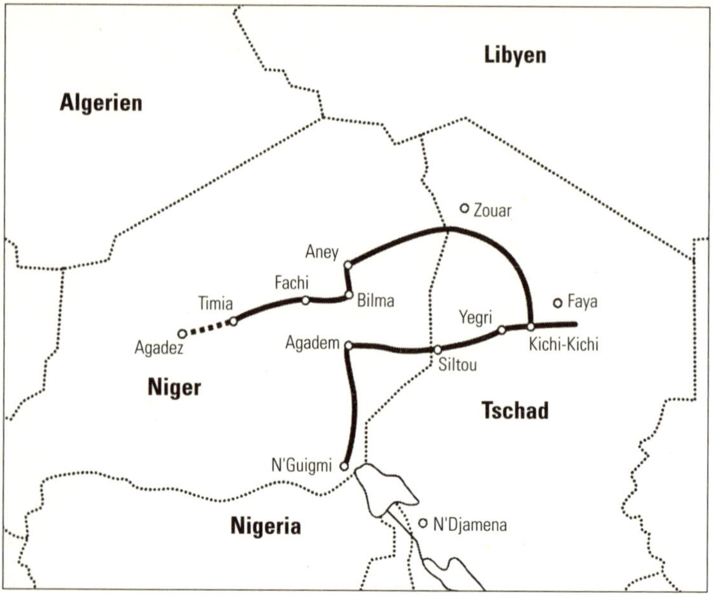
Libyen
Algerien
Zouar
Aney
Fachi
Bilma
Timia
Faya
Yegri
Agadez
Agadem
Kichi-Kichi
Siltou
Niger
Tschad
N'Guigmi
Nigeria
N'Djamena

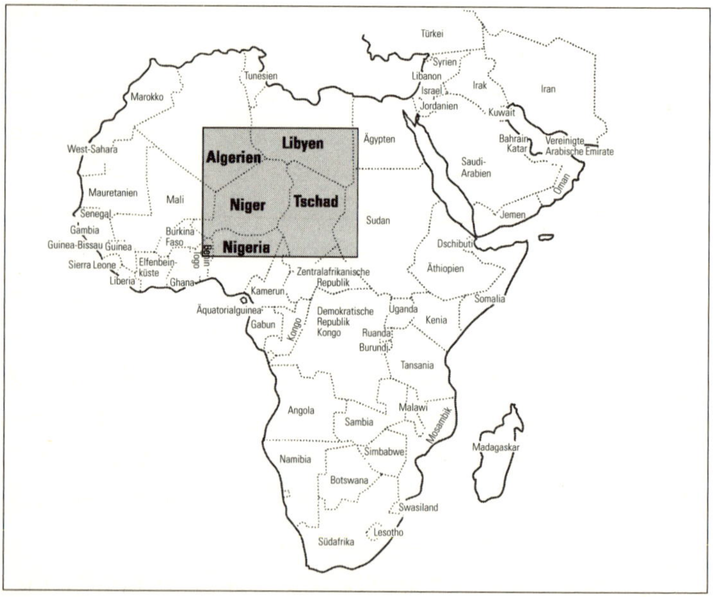
Türkei
Syrien
Tunesien
Libanon
Marokko
Israel
Irak
Iran
Jordanien
Kuwait
Libyen
Ägypten
West-Sahara
Algerien
Bahrain
Katar
Vereinigte Arabische Emirate
Saudi-Arabien
Mauretanien
Mali
Niger
Tschad
Oman
Senegal
Sudan
Jemen
Gambia
Burkina Faso
Guinea-Bissau
Guinea
Nigeria
Dschibuti
Sierra Leone
Elfenbein-küste
Togo
Benin
Liberia
Ghana
Zentralafrikanische Republik
Äthiopien
Kamerun
Somalia
Äquatorialguinea
Demokratische Republik Kongo
Uganda
Gabun
Kongo
Kenia
Ruanda
Burundi
Tansania
Angola
Malawi
Sambia
Mosambik
Madagaskar
Simbabwe
Namibia
Botswana
Swasiland
Lesotho
Südafrika

Rückkehr in die Hölle

Kamelmarkt von Ngigmi, den 6. Dezember, morgens. Nachdem ich drei Tage lang die beiden Viehmärkte der kleinen nigrischen Stadt am Ufer des Tschadsees durchforstet habe, nenne ich nun endlich zwei herrliche Kamele mein Eigen. Schöne Tiere, die in der Lage sind, die von mir vorgesehene Route zu schaffen, sind nicht zu häufig. Mein Plan ist, nach Norden bis Agadem vorzustoßen, um dann den Weg nach Osten durch den östlichen Ténéré zu nehmen und die tschadische Grenze kurz hinter Faya zu überschreiten. Danach habe ich vor, längs des Tibesti-Massivs zurückzukehren und dabei den nigrischen Ténéré auf seiner längsten Breite zu durchwandern. Es sind also zwei Durchquerungen des Ténéré, der, wie die Libysche Wüste, als eines der trockensten Wüstengebiete der Erde gilt. Das erste Kamel ist ein Tubu-Kamel. Es ist gelbrot mit wolligen Haarbüscheln auf Schulter und Hals. Es trägt ein Brandzeichen der Tomagra, eines Clans von Tubu-Züchtern, aus dem Tschad. Das andere ist braun, sehr groß und sehr massig. Ein Daza-Kamel, nach seinen Zähnen zu urteilen leider schon ein wenig alt, aber robust.

Tags zuvor war ich auf dem anderen Markt, dem, der nördlich der Stadt liegt. Der Markt im Süden findet nur einmal in der Woche, donnerstags, statt. Hunderte von Kamelen warten dort, liegend oder stehend, gefesselt oder frei, auf einen Käufer. Der Platz ist sehr staubig, und manche Tiere wälzen sich im Staub, um sich von Ungeziefer zu befreien. Wenig Gebrüll und wenige heftige Diskussionen. Die Neuankömmlinge lassen ihre Reittiere ein wenig abseits niederkauern und satteln sofort ab, wobei sie die Halfter aus Antilopenleder, die rohen, mit kleinen Kissen aus Dum-Palmenwerg versehenen Sattelgestelle und die Wasserschläuche, die *gerbas* aus Ziegenleder, zu einem Haufen aufschichten. Ich bewege mich langsam zwischen den Gruppen der nach den Kennzeichen des Besitzers zusammengestellten Kamele, sehe mir dieses oder jenes Tier genauer an und komme oft mehrmals zu ein und demselben zurück, was unweigerlich die Lobreden des Eigentümers oder des Vermittlers heraufbeschwört. Doch hört das Anpreisen sofort auf, wenn ich mich durch bestimmte Handgriffe als einer zu erkennen gebe, der etwas davon versteht. Ich hebe den Schwanz an, um das Geschlecht zu bestimmen und nachzusehen, ob das Kamel kastriert ist oder nicht. Es ist besser, wenn es kastriert ist, dann sind die Tiere ruhiger. Ein brünstiges Kamel kann gefährlich werden. Danach muss man den guten Zustand der Hornsohlen überprüfen, denn das beste Kamel ist unbrauchbar, wenn seine Füße beschädigt sind. Weiterhin muss man auf eine solide, muskulöse Vorhand und auf einen breiten Bug achten … und auch auf einen wohlgeformten, hohen, geraden und festen Höcker, aber das ist keine unverzichtbare Eigenschaft, wenn das Kamel ansonsten passabel ist. Man muss also ständig die Fußwurzeln anheben, die Formen abtasten, den Gang beobachten und die Augen prüfen (durch einen Dorn kann es auf einem Auge blind geworden sein …).

Ein Moida-Araber tritt auf mich zu. Groß, schlank, abgeschrägtes Kinnbärtchen, blütenweiße *gallabiya.* Er nimmt meine Hand, um mich zu einem wahrlich schönen Kamel zu führen, das aber leider zu jung ist. Vielleicht gerade vier oder fünf Jahre. Es erübrigt sich, ihm auch nur das Maul zu öffnen, um seine Zähne zu zählen. Sein Aussehen allein genügt, um sein Alter zu bestimmen.

»*Da ibil kuwáyyis.* « (Das ist ein gutes Kamel.)

»Nein, nein, viel zu jung für eine Karawane. Es wird mir nur Probleme machen.«

»*Wallahi, mafiisch muschkila!*« (Bei Gott, da gibt es überhaupt kein Problem.)

»Na, dann lass mal sehen!«

Er hält nach einem seiner Söhne Ausschau, ruft ihn herbei und befiehlt ihm, das halbwüchsige Kamel zu besteigen. Kaum hat er sich auf den vorderen Teil des sattellosen Höckers geschwungen, da bäumt sich das Kamel auf, schlägt aus und beginnt ein irrsinniges Rennen über den Markt. Es will sich offensichtlich um jeden Preis seiner unliebsamen Bürde entledigen. Schlagartig kommt die ganze Betriebsamkeit zum Stillstand, alle Blicke richten sich auf das wilde Schauspiel, Gelächter und scherzhafte Rufe erheben sich. Es besteht kein Zweifel, dass der Junge überhaupt keine Aussicht hat, sein Reittier unter Kontrolle zu bekommen, so krampfhaft, wie er sich an dessen Höcker festklammert und die Beine um seinen Hals geschlungen hält. Wie wird es ihm wohl gelingen, sich von seinem Kamel zu lösen? Schließlich wird er durch ein noch stärkeres Ausschlagen in die Luft geschleudert. Aber er klammert sich verzweifelt an die Mähne, während seine Beine in der Luft baumeln, und im gleichen Zug lässt er sich an seinem Vorderbein hinabgleiten. Bravo! Zum Glück habe ich es nicht selbst versucht. Es wäre mir bestimmt nicht besser ergangen. Zumindest hat mir das Experiment auf dem Markt ein gewisses Ansehen verliehen, und alle sind in den Genuss einer kostenlosen Zerstreuung gekommen.

Die auf dem Kamelmarkt anwesenden Tubu beobachten alle Vorgänge mit Kennermiene. Zweitausend Flüchtlinge, alle Soldaten von Hissène, sind am Vortag in die Stadt geströmt. Ich habe darunter sogar einige der kleinen Soldaten aus Bao wiedererkannt, die sichtlich unter Schock standen. Im Augenblick bewahren sie ihre Waffen in ihrem Lager außerhalb der Stadt auf und bewegen sich mit Fahrzeugen fort, die sie verschiedenen Behörden gestohlen haben, als deren Beschäftigte das Weite suchten. Auch humanitäre Hilfsmannschaften bilden keine Ausnahme. Es ist zu drollig, wenn man verschiedene strenge Gesichter zusammengepfercht in winzigen Suzuki-Jeeps sieht, die Entwicklungshelfern gestohlen wurden. Einige baten sogar die Barmherzigen Schwestern des Foucauld-Ordens, in ihrer Mission Panzerfäuste und M-14-Raketen für sie zu verstecken. Sie schrecken offensichtlich vor gar nichts zurück. Ich hege den Verdacht, dass die Soldaten sich besonders deshalb auf dem Kamelmarkt aufhalten, um den Handel mit den im Tschad gestohlenen und in Niger weiterverkauften Kamelen zu überwachen.

Ich zahle für jedes Tier 70 000 tschadische Franc (das sind etwas über hundertfünfzig Euro), plus 5000 Franc (ca. fünfzehn Euro) für den Vermittler. Ich erhalte eine Quittung, auf der das jeweilige Brandzeichen der beiden Tiere vermerkt ist,

Philippe Frey

Unterwegs in der Sahara …

Oben: Die Trümmer einer überfallenen libyschen Patrouille
Unten: Ist die Wasserstelle von Kichi-Kichi vergiftet oder nur vermint?

Oben: Am Wasserfall von Timia

und sie gehören mir. Ich kaufe einen Tubu-Sattel, der sich mit seinen kleinen Kissen kaum von den Kebabish-Sätteln aus dem Osten unterscheidet, dazu noch Zaumzeug und Gebisse, die zwar nicht unentbehrlich, aber immerhin nützlich sind. Nichts ist hier, im ehemaligen Reich Kanem-Bornu, zu teuer, denn die Züchter sind hier sehr zahlreich und gehören unterschiedlichen Volksgruppen an: helle Araber vom Stamm der Moida oder Ouled Sliman, Daza oder Guezebida (Tubu), einige Peul.

Am allerwichtigsten ist es, Kamele auszuwählen, die an das Leben in der Sahara gewöhnt sind. Sie müssen genügsam und angepasst sein. Ein Sahel-Kamel würde es keine Woche lang aushalten. Ich habe die Besten.

Schon am nächsten Tag kehren sie zu sich nach Hause zurück, oder vielmehr wir kehren zu uns nach Hause, in die Wüste, zurück. Aufbruch um 6 Uhr morgens. Wir kommen nur langsam vorwärts, denn wir befinden uns am Rand der Wüste. Das Cram-Cram macht uns schwer zu schaffen. Es handelt sich dabei um ein typisches Gewächs des Sahel mit stacheligen Samenbällchen, die sich überall einnisten. Alle drei Schritte muss man anhalten, um die winzigen Dornen zu entfernen. Zahlreiche Nomaden der umliegenden Lagerplätze kommen heran und betteln um Zucker oder Tabak, als ob ich Hausierer wäre. Wenn man bedenkt, dass sie nur eine Tagesreise vom nächsten Markt entfernt sind, finde ich das wirklich eine Zumutung.

In der Nacht kommt eine Horde Warzenschweine vorbei und schnüffelt grunzend einige Meter von meinem Biwak entfernt im Sand. Wahrhaftig, die Wüste lebt!

Am Morgen ist der Boden derart von vorüberziehendem

Vieh zerstampft, dass ich große Mühe habe, darunter die Spuren der Hornsohlen meiner eigenen Tiere auszumachen. Sie haben sich während der Nacht auf der Suche nach Futterpflanzen entfernt, an denen es ihnen auf dem Markt mangelte. Ich befürchte einen Diebstahl, folge über eine Entfernung von zehn Kilometern schlechten Spuren, kehre um und entdecke sie, friedlich äsend, nur ein paar hundert Meter vom Ausgangspunkt entfernt. Wir werden Zeit haben, uns kennenzulernen …

Am vierten Tag verschwindet das Cram-Cram allmählich, und große, weiche, in Nord-Süd-Richtung liegende Dünen nehmen zusehends Gestalt an. Bis zum Abend, als ich an die verlassene Piste eines Minenschürftrupps gelange, die nach N'Gourti führt, einem kleinen nigrischen Militärposten, der sich seit dem massiven Zustrom aus dem Tschad in Alarmbereitschaft befindet. Die Kamele weiden friedlich an einer uneinsehbaren Stelle des Geländes, und ich bin damit beschäftigt, beim Schein der Lampe meinen Standort zu berechnen.

Die Nacht ist endgültig hereingebrochen, als die Scheinwerfer eines alten Landrovers von ferne die Finsternis durchlöchern. Meine aluminiumbeschichtete Überlebensdecke zieht unfehlbar eine Patrouille an, die mit aufgeblendeten Scheinwerfern direkt vor mir hält. Ein Weißer, der ganz allein und ruhig im Schneidersitz auf dieser leuchtenden Decke sitzt. Da könnte man doch völlig ausflippen! Ich erahne die Waffen, die durch die Windschutzscheibe hindurch auf mich gerichtet sind, und nach einigem Zögern wird der Jüngste damit beauftragt nachzusehen. Dreißig Sekunden später bin ich wieder allein.

Die Etappen folgen in den Abständen der Brunnen aufeinander, die in dieser Zone ziemlich häufig sind: Wadi Nar, Bedouaram, Belabirim. Die Kamelherden sind zahlreich, die Nomaden wohlhabend ... aber knauserig. Nachdem ich am Brunnen von Bedouaram meine Nahrungsvorräte mengenmäßig überprüft habe, stelle ich fest, dass ich wieder einmal knapp dran sein werde. Ich frage, ob sie Hirse haben. Freilich haben sie Hirse, und zwar die teuerste Hirse der Geschichte: Zehntausend tschadische Franc kostet der kleine Sack nebst einer *gerba,* um sie zu zerstoßen. Tags zuvor hatte ich schon die Hälfte meines Zuckers hergegeben.

Nach diesem Brunnen wird es kein anderes Lager mehr geben. Und ich finde die großen sandigen Weiten wieder, die ich im Sudan verlassen hatte. Wieder stoße ich auf ein reges tierisches Leben, das sich von meinem Vorüberziehen kaum in Unruhe versetzen lässt. Zwei dicke, fette Wüstenfüchse lassen mich auf weniger als zehn Meter an sich heran; ein riesiger Wüstenwaran von anderthalb Metern Länge entfernt sich schwerfällig und hinterlässt im Sand die Spur eines Ungeheuers ... Ich hätte ihn wohl auch gegessen, aber es gibt bereits kein Holz mehr, um ihn zu braten. Die Wüste hat mich wieder.

Neun Tage nachdem ich N'Gigmi verlassen habe, treffe ich endlich am frühen Nachmittag in Agadem ein. Das erneute Einlaufen ist anstrengend gewesen, und ich habe mich nur mit Mühe über die abgerundeten, weichen Dünen geplagt. Vielleicht fehlt mir hier einfach der Ansporn durch die Gefahr, denn in Niger bin ich noch in Sicherheit ..., im Augenblick zumindest. Agadem ist meine letzte Zwischenstation, bevor ich wieder illegal im Tschad untertauche. Es ist ein breites Becken mitten in den Dünen, das im Osten von einem inmitten der Wüste einsam aufragenden Berg begrenzt wird. Ganz unten entdecke ich ein altes, nicht mehr benutztes Fort, das von Dum-Palmen umgeben ist. Der Brunnen ist verschüttet, und ich finde nur einige *oglats* in den Wurzeln der Palmenbäume, allerdings mit sehr wenig Wasser, das zudem noch von Larven verseucht ist. Eine Stunde später finde ich dann jedoch einen zweiten, nur zwei bis drei Meter tiefen Brunnen. Ich tanke alle Wasserbehälter bis obenhin voll: im ganzen hundertfünfzig Liter.

Ich packe wieder meinen Karabiner aus und hänge ihn an seinen Platz längs des Sattels. Ich habe bemerkt, dass die Begegnungen bei seinem Anblick ein wenig herzlicher verliefen. In dieser letzten Nacht grasen die Kamele sorgfältig die grünen Büsche ab, welche die Agadem-Senke bedecken. Ich mag diese fetten Pflanzen nicht allzu sehr, denn sie sondern einen leicht nesselnden Saft ab, der dem Magen der Tiere nicht zuträglich ist.

Als ich Agadem, den letzten Zufluchtsort, im Morgengrauen verlasse, erblicke ich im Osten einen anderen vereinzelten Gebirgszug: Tscheni-Tschadi, der seit Langem von allen Nomaden verlassen ist. Dann erhebt sich der Ostwind und bläst uns direkt ins Gesicht, eine zusätzliche Herausforderung, die mir die Richtung anzuzeigen scheint, der ich nicht folgen soll. Selbst die Kamele zeigen wenig Begeisterung dafür, sich gegen die aufgehende Sonne zu wenden. Dabei stammen sie doch von dort. Oder bilde ich mir das etwa nur ein?

Die Landschaft wirkt hier auf den ersten Blick völlig leblos, in diesem nur wenig erforschten östlichen Teil des Ténéré. Eigentlich setzt sich dieselbe öde, sandige Weite fort, die ich im Sudan hinter mir gelassen habe. Die Oberflächengestalt ist nicht einheitlich. Die großen, sandigen Hügel türmen sich auf und flachen wieder ab, wobei sie in eine riesige wellige Ebene aus Sand und Steinen übergehen. Hie und da ragen steil abfallende, ineinander verschachtelte Dünengebirge von unregelmäßigen Formen aus dem Nichts empor, und es gibt keine andere Möglichkeit, als sie zu umgehen. Die Dünen sind auf meiner Karte eingezeichnet und scheinen nur in geringem Maß zu wandern. Trotzdem habe ich ständig Angst, irgendwann einmal vor einer Mauer aus Sand zu stehen und nicht weiterkommen zu können.

Ein steifer Ostwind pfeift mir ständig um die Ohren und fegt unablässig über die Landschaft hinweg. Er bedeckt die Unebenheiten des Geländes mit Sand und macht dadurch die Fortbewegung und die Orientierung schwierig. Ein kalter, schneidender Wind in den Morgenstunden, der sich gegen Mittag zunehmend aufheizt. Die wenigen kurzen Ruhepausen werden dann eingelegt, wenn ich eine kleine Weidemöglichkeit für die Kamele entdecke: grüne Büsche mit harten Keimen, die die Tiere sehr gerne mögen, die sie aber lange kauen müssen. In solchen Momenten drehe ich mich mit dem Rücken zum Wind und schaue ihnen dabei zu, wie sie Büschel um Büschel abweiden, denn diesmal habe ich kein Futter, mit dem ich sie abends versorgen kann. Manchmal sammle ich auch die trockenen Wurzeln der Büsche, die einen guten Brennstoff liefern.

Ich habe seit langem darauf verzichtet, in der Sahara zu kochen. Alle sechs bis sieben Tage backe ich jedoch alle Mehlfladen für die kommende Woche im Voraus. Natürlich werden sie in etwa am dritten Tag nach dem Backen hart wie Stein und beginnen zu schimmeln. Aber was macht das schon? Es ist die einzige Möglichkeit, Holz und Energie zu sparen. Das allein zählt. Der Organismus hat sich anzupassen, auch wenn er zuweilen das Leben eines Tieres führen muss.

So folgt ein Tag auf den anderen, während sich meine Haut im trockenen Wind gerbt und runzelig wird. Meine Fußsohlen bekommen klaffende Risse, von denen manche bis zu anderthalb Zentimeter tief sind. Leider habe ich überhaupt kein Fett zum Draufschmieren: Ich habe weder Öl noch Butter … (meine Kost setzt sich zusammen aus Hirse, Mehl und Datteln). Ein einziger Vorteil ergibt sich im Hinblick auf die Orientierung: Solange mir der Wind ins Gesicht bläst, kann ich sicher sein, die Richtung zu halten … Am 20. Dezember überschreite ich wieder die Grenze zum Tschad. Seit dem Brunnen von Bedouaram, vor zehn Tagen, habe ich keinerlei Lebenszeichen registriert. Die Karte weist hier auf ein mögliches Wasservorkommen hin. Eine Wasserstelle namens Siltou. Es fällt mir schwer, daran zu glauben. Mithilfe des GPS-Satellitennavigators bestimme ich die genaue Stelle und entdecke in der Mulde einer Düne einen Busch. Der Sand ist feucht, aber nicht genug, als dass Wasser durchsickern könnte. Nichtsdestoweniger versuche ich mithilfe meines Löffels ein schmales *oglat* zu graben, aber der Wind weht alles schneller wieder zu, als das Wasser hervorquellen kann. Ich bin eben wirklich im Ténéré.

Mit dem Eintritt in den Tschad wird die Landschaft zusehends flacher, und im gleichen Zug nehmen die Weidegründe ab. Unvermittelt bleibe ich vor einer kleinen Ansammlung von noch völlig neuen und intakten Töpfen und Teekännchen stehen, die jemand dort hinterlassen hat. Emailliertes Blech und blaue Glasur. Das Ganze lässt auf ein Drama schließen! Ein zusammengebrochenes Karawanenkamel oder ein Zusammenstoß zwischen Schmugglern und Soldaten ... Von da an kreuze ich immer wieder frische Fahrzeugspuren, die alle von Nordosten nach Südwesten verlaufen. Man braucht kein Hellseher zu sein, um zu begreifen, dass es sich hier um Anhänger Hissène Habrés handelt, die aus dem Norden und Osten des Landes fliehen, um in Niger Zuflucht zu suchen. Sie haben eine Stinkwut auf die Franzosen, da sie sich von ihnen verraten glauben. Jedenfalls weiß ich sehr gut, dass es im Fall einer Begegnung völlig sinnlos wäre, mit diesen bewaffneten Horden von Verzweifelten auf der Flucht diskutieren zu wollen. Schließlich haben sie nichts mehr zu verlieren. Es gibt nur eines, und zwar so schnell wie möglich weiterzuziehen. Und, da die Landschaft flach ist und die Sichtweite trotz allem achtzehn Kilometer beträgt, auf sein Glück zu vertrauen und zu hoffen, dass es keine Nachzügler gibt.

Am 24. Dezember, am Tag vor Weihnachten, befinde ich mich auf 17°17"0' nördlicher Breite und 16°31"10' östlicher Länge, was so viel bedeutet wie am Ende der Welt. Ich denke viel an meine Familie, an das Elsaß, wo ich gelebt habe. Um das Ereignis auf meine Weise zu feiern, beschließe ich, mir ein Festessen zu gönnen: An diesem Abend esse ich daher ein Fladenbrot »und« Hirse, während es gewöhnlich nur das eine »oder« das andere gibt ..., und verderbe mir prompt den Magen.

Am Weihnachtstag schlage ich den Weg nach Yegri ein. Ich weiß nicht genau, was ich dort finden werde, aber hoffentlich Wasser. Zu meiner Linken nehme ich ein ungewöhnliches Relief wahr: die Falaise von Angamma. Es handelt sich um ein sehr charakteristisches gewelltes Faltengebirge, das sich mit seinen vor- und zurücklaufenden Spiralen wie eine riesenhafte Schlange ausnimmt. Auf der rechten Seite kann man in der Ferne steil abfallende Dünen erkennen. Die Falaise von Angamma erstreckt sich bis nach Faya-Largeau (der Hauptstadt des Nord-Tschad), aber jetzt brauche ich vor allem Wasser.

Am nächsten Tag erkenne ich in der Ferne Büsche. Beim Näherkommen (nach fünf Stunden lange ich am späten Nachmittag dort an) erweisen sich diese Büsche als zwanzig Meter hohe Dum-Palmen. Ihr Anblick erinnert an ein einsam im Ozean gelegenes Atoll, das in die Farben der untergehenden Sonne getaucht ist. Wie ich mich so auf der Suche nach einem möglichen *oglat* zwischen den etwa zwanzig Palmen hindurchschlängele, fühle ich eine gewisse Nervosität bei den Kamelen. Ich lasse mich am Hals meines Tubu-Kamels hinabgleiten und schicke mich an, in meine Sandalen zu schlüpfen. Doch ich habe kaum Zeit, mir eine Sandale überzustreifen, da nehmen die Kamele plötzlich mit rasender Geschwindigkeit Reißaus. Richtung Ténéré. Blitzartig begreife ich, dass dies meinen sicheren Tod bedeutet. Alles ist auf den Sätteln verstaut: Karten, Wasser, Geld ... Da stehe ich nun, weitab vom Schuss, als illegal Eingereister in einem Land, das sich mitten in einem Aufstand befindet, und habe eine Sandale am Fuß. Mir bleibt nur eine Chance. Im Bruchteil einer Sekunde läuft der Film vor meinen Augen ab. Mit der ganzen Energie der Verzweiflung nehme ich sofort die Verfolgung auf, die ich schon von vorneherein als verloren erachte. Die beiden Tiere, die mit dem Zügel des braunen Kamels aneinander gebunden sind, galoppieren wie wild mehrere Meter vor mir. Keuchend haste ich hinterher. Mit einer Bewegung des Fußknöchels schleudere ich meine einzelne Sandale weit von mir, um auf dem harten Sand schneller rennen zu können. Meine Lunge brennt wie Feuer und mein Hals ist wie zusammengeschnürt. Es ist mir gelungen, ihren Vorsprung teilweise wieder aufzuholen, und ich laufe jetzt eine Länge hinter dem braunen Kamel. In einer letzten Anstrengung könnte ich mich emporschwingen und es am Schwanz packen, mich auf die Gefahr hin, einen Tritt mit der Hornsohle ins Gesicht zu bekommen, hinterher schleifen lassen. Aber ich habe nicht mehr die Kraft, es zu tun, besonders nicht nach einem anstrengenden Marschtag. Das Hämmern meiner Füße auf dem Boden erschüttert meinen ganzen Körper. Eine Wolke beginnt sich vor meine Augen zu legen. Ich breche zusammen. Und sofort bleiben die Kamele stehen. Auf dem Bauch robbe ich mich heran und fasse den Zügel des gelbroten Kamels. Als ich erschöpft und mit weichen Knien den Rückweg antrete und meinen Puls langsam seinen normalen Rhythmus wiederfinden lasse, versuche ich, den Vorfall zu begreifen.

Es war wohl das Rauschen des Windes in den Dum-Palmen, das die Tiere in Angst und Schrecken versetzt hat, weil sie es nicht kennen. Sie haben wahrscheinlich niemals Palmen gesehen, sondern nur die kleinen Dornenbüsche der Wüste. Sobald ich mich einigermaßen von dem Schrecken erholt habe, hebe ich meine Sandale vom Boden auf. Schluss für heute. Jedenfalls gibt es kein Wasser. Ich binde den Kamelen die Vorderbeine zusammen, damit sie in einigen Metern Entfernung von der winzigen Oase ein Fleckchen Grün abweiden können. Bei Tagesanbruch werden sie die ganze Nacht damit verbracht haben, Fluchtversuche zu unternehmen, anstatt zu fressen. Sehr intelligent. Als ich mich ihnen nähere, nachdem ich ihren Spuren über drei Kilometer gefolgt bin – kleine, von Riemen und einem Karabinerhaken gehemmte Schritte –, versuchen sie erneut zu fliehen, hinkend und nach allen Seiten ausschlagend. Was für Trottel!

Noch ein halber Tag bis nach Kichi-Kichi, einem Dum-Palmenhain, der sich im Schutze der Stufenhänge von Angamma erstreckt. Ich biete mein ganzes Misstrauen auf, um herauszufinden, ob ein menschliches Wesen anwesend ist. Offensichtlich niemand, aber ich erlebe die unangenehme Überraschung, frische Spuren einer Patrouille vorzufinden: ein Toyota und ein Lastwagen. Sie sind gekommen, um die Gegend zu inspizieren. Sicherlich Neuankömmlinge auf der Suche nach Flüchtigen. Oder ganz einfach auf der Suche nach Kamelen, die sie den Nomaden rauben könnten. (Das Yayo ist eines der Durchzugsgebiete der Annakaza, des Clans von Hissène Habré.)

Indem ich abwechselnd den von Dum-Palmen begrenzten Horizont und den Boden beobachte, dringe ich, auf der Suche nach Wasser, bis zum zentralen Bett des Wadis vor, das vom Relief der Stufenhänge herabkommt ..., und bleibe staunend vor einem Toyota stehen, der von unten her explodiert ist. Die Wagentüren stehen nach oben hin weit offen; Dach und Windschutzscheibe sind herausgerissen wie bei einer offenen Konservendose. Hundert Meter entfernt liegt der Kühler, und am Rand einer Baumgruppe erkennt man den gelben Flecken der Batterie. Eine Mine. Eine erst vor kurzem gelegte Mine, denn man kann noch die Spuren des Fahrzeugs, das bis hierher gekommen war, ausmachen. Verdammt, ich befinde mich mitten in einem Minenfeld! Wie versteinert, gelingt es mir nicht, auch nur die geringste Bewegung durchzuführen, bis die Kamele ungeduldig weiterdrängen, um ein paar Büsche zu suchen. Da entschließe ich mich, in der Wagenspur selbst Schritt für Schritt weiterzugehen. Glücklicherweise haben die Kamele einen linearen Gang und stellen ihre Hinterfüße immer genau hinter ihre Vorderfüße. So bewegen wir uns längs der Fahrrinne vorwärts, bis zu dem Augenblick, wo der Sand einer harten, rissigen Kruste weicht. Gerettet!

Ein paar hundert Meter weiter entdecke ich das *oglat,* ein viereckiges Loch, das in die lehmige Oberfläche geschlagen worden ist. Das Wasser ist voll von grünen Algen und Moos, aber herrlich kühl, wenn man die Hand hineintaucht. Eine Viertelstunde ist nötig, um die Tiere zu tränken, indem ich ihnen das Wasser in eine gesonderte Mulde schöpfe. Sie weigern sich, direkt aus dem Wasserloch zu trinken, obwohl dort das Wasser zu Tage tritt.

Einen Augenblick lang denke ich, der Brunnen könnte von den Soldaten Hissène Habrés vergiftet worden sein, sozusagen als Geschenk für Neuankömmlinge. Ich hatte schon von solchen Dingen gehört und auch von herrenlos herumliegenden Kleider- und Deckenballen, die mit Gift eingesprüht waren. Deshalb lasse ich die Tiere trinken, bevor ich selbst davon koste. Vielleicht war der Brunnen ja auch wirklich vergiftet, aber ich stelle fest, dass das Wasser sich sehr schnell nach jedem entnommenen Eimer regeneriert.

Sobald ich fertig bin, ziehe ich längs der Falaise von Angamma weiter. Noch ein paar Sonnenuntergänge, und ich werde umkehren. Der östlichste Punkt in dieser ockerfarbenen Unendlichkeit, die gegenwärtig Borku heißt, ist erreicht. Am Ziel angelangt, mache ich eine Kehrtwendung. Jetzt schlage ich eine nordöstliche Richtung ein und marschiere am Tibesti-

Massiv entlang. Sobald ich es hinter mir habe, wende ich mich direkt nach Westen, um aus der Gegend in Richtung Niger zu fliehen. Dabei reise ich wieder durch den Ténéré, diesmal nur in umgekehrter Richtung.

Am Südrand des Tibesti, in der Nähe von Faya-Largeau, muss ich den wohl eindrucksvollsten Sandsturm aller Zeiten über mich ergehen lassen. Der heiße Wüstenwind Samum wird durch die Erhebung des Emi Kussi, eines erloschenen Vulkans von dreitausendvierhundert Metern Höhe, des höchsten Gipfels der Sahara, in seiner vollen Stärke kanalisiert. Nach anfänglichen verschwommenen Nebelschwaden, die die rot glühende Sonne der Morgendämmerung begleiten, erhebt sich bald ein schrecklicher Wind ... Kieselsteine in der Größe von Kirschkernen werden zwei Meter hoch vom Boden aufgewirbelt und mir mit aller Macht ins Gesicht geschleudert, sodass jedes Fleckchen unbedeckte Haut sofort zu schmerzen anfängt. Die Sicht ist gleich null: Es ist unmöglich, mit ausgestrecktem Arm die Hand zu erkennen. Die Kamele werden von den seitlichen Windböen heftig von der Richtung abgedrängt und können nur mit Mühe den Kurs halten. Jeden Augenblick rechne ich damit, dass sie zusammenbrechen und sich im gegenseitigen Windschatten niederlegen. Aber nein, tapfer schreiten sie weiter voran, während ihre Augen vom Sand gepeinigt werden.

So geht es bis zum Abend, als endlich Windstille eintritt. Ich wickle den *chech* ab, mit dem ich mir das Gesicht vermummt hatte. Der Sand ist überall eingedrungen, in Augen, Nasenlöcher, Ohren, und auch zwischen den Zähnen knirscht er. Als ich meine Position berechne, erlebe ich eine Überraschung!

Ich habe streckenmäßig einen Rekord aufgestellt: fünfundfünfzig Kilometer und nicht ein Grad Abweichung. Schließlich waren meine Augen ja auch ständig auf den Kompass geheftet.

Mit der Zeit kühlt die Temperatur merklich ab und sinkt eines Nachts sogar unter fünf Grad Celsius. Auf den Hochflächen des Tibesti habe ich schon seit langem die Höhenmarkierung von fünfhundert Metern überschritten, was sich am Klima deutlich bemerkbar macht, besonders morgens, wenn ich mich auf den Weg mache und mit steifen Fingern den Leitstrick halten muss. Die meisten der Sickergruben sind durch das Hochwasser der Wadis, die man hier als *enneri* bezeichnet, verschüttet worden. Manche Wasserläufe sind unter dem Tosen der Wassermassen, die Gesteinsschutt auf Hunderten von Kilometern stromabwärts befördern, buchstäblich verwüstet worden. So ist das Enneri Sherda praktisch tot.

In Sherda, etwa fünfzig Kilometer wadiaufwärts, gibt es eine Garnison. Den letzten Radiomeldungen zufolge sollen sich die Libyer die inneren Wirren im Tschad zunutze gemacht haben und im Begriff sein, längs der Täler ins Tibesti-Gebirge vorzustoßen. Demnach müssen sie hundert oder höchstens zweihundert Kilometer Luftlinie von mir entfernt sein. Es wäre ein aussichtsloses Unterfangen, irgendjemandem weismachen zu wollen, dass ich nicht für den französischen Geheimdienst arbeite. Unter diesem Verdacht würde man mich allerdings nicht so rasch töten, weil man versuchen würde, mich gegen eigene Leute auszutauschen.

Am 4. Januar komme ich in die Nähe des Enneri Zorom. Hier befindet sich praktisch der letzte Steilanstieg des Tibesti-Gebirges, bevor es nach Niger hin abfällt. Doch hier erwartet mich ein Bild des Grauens. Sehr früh am Morgen, als ich mechanisch den Kopf drehe, bemerke ich zwischen den Dünen des Enneri mehrere Militärflugzeuge. Sofort renne ich in den Schutz naher Dünen, lasse meine Tiere niederknien und beobachte mit dem Fernglas. Das alles ist merkwürdig, einfach zu ruhig. Ich komme näher heran und entdecke eine ganze libysche Militärkolonne, die mit Raketengeschossen und schweren Maschinengewehren in Stücke gesprengt und vernichtet worden ist. Kilometerweit, über die Dünen verstreut, liegen Überreste des blutigen Geschehens. Toyotas, Lastwagen, Panzer. Keine Leichname. Sicherlich wurden sie von der Explosion zerrissen oder gerieten anschließend in Brand. Nur ein Skelett, ein armer verwundeter Teufel, der sich wohl über mehrere hundert Meter kriechend fortschleppte, bis er unter einem Busch des Enneri verdurstete. Sinnlos, sich länger aufzuhalten. Beim Weggehen hebe ich einen halb verkohlten Leinenschuh vom Boden auf. Ich kann es mir nicht verkneifen, ihn zu untersuchen, um zu sehen, ob noch Zehen darinstecken. Die Kamele sind diesem Schauspiel gegenüber völlig gleichgültig und interessieren sich nur für den Pflanzenwuchs. Dennoch ist vor Glassplittern und scharfen Schrotteilen Vorsicht geboten ... Das Beschriebene wird mein letztes Bild vom Tschad sein, eine recht unübliche Ansicht.

Die Berggipfel des Tibesti tauchen nebelverhangen über dem Daski-Plateau auf. Man würde sie sich niemals so hoch vorstellen, gezackte Schattenspiele am Horizont. Von hier an habe ich zwei Möglichkeiten, um aus dem Land zu fliehen. Entweder benutze ich den natürlichen Durchgang – den Pass von Yei Lulu –, wobei ich den großen Erg von Bilma umrunde, einen ausgedehnten Dünenkomplex, der die Grenze markiert.

Oder aber ich wähle den direkten Weg durch den Erg. Zur »Sicherheit« entscheide ich mich für die zweite Lösung, mehr wie ein scheues Tier denn aus Überlegung.

Und es sind in der Tat riesige Dünen, die da vor mir liegen. Die Kamele entschließen sich nur zögernd, diesen Weg einzuschlagen. Sie klettern die abschüssigen Sandhänge hinauf und stürzen auf der anderen Seite wieder hinunter, wobei sie manchmal nicht überschaubaren Windungen folgen. Das geht so lange gut, bis ich einen Abhang hinunterklettere, der steiler ist als alle bisherigen. Zu spät merke ich, dass ich dadurch in einem Becken lande, dessen Wände zu steil sind, als dass man daran hochklettern könnte. Wir sind Gefangene des Erg. Ein mehrstündiger Kraftaufwand ist nötig, um die Tiere, eines nach dem anderen, schiebend und ziehend aus der Falle zu befreien, wobei sie den Kamm einer Düne mit ihren Bäuchen praktisch abschleifen. Schweißgebadet und mit gesträubtem Haar kämpfen sich die Tiere schließlich frei. Die Leitstricke sind geflickt, da sie mehrmals gerissen sind.

Einen Augenblick lang folge ich den Spuren zweier Gazellen. Schließlich besitzen diese Tiere einen gewissen Instinkt, um Durchgänge ausfindig zu machen. Aber mitten im Erg verlieren sich ihre Spuren.

Sonderbar, wie ich in den härtesten Situationen bei mir einen verborgenen Instinkt und eine tierische Anpassungsgabe wieder entdecke. Tatsächlich reagiere ich sehr oft aus einem plötzlichen Antrieb heraus. Natürlich geschieht dies meist mit Vorsicht und wohlüberlegt, aber häufig auch, indem ich auf etwas Ursprünglicheres und Unerklärliches höre. Diesen Sinn kann man nur entwickeln, wenn man allein lebt, wie ein in eine feindliche Umgebung gehetztes Wild. Eine feindliche

Umgebung, an die man völlig angepasst ist, in der man aber ständig von neuem lernt.

Die Prüfung wird noch zwei weitere Tage dauern, dann endlich kommt die Erlösung: das Flachland, der Ténéré und die unendliche Weite bis zum Hochgebirge des Aïr, tausend Kilometer westlich. Aber werden die Kamele durchhalten? Das ist sehr fraglich. Das braune Kamel hat abgenutzte Hornsohlen, offene Wunden in ständiger Berührung mit dem Boden. Morgens hinkt es immer schrecklich, bevor es tapfer seinen gewohnten Rhythmus wieder aufnimmt. Es weiß, dass hier stehen zu bleiben seinen sicheren Tod bedeuten würde. Ich habe leider gar nichts, um es zu behandeln: weder Kautabak zum Auflegen auf die Wunde, noch Salz oder geriebene Zwiebel zur Desinfektion, noch Wasser für kalte Fußbäder. Nicht einmal ein Stück Leder zum Draufnähen. Der Weg ist lange, sehr lange, über Aney und Dirkou bis nach Bilma, einem kleinen, abgelegenen nigrischen Posten, mitten im Ténéré. Zehn Marschtage an einem Stück, ohne die geringste Vegetation, begleitet von immer derselben quälenden Frage: Werden sie durchhalten? Ich weiß nicht, ob es sich um reine Erschöpfung handelt, aber der Sand kommt mir zunehmend weicher vor, meine Sandalen erscheinen mir immer schwerer und meine Tiere von Mal zu Mal störrischer.

Die Wasserschläuche sind noch voll. Ich trinke tatsächlich sehr wenig. Höchstens einen Liter am Tag. Morgens ein Glas Tee, tagsüber ein paar Schluck Wasser und abends die gewohnte Suppe, Wir befinden uns im Winter. Da ich sehe, dass es mir an Wasser nicht mangeln wird, versuche ich, meine Kamele zu tränken. Ich entleere einen ganzen Wasserschlauch in ein Loch, das ich in den Sand gegraben und mit einem Müllsack ausgekleidet habe, und führe die Tiere heran ... Sie wollen nichts davon. Dabei haben sie seit Kichi-Kichi, das heißt seit dreizehn Tagen, nichts getrunken. Dieses Verhalten ist der Kälte und dem Fehlen einer Weidemöglichkeit zuzuschreiben. Meine sudanesischen Kamele hatten sich nach dreizehn Tagen auf das ihnen angebotene Wasser gestürzt, aber damals hatten wir noch Ende September.

Endlich Bilma ... Erster Besuch bei den Gendarmen des kleinen Postens, um meinen Pass mit einem Visum versehen zu lassen. Seit über einem Monat habe ich mit niemandem gesprochen. Von wo ich komme? Tibesti im Tschad. Auf welchem Weg? Ich erkläre, dass ich quer durch den Erg von Bilma gekommen bin. Worauf man mir mitteilt, dass ich gut daran getan habe, weil der normale Weg, der zwangsläufig über den Yei-Lulu-Paß führt, total vermint sei. Ich werde leichenblass. Für den Fall, dass ich Zweifel daran hegte, erzählt man mir noch, dass zwei nigrische Jungen, die zwangsweise in die tschadische Armee eingegliedert worden waren, versucht hatten, mit zwei gestohlenen Kamelen auf diesem Weg zu fliehen. Eines der Reittiere trat auf eine Mine und wurde zerrissen. Die Jungen kamen zu zweit auf dem überlebenden Kamel an.

Das passierte vor einigen Wochen. Daraufhin fuhr eine Patrouille der Gendarmerie hinaus, um an Ort und Stelle nachzusehen, da die Minen angeblich von Tschadern oder Libyern auf nigrischem Staatsgebiet verlegt worden seien: Das Fahrzeug explodierte, alle Insassen kamen ums Leben. Seitdem traut sich niemand mehr dorthin.

Um mit dem tschadischen Zwischenspiel abzuschließen, hier noch eine letzte Begegnung – immer noch auf der Polizeiwache – mit einigen Goran, die nach Niger geflüchtet sind. Diese liebenswürdigen Menschen haben ganz einfach flüchtige Landsleute denunziert, die in Tubu-Lagern im nigrischen Djado, ganz in der Nähe, untergekrochen waren. Als Gegenleistung bekamen sie eine nigrische Geburtsurkunde ausgestellt. Wirklich ehrenwerte Leute! Ich bleibe stumm, aber mein ganzer Ekel lässt sich wohl auf meinem Gesicht ablesen. Erst bei einem rechtschaffenen Tuareg namens Hosmane, der ein wenig verloren inmitten einer Bevölkerung aus Beri-Beri und Guezebida (Tubus aus Kaouar) lebt, kann ich mich von meiner hasserfüllten Empörung erholen. Er beherbergt mich drei Tage lang bei sich zu Hause, hilft mir, an den geschwollenen Füßen meiner beiden Kamele einen Aderlass vorzunehmen, und besorgt mir Futter zum Mitnehmen. Wie immer, die Tiere zuerst. Ihre Füße sind in einem beklagenswerten Zustand. Das braune Kamel hat gegenwärtig, durch die ständige Berührung mit dem Boden, auf einer tennisballgroßen Fläche keine Haut mehr. Und in den Füßen beider Tiere staut sich das Blut, das unter der Hornschicht der Sohle bereits geronnen ist. Hosmane und ich stellen daher ein Tier nach dem anderen ruhig, um anschließend die Fußader anzuritzen und das Blut herausströmen zu lassen. Nachdem dies geschehen ist, nehme ich sie alle beide mit nach Kabala.

Kabala, so heißen die Salinen von Bilma. Sie liegen eine halbe Wegstunde nördlich von Bilma. Hier bildet eine kleine Quelle einen Salzsoletümpel, und dieses kühle, mit Salz gesättigte Wasser besitzt die Eigenschaft, den Blutandrang, der nach einem solchen Gewaltmarsch in den Füßen der Kamele herrscht, herabzumindern. Ich lasse sie deshalb lange auf diesem flüssigen Spiegel umhergehen, während ich ohne Sattel, mit dem Zügel in der Hand, reite. Wenn es sie danach verlangt, beugen sie ihren langen Hals nach unten, wie Flamingos, und verleiben sich gewaltige Wassermengen ein. Dann begebe ich mich zu den eigentlichen Salinen, die in der Nähe liegen. Eine Karawane ist am Vortag aus Agadez eingetroffen. Die Kamele sind gefesselt und warten darauf, dass die Salzladungen in Palmfasermatten eingeschlagen werden. Diese Tätigkeit beansprucht die meiste Zeit und rechtfertigt eine unfreiwillige Ruhepause von zwei bis drei Tagen in Bilma. Ich stelle sofort Vergleiche mit einer kleinen, von Tubu und Kanuri geführten Karawane an; die ich einige Stunden von Bilma entfernt gesehen hatte. Die Tubu und Kanuri ließen ihre Tiere weiden und schienen mir viel bessere Kamelführer zu sein, viel besser an das Gelände angepasst und viel mehr um ihre Tiere bemüht. Sie kamen aus dem Süden, um Hirse gegen Datteln einzutauschen. Dagegen machen die Tuareg-Karawanen auf mich den Eindruck einer langen Kolonne von Ameisen, die niemals die traditionellen Karawanenstraßen verlassen. Sie leisten sich keine Abweichung, weder nach links noch nach rechts, in einem Ténéré, der ihnen feindlich und fremd ist. Im Gegensatz zu den Tubu, die darin leben.

Die Packsättel liegen im Schatten der Mäuerchen, die die Salinengruben begrenzen, auf dem Boden verstreut. Alle sind eifrig damit beschäftigt, die Kegel aus geformtem Salz, die auf den Märkten von In Gall, Agadez oder Sokoto weiterverkauft werden, zu Dreierbündeln zusammenzurollen. Es handelt sich um Salz, das vornehmlich für die Viehzucht bestimmt ist.

Mir fällt jedoch auf, dass die anwesenden Personen sehr dunkelhäutig sind. Entgegen einer hartnäckigen Legende sind es nämlich keine Tuareg, sondern Haussa oder Buzu, die ehemaligen schwarzen Sklaven der Tuareg. Und diese sprechen nicht einmal Tamaschek. Sie werden lediglich von den Tuareg ausgebeutet, die ihre Kamele vermieten und die Karawanenführer mit ein oder zwei Salzkegeln entlöhnen. Sie wären nicht einmal mehr in der Lage, eine Karawanenreise durchzuführen, vorausgesetzt, dass sie es überhaupt je getan haben. Und außerdem gibt es schließlich die *Djenoun* im Ténéré, nicht wahr, und es ist im Winter kalt, im Sommer heiß, und es ist wirklich anstrengend zu arbeiten. Da ist es doch viel angenehmer, unter dem Zelt oder unter den Wellblechdächern der Slums von Agadez herumzulungern. Die anderen verrichten ihr Geschäft als »Fernfahrer« übrigens genauso gut. Mythen, Mythen, die von den Touristikbüros und einer bestimmten gefälligen Presse gefördert werden.

In Bilma wohnen nur fünf Tuareg, darunter Fatimata, eine schöne Targia, die sich in den blonden Fremdling verliebt, der aus dem Nichts aufgetaucht ist und so gut mit seinen Kamelen umzugehen weiß. Sobald ihr Blick an mir hängen bleibt, errötet sie, schlägt die Augen nieder und stammelt zusammenhanglose Worte.

Ich glaube, es sind einfach die Spuren einer absoluten Wüste, die mir anhaften und die sogar die Nomaden beeindrucken, die darin leben. Aber das mit Fatimata führt ja sowieso zu nichts, und so ziehe ich weiter … Im Übrigen heißen sie alle Fatimata.

In Fachi werde ich meinen Vater treffen, der sich extra in den tiefsten Ténéré begibt, um mir das Notwendigste zur Weiterreise zu bringen: die Folgekarten, Multivitamintabletten, ein paar Lebensmittel, Neuigkeiten von zu Hause … Ich freue mich sehr, meine Angehörigen wiederzusehen, denn ich fühle, dass die Sahara anfängt, eine zu große Macht über mich auszuüben, mich regelrecht zu verschlingen. Zu lange war ich ein Tier auf der Flucht, mit rein elementaren Bedürfnissen. Noch hundertsiebzig Kilometer.

Die Entfernung ist lang für die nahezu erschöpften Tiere. Zum Glück ist der Himmel bedeckt. Die langsame Wanderung wird nur durch die gewohnten Machtkämpfe zwischen den Kamelen und mir unterbrochen, wenn sie versuchen, das auf den Packsätteln gebündelte Stroh zu verschlingen. Ich begreife, warum manche Karawanenführer den gefräßigsten Kamelen Maulkörbe anlegen. Und alle *alemos*-Bündel in geflochtene Maschennetze packen. Ich wandere erneut lustlos durch diese schon viel zu erforschte Wüste. Man hat dieses lebensfeindliche Fleckchen Erde aus rein touristischen Gründen (immer und ewig dieselben dreihundertfünfzig Kilometer) derart groß herausgebracht, dass ich nur das Verlangen habe, endlich anzukommen. Und außerdem habe ich diesen Ténéré schon ein bisschen zu viel genossen: einmal nach Osten, einmal nach Westen von Faya nach dem Aïr über das Tibesti. Das reicht mir für eine Wüste, die an Schönheit und Wildheit nicht dem Ash Shimaliya gleichkommt.

Endlich erblicke ich in der Ferne Fachi. Eine tote, unbelebte Oase. Dann sehe ich eine Person, die ein Gässchen überquert, und eine halbe Minute später werde ich von der ganzen Bevölkerung empfangen, die mir mit meinem Vater entgegengeht. Ein magischer, intensiver Augenblick. Ich springe vom Kamel, direkt in seine Arme. Er ist zweiundsechzig Jahre alt und in den tiefsten Ténéré gekommen, um seinem Sohn zu helfen, der gerade seine härteste Prüfung bestanden hat. Das ist ungewöhnlich. Ich weiß noch nicht, dass ich ihn hier zum letzten Mal sehen werde.

Gleichwohl geht es darum, ins Aïr-Gebirge zu gelangen und den Ténéré hinter mir zu lassen. Ich tue alles, um meine Kamele zu entlasten, damit sie das Ziel erreichen. In der Oase Timia im gebirgigen Massiv des Aïr werden sie wieder am Ausgangspunkt der Strecke angelangt sein. Noch müssen sie aber erst einmal so weit kommen. Wenn wir nicht Winter hätten, wären sie mit Sicherheit schon tot. Die trockene, empfindliche Kälte ist mein bester Verbündeter. Am vorletzten Tag meines Wüstenmarsches begegne ich einer Taghlamt, einer Salzkarawane auf dem Weg nach Bilma. Ein Punkt am Horizont. Der Punkt wird größer und wird zu einer Reihe von Formen. Die Formen sind Kamele, die in Gruppen marschieren und von Männern zu Fuß geführt werden. Vielleicht zwei- oder dreihundert Kamele, in Wirklichkeit zwei verschiedene Karawanen, die den Weg zusammen zurücklegen.

Ich wäre unfähig, in einer Gruppe zu reisen, einem gemeinsamen Rhythmus zu folgen. Im Übrigen durchziehen die Karawanen nur einen ganz kleinen Teil des Ténéré. Wieder einmal sind es arme schwarze Haussa oder Buzu, die mit ihrer schlechten Kleidung nur unzureichend gegen den eisigen Winterwind gewappnet sind. Sie laufen in der Gruppe, um die Atmosphäre der Märkte von Maradi oder Tahoua herzustellen. Um nicht allzu sehr unter der Wüste zu leiden. Das genaue Gegenteil von meiner Methode. Ich gebe ihnen gerne von meinen Streichhölzern und meinen Lebensmitteln ab. Sie tun mir leid in dieser Wüste, in der sie nicht geboren sind.

Schon nimmt man am Horizont die ersten Berge des Aïr wahr. Ich strebe die gebräuchlichste Passage an. So kann ich entlang den Wadis vordringen, die man hier *kori* nennt. Ich stehe nun vor den letzten Dünen, die sich, völlig ineinander verschachtelt, gegen die Flanke der ersten Felsenkämme zusammendrängen. Den letzten Berg, der nicht aus diesem unstabilen, weichen Sand beschaffen war, in den man bei jedem Schritt einsinkt, hatte ich mit dem Tibesti-Massiv hinter mir gelassen. Das war vor einem Monat und tausend Kilometer weiter östlich.

Ich bin es nicht mehr gewohnt, einen wirklich festen Boden unter den Sohlen zu spüren, und es ist nun, als ob ich mich von einer unbekannten Schwerelosigkeit befreite. Das Marschieren im weichen Sand ist merklich anstrengender, und es fällt mir schwer, der Erschöpfung und der Bodenbeschaffenheit gleichzeitig Rechnung zu tragen. Wie dem auch sei, als ich wieder festen Boden unter den Füßen spüre, habe ich das Gefühl, die Prüfung endlich hinter mir zu haben. Aber weit gefehlt! Im Aïr stolpern die Kamele mit ihren offenen Hornsohlen über den geringsten Stein. Jeder Schritt wird zu einem Unterfangen, das unendliche Überwindung kostet. Die Tiere sind erschöpft. Das Leitkamel frisst im Vorübergehen die wenigen kargen Grasbüschel ab, wodurch das zweite Tier stets leer ausgeht. Völlig am Ende, schnappt dieses mehrmals nach den Hoden des ersten. Da dieser Umstand zumindest den Vorteil hat, die beiden anzustacheln, lasse ich sie gewähren. Und außerdem sind sie sowieso kastriert. Sie haben einen Ansporn dringend nötig, denn es macht sich nicht nur eine körperliche Ermattung bei ihnen bemerkbar. Nach über zwei Monaten unter extremen Bedingungen scheinen sie auch psychisch nicht mehr durchzuhalten. Nach dem östlichen Ténéré, dem tschadischen Borku, dem Tibesti und noch einmal dem Ténéré in westlicher Richtung. Durch dieses ihnen unbegreifliche Hin und Her, müssen sie zwangsläufig Schaden genommen haben. Schließlich werden sie nur durch die Aussicht auf einen Weidegrund zum Marschieren motiviert. Was müssen sie wohl von ihrem Herrn denken? Dabei haben sie noch nie den geringsten Widerstand geleistet. Sie schenken mir offensichtlich blindes Vertrauen. Allein deshalb schon will ich sie um jeden Preis retten. Meine Tiere haben eine außerordentliche Tapferkeit bewiesen, besonders auf dem Weg zurück. Für das, was sie auszuhalten vermochten, habe ich eine tiefe Zuneigung zu ihnen gefasst und einen großen Respekt vor ihnen gewonnen. Ich habe ihnen mein Leben anvertraut, und sie haben mich nicht verraten. Aus all diesen Gründen will ich sie durchbringen. Seit Langem schon lege ich meine täglichen Etappen ganz zu Fuß zurück. Und jedes Mal, wenn ich ein Büschel *acheb* entdecke, mache ich einen großen Umweg, um ihnen das Fressen zu ermöglichen. Da ich schon wieder praktisch keine Nahrung mehr für mich selbst habe, haben die Kamele, abgesehen von ihrem eigenen Gewicht, fast keine Last mehr zu tragen. Trotzdem können sie jeden Augenblick zusammenbrechen, um nicht mehr aufzustehen. Ich kenne sie. Zum Glück habe ich es mit Tubu-Kamelen zu tun; Tuareg-Kamele hätten diese Strecke gewiss nicht zurücklegen können.

Die Täler verengen sich. Richtiges Felsgeröll, zuweilen auch ausgetrocknete Wasserfälle versperren die *kori* und zwingen einen dazu, lange Umwege über die Hänge der Schluchten zu machen. Und dann braucht der Weg sich bloß auf fünfzig Zentimeter zu verengen, schon weigern sich die Tiere weiterzugehen. Mehrmals kommt die kleine Kolonne abrupt zum Stillstand: Das hintere Kamel bleibt plötzlich stehen, und die ganze Beladung des ersten, Sattel und Säcke, stürzt, vom Leitstrick zurückgehalten, fast zu Boden. Das Kori Afassas schlängelt sich endlos lang in unzähligen Windungen bis zu seiner Quelle hinauf. Obendrein muss man die besten Passagen ausfindig machen, das felsige Gelände danach absuchen und wieder umkehren ...

Endlich, endlich Ankunft am Wasserfall von Timia. Damit haben die Kamele ihren Vertrag erfüllt, und es erwartet sie ein wohlverdientes ganzes Jahr auf der Weide. Ich wünsche ihnen nicht, dass sie nochmals an einen Narren wie mich geraten. Aber ich bin sicher, dass sie die lange Reise trotzdem gern gemacht haben: Kamele lieben die Freiheit. Und mit jeder Karawane werden sie besser. Zähigkeit und Ausdauer müssen erst erworben werden. Im eiskalten Wasser der *gelta* vergesse ich all meine Ängste und Befürchtungen. Und nüchtern betrachtet, habe ich mich, mangels Wasser, seit zwei Monaten nicht mehr gewaschen. Seit N'Gigmi.

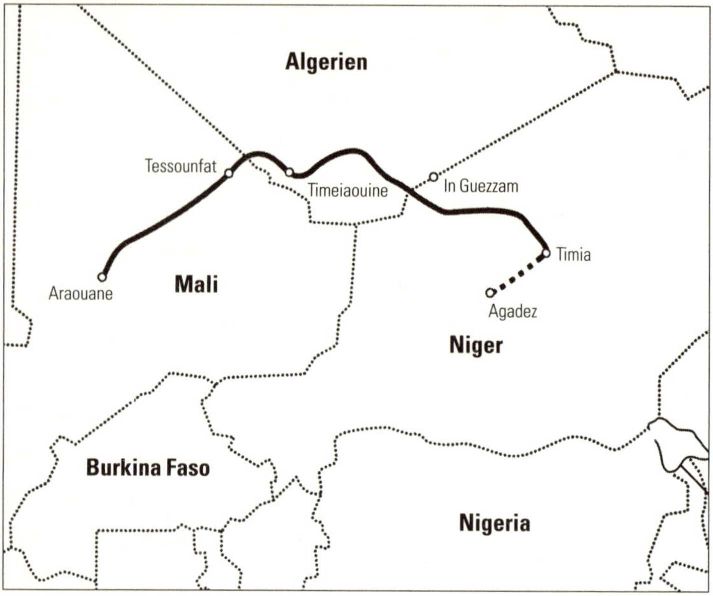
Algerien
Tessounfat
Timeiaouine
In Guezzam
Timia
Araouane
Mali
Agadez
Niger
Burkina Faso
Nigeria

Türkei
Syrien
Tunesien
Libanon
Israel
Irak
Iran
Marokko
Jordanien
Kuwait
Libyen
Ägypten
Bahrain
Katar
Vereinigte Arabische Emirate
West-Sahara
Algerien
Saudi-Arabien
Oman
Mauretanien
Mali
Niger
Tschad
Sudan
Senegal
Jemen
Gambia
Burkina Faso
Guinea-Bissau
Guinea
Benin
Togo
Nigeria
Dschibuti
Sierra Leone
Elfenbein-küste
Zentralafrikanische Republik
Äthiopien
Liberia
Ghana
Kamerun
Somalia
Äquatorialguinea
Demokratische Republik Kongo
Uganda
Gabun
Kongo
Kenia
Ruanda
Burundi
Tansania
Angola
Malawi
Sambia
Mosambik
Madagaskar
Simbabwe
Namibia
Botswana
Swasiland
Lesotho
Südafrika

Tuareg-Rebellen und Lemriyé

Kamelmarkt in Agadez, Ende Februar. Die Tiere sind kümmerlich und kränklich. Die hiesigen Tuareg haben ihre nomadischen Gewohnheiten praktisch verloren. Und das macht sich an der Qualität der Kamele bemerkbar. Natürlich, wenn sie einzig und allein ihre Frauen mit ein paar Ziegen im Lager zurücklassen, das nicht einmal einen Tagesmarsch von einem Marktzentrum entfernt liegt ... Nur durch die Anhäufung der tierischen Exkremente werden sie schließlich veranlasst, ihre Strohhütten etwas weiter entfernt aufzuschlagen. Dann, wenn die Fliegen wirklich zu zahlreich werden.

Nachdem ich tagelang auf dem Markt von Agadez auf und ab gegangen bin, finde ich endlich ein halbwegs annehmbares Kamel. Es ist schwarz-weiß gescheckt, was die Tuareg verabscheuen, und obendrein hat es blaue Augen, was noch schlimmer ist. Das Reitkamel hatte ich schon am ersten Tag gefunden.

Gleich beim Betreten des Marktes fiel mir ein prächtiges weißes mit einem hohen, festen Höcker auf, feingliedrig, sehnig, muskulös. Es lief mir direkt entgegen, gefesselt, aber in der offenkundigen Absicht, vom Markt zu fliehen. Und durch seine Kraft und Ausstrahlung zog es alle anderen Kamele hinter sich her. Ich habe es sofort gekauft.

Jetzt müssen die Tiere nur noch nach Timia ins Aïr-Massiv gebracht werden. Ich bin in Timia angekommen, deshalb werde ich von Timia auch wieder aufbrechen. Nach einigem Suchen mache ich schließlich einen ziemlich betagten Tuareg ausfindig, der auf den Kamelmarkt gekommen ist, um ein oder zwei kurzatmige Tiere zu verkaufen. Er trägt eine ursprünglich weiße, mit der Zeit jedoch grau gewordene *gallabiya,* einen ausgefransten *chech* von derselben Farbe und die unvermeidlichen *imarkaden* (Sandalen) aus Zebuleder. Er heißt Sidi Mohammed, gehört zum Stamm der Marho Tchirozerine und wohnt in Tchirozerine. Wohlgemerkt in dem Tchirozerine, das in den Takalakouzet-Bergen liegt, denn es gibt davon zwei im Aïr-Gebirge. Demnach muss er über Timia kommen, und meine beiden Tiere dorthin zu geleiten, kommt ihm ausgezeichnet zupass: Er erspart sich dadurch, den Weg zu Fuß zurücklegen zu müssen. Einer seiner Freunde wird sich ihm für die Reise anschließen … da die Tuareg nun einmal solche Angst vor dem Alleinreisen haben. Gleichwohl gebe ich ihm noch eine Prämie, um ihn zu motivieren, und wir verständigen uns: Wie viele Tage benötigt er, um an Ort und Stelle einzutreffen? Fünf Tage. Ausgezeichnet, das ist die normale Zeit. Wird er auch ganz bestimmt zu diesem Zeitpunkt da sein? Er wird da sein. Gut.

Nun muss ich mich nur noch selbst dorthin begeben. Da es auf der Strecke keinen anderen Verkehr als den Touristenverkehr gibt, wende ich mich an eines der örtlichen Reisebüros. Ich komme mir vor wie ein zerlumpter Stadtstreicher, der auf der Terrasse des Carlton-Hotels ein Glas Wasser bestellt. Für die Reise von ein paar Stunden nennt man mir einen Preis, der beinahe dem Preis von fünf Kamelen entspricht. Ich bin ein Nomade, und als solcher bin ich für die örtlichen Geschäftemacher völlig uninteressant. Derjenige, welcher gerade vor mir steht, ist gewiss derselbe, der den staunenden Touristen von der Gastfreundschaft der Wüste und den Herren des Ténéré erzählt. Der *rezzu* ist überflüssig geworden. Ich eile zum Markt zurück. Zu meinem Pech ist Sidi Mohammed mit meinen Tieren schon losgezogen. Ich ärgere mich über mich selbst, dass ich mich wieder einmal auf jemand anderen verlassen habe. Ein schwerer Fehler.

Aber das ist noch nicht alles. Eine Woche später, nachdem ich mir einen Lastwagen mieten musste, um nach Timia zurückzukommen, sind meine Kamele noch immer nicht eingetroffen. Acht, zehn, zwölf, fünfzehn Tage vergehen schließlich, ehe dieser »Wüstensohn« mir meine Tiere bringt. Und in welchem Zustand! Ich könnte rasend werden, denn gegenwärtig zählt jeder Tag. Der Countdown gegen den beginnenden Sommer läuft. Ich muss unbedingt noch vor der großen Hitze ans Meer gelangen. Schon jetzt bin ich pessimistisch und rechne mit schrecklichen Reisebedingungen in Mauretanien. Wutentbrannt mustere ich meine Tiere, die mir Sidi Mohammed wohlweislich durch jemanden mir Unbekannten überbringen ließ. Er hat gewiss alle Nomadenlager des Aïr abgeklappert und dort allen verkündet, die Tiere gehörten ihm oder etwas in der Richtung.

O nein, das darf doch wohl nicht wahr sein! Das weiße Kamel, dieses herrliche Reittier, hat vom Holz des Sattels eine Wunde vorn am Höcker. Es ist schlecht gesattelt worden. Wie es im Augenblick aussieht, wird es sein Leben lang davon gezeichnet bleiben, auch wenn die Wunde sich schließt, was mit dem beständig drückenden Sattel noch gar nicht so klar ist. Ah, wenn ich den verdammten Kerl zu fassen bekäme, ich wüsste nicht, was ich mit ihm machen würde! Ein so schönes Tier zu entstellen, während ich selbst auch unter scheußlichen Bedingungen immer peinlichst auf meine Kamele bedacht war. Sehen wir mal das andere an. Das kann doch nicht sein: Ein Nasenflügel ist zur Hälfte herausgerissen, und der Nasenring hängt jämmerlich daran herunter. Außerdem ist es von einer erschreckenden Magerkeit. Es wird die Reise durch Algerien nicht mehr schaffen. Ich muss es so schnell wie möglich austauschen. Das ist das Ergebnis eines Fehlers, der darin bestand, unter dem Vorwand, Zeit zu gewinnen, auf einen anderen zu zählen. Ich könnte schwarz werden vor Ärger über mich selbst und über diesen sogenannten »Züchter«. Soll er in seinen Sahel zu seinen Ziegen zurückkehren!

Einziger Trost: Sylvie, die schon seit jeher meine dunkelhäutige Verlobte ist, hat mich in Timia aufgesucht. Sie bringt eine engelhafte Geduld auf, um mich wieder mit Zärtlichkeit und Sanftheit vertraut zu machen. Es sind Werte, die ich durch das monatelange Wandern im heißen Wüstenwind verloren habe. Ich bin egoistisch geworden. Aber egoistisch aus Notwendigkeit, aus Sorge ums eigene Überleben. Sprechen wir nicht von Vertrauen. Das ist etwas, was mir völlig fremd ist. Dabei fühle ich, dass ich mich diesmal täusche. Ich habe mich so daran gewöhnt, mich nur auf meinen eigenen Willen zu verlassen, dass ich alle körperlichen oder seelischen Qualen einfach nicht mehr zur Kenntnis nehme.

Ich muss zugeben, dass das Verhalten der Menschen mich am meisten verletzte, weit mehr als die unmenschliche Sahara.

Jedes Mal, wenn ich von einem Nomaden enttäuscht werde, bin ich tieftraurig und bekümmert, und die Begebenheit hinterlässt ihre Spuren in meinem Innern. Sicherlich bin ich zu empfindlich (mein Vater hat mich noch unlängst in Fachi darauf aufmerksam gemacht); aber wie sollte man nicht verletzt sein, wenn man fortwährend illegal und wie ein gehetztes Tier leben muss und wenn dann die wenigen Personen, die man trifft, nur danach trachten, einem Medikamente, Tee oder Zucker abzuknöpfen? Wann werden sie wohl begreifen, dass ich »immer« weniger davon habe als sie? Bei einem Weißen ist das für sie ganz unvorstellbar. In Bilma hatte ich am Ende nur noch eine Handvoll Datteln.

Ich träume von einer Welt, in der Sesshafte und Nomaden – wobei ich mich dem Lager der Nomaden zurechne – miteinander leben und von ihren Unterschieden lernen. Ist die Eigentümlichkeit eines jeden etwa keine Quelle des Reichtums? Man soll den Begriff von der sozialen oder clanbedingten Hierarchie in der Mottenkiste versenken und endlich das Konzept des wirtschaftlichen Wohlstandes in Afrika aufgreifen. Mit der Bevölkerungsexplosion in diesen Ländern herrscht ein ständiger Mangel an Fleisch und Milch. Die Nomaden produzieren Milch und Fleisch. Hier sollte man doch ansetzen und das alles weiter ausbauen. Oder die Menschen einfach gewähren lassen und Verbote und Zollgrenzen beseitigen. Ich hätte wirklich Lust, diesen Völkern, diesem Kontinent, zu helfen. Ich möchte mit gutem Beispiel vorangehen, indem ich mit meiner Kamelherde umherziehe, sie vergrößere und verbessere, um schließlich die besten Tiere zu erhalten …

Ich träume nur. Ich träume von einem Nomadenleben mit Sylvie; von einem glücklichen Leben mit ein paar wunderschönen Kamelen und einer sanften Frau, inmitten einer fantastischen Landschaft. Von einem freien Leben.

»Salam, hast du nicht Medikament für Kopf?«

Von der Höhe meines Kamels herab drehe ich den Kopf nach demjenigen, der mich in diesem Tal des Aïr anspricht: schöner, weißer *boubou,* makelloser *check*. Er ist aus dieser *zeriba* (Hütte) dort drüben hervorgekommen und hat mich über zweihundert Meter, erbärmlich japsend, im Laufschritt verfolgt.

»Oder Zucker?«

Ohne eine Miene zu verziehen, drücke ich meine Fersen leicht in den Hals meines Reittiers und schnalze mit der Zunge. Das Tier legt sofort los, wobei es das gescheckte Kamel hinter sich herzieht und den Tuareg, starr vor Staunen, stehen lässt. Ich weiß, dass ich praktisch keiner Menschenseele mehr begegnen werde, sobald ich das Aïr hinter mir gelassen habe. Kein Nomade zieht mehr im Tim Meghsoi umher.

Ich dachte, ich wäre in Niger vor den Menschen sicher. Irrtum. Die Tuareg-Rebellen haben sich vor drei Tagen ihrerseits erhoben und den Grenzposten Assamaka angegriffen, wobei zwei Personen durch Granaten ums Leben gekommen sind.

Gegenschlag des Militärs: ein Toter, ein Kolanuss-Verkäufer, der gerade mit seinem Tablett auf dem Kopf des Weges kam. Letzte Woche wurde ein westlicher Techniker in In-Abangharit niedergemetzelt. Nach Aussagen eines zur Tatzeit anwesenden Freundes soll sich der Vorfall folgendermaßen abgespielt haben: Zwei Autos, also etwa zehn Personen, hielten vor der Haustür des Technikers, eines Hubschrauberpiloten der Heuschreckenbekämpfung. Ein kurzer Befehl. Er solle die Schlüssel seines Wagens herausgeben, den sie ausplündern wollten. Weigerung. Abermalige Einschüchterung. Erneute Weigerung. Da jagte der Rebell ihm eine Kugel mitten durch den Kopf, bevor er dem Toten die Schlüssel aus der Tasche nahm. Dann schlugen sie das Armaturenbrett des vor der Hütte geparkten Hubschraubers ein und ergriffen schließlich die Flucht. All das trug sich in dem Landstrich zu, den auch ich bald durchqueren sollte. Ein wenig weiter östlich, in der Nähe von Adrar Bous, haben sich Schmuggler von Rebellen die Autos stehlen lassen. Das Komische an der Sache ist, dass die Rebellen sich fast gar nicht für die Kamele interessieren. Der Durchschnittstuareg träumt heute statt von einem Kamel von einem Toyota. Und da sie nun einmal kein Geld haben, um ihn sich leisten zu können ...

Wenngleich mir die hiesigen »Rebellen« potenziell weniger gefährlich vorkommen als die, deren Bekanntschaft ich früher gemacht habe, sind sie deshalb auch nicht weniger bewaffnet und mobil. Und es ist immer das gleiche Problem: Man kann jederzeit an einen ungehobelten, aber hochgradig erregten Dummkopf geraten. Man kann sie in gewisser Weise verstehen, wenn ihre Lager unter dem Machtmissbrauch der Armee zu leiden hatten oder wenn eine ganze Region benachteiligt und in die Hungersnot getrieben wurde. Wie zum Beispiel in Mali. Aber wie lautet ihre letzte Forderung? Trockenfutter für das Vieh, um sich das Herumziehen zu ersparen.

In Wirklichkeit ist es offensichtlich, dass die Tuareg-Gesellschaft in einer Krise steckt. Wie es ein malischer Hochschullehrer beschrieb, kann man sie mit einem Zelt vergleichen, das von vier Pflöcken getragen wird: ein bisschen Karawanenschwarzhandel, ein wenig *rezzu*, ein paar Sklaven, um die

Herden zu hüten, und die Erträge der Gärten und Dattelpalmen. Man nehme eine dieser Säulen weg, und das ganze Gebäude stürzt ein. Worüber nur wenig gesprochen wird, ist die Tatsache, dass diese Gesellschaft unglaublich hierarchisch gegliedert ist. Wenn man nur aufmerksam beobachtet, wird man in der Praxis nur wenige richtige Tuareg in den Gärten, beim Viehhüten oder auf den Karawanenstraßen sehen. Alles Arbeiten, die normalerweise den Vasallen und den Gefangenen zufielen. Andere Nomadenvölker, von denen man allerdings bei weitem weniger spricht, befinden sich dagegen in vollkommener Harmonie mit ihrer Umwelt. Es seien hier nur die Reguibat, die Kebabisch oder die Mauren erwähnt …

Man macht die Versteppung für die Missstände verantwortlich. Gut. Aber schließlich ist es ganz klar, dass die Wüste immer weiter vordringt, wenn die Züchter nicht mobil sind und wenn das Vieh an einem Platz alles abgeweidet hat, was es abzuweiden gab. Dann stirbt das Vieh, und der Züchter, da er von seiner Herde lebt, stirbt ebenfalls. Ganz logisch. Das Ökosystem der Sahara oder des Sahel lässt keine sesshafte Lebensweise zu. Man muss die Spielregeln einhalten. Früher hüteten die Gefangenen das Vieh, und die Herren konnten sich auf ihrem Gebiet niederlassen, wo immer es ihnen beliebte. Heute ist es dagegen notwendig, ständig weiterzuziehen. Außerdem existieren die *rezzus,* das heißt die früher üblichen Raubzüge auf das Vieh anderer Stämme, nicht mehr, was einen gewissen Frieden in der Nachbarschaft garantiert. In der Wüste gibt es stellenweise »immer« etwas zum Abweiden, ausgenommen in den Regionen extremer Trockenheit. Natürlich beklagen sich alle Landwirte wie auch alle Züchter der Welt ständig über die schwierige Lage. Ohne aber auch die guten Jahre zu erwähnen. Das letzte Jahr war gut, das laufende Jahr ist es weniger. Das ist das Leben. Die Konsequenz daraus: Man muss rühriger werden.

Ich kann mir nur schwer vorstellen, diesen lehrhaften Vortrag vor einem aufgebrachten, bewaffneten Jungen zu halten, der vor allem darauf aus ist, in Ermangelung eines Fahrzeugs, das ihm gewiss lieber wäre, mein weißes Kamel zu stehlen. Deshalb beschließe ich, einen weiten Bogen durch den äußeren Süden Algeriens zu machen, um allen möglichen Lagern aus dem Weg zu gehen. Die Wüste ist dort freilich allesbeherrschend und von extremer Trockenheit, aber ich habe meine Wahl von Anfang an immer in diesem Sinne getroffen. Ich werde also durch das Tim Meghsoi, unter Vermeidung der Grenzposten, direkt nach Algerien vorstoßen und durchs Gebirge weiterziehen: durch das Tassili Hoggar, das Tassili Tin Rehro und den Norden des Adrar des Iforas ... bis nach Timiaouine, einem kleinen algerischen Militärposten. Von dort aus werde ich versuchen, den Brunnen von Arauan in Mali zu erreichen, indem ich das Lemriyé durchquere, eine der trockensten Wüsten, die man sich vorstellen kann – *lemriyé* bedeutet auf Arabisch »Spiegel«. Danach Mauretanien und zum Schluss das Meer ...

Im nigrischen Tim Meghsoi – dem Gebietsteil, der den Süden Algeriens berührt – herrscht schon in den ersten Tagen dieses Monats März eine glühende Hitze. Das Wasser in den Schläuchen ist kochend heiß, und die elektronische Apparatur zur Standortbestimmung, deren Funktionieren bis zu fünfundfünfzig Grad Celsius garantiert wird, fällt wegen der Hitze aus. Die Temperatur am Erdboden übersteigt in der Sonne wohl fünfundsiebzig Grad. Doch mit der Gewohnheit und einem gewissen Orientierungssinn, der sich allmählich herausbildet, wenn man sechs Monate damit verbracht hat, sich einen Weg durch die Einöde zu bahnen, kann ich auch ohne die komplizierte Apparatur auskommen.

Mit der instinkthaften Vorsicht eines Tieres habe ich alle möglichen Begegnungen sorgsam vermieden und marschiere nun direkt nach Norden auf das Hoggar-Gebirge zu. Ein starker Gegenwind nimmt mir ein wenig von meiner Aufmerksamkeit in dieser flachen, lebensfeindlichen Unendlichkeit, durch welche die Grenze zwischen den beiden Ländern verläuft. Und ich bemerke gar nicht das Auto, das von hinten auf mich zufährt und direkt neben mir hält. Darinnen vier Araber und ein Tuareg-Führer. Mir bricht der kalte Schweiß aus. Ich trete an die Wagentür. Sie sind ebenso überrascht wie ich: Als sie mich von hinten mit dem *chech* sahen, glaubten sie wohl nicht, es mit einem Weißen zu tun zu haben, und Nomaden gibt es in dieser Gegend nicht. Auf der Wagentür die Abkürzung ONAT. Uff! Es sind Algerier und keine Rebellen.

»Äh … wir haben uns ein wenig verfahren!«

»Ach ja? Kein Problem, aber hier seid ihr in Niger. Es gibt eine Piste, fünfzig Kilometer weiter nördlich. Du fährst hinter dem Bergkamm entlang und …«

Ich liebe es, einem Tuareg-Führer seinen Weg zu zeigen. Sie bedanken sich und verschwinden.

Mein weißes Kamel ist ein wahres Wundertier. Es geht nicht, es trabt. Aus purem Vergnügen, denn ich treibe es nicht dazu an. Man muss dazu sagen, dass die Tuareg-Kamele viel bei pompösen Auftritten und bei Kamelrennen eingesetzt werden. Nationalsport ist hier das *ilugan,* bei dem die besten Kamelreiter in einer Art Arena gegeneinander antreten. Wenn ich zu Fuß gehe, stößt es mir sehr oft seine Schnauze in den Rücken und schiebt mich von hinten an. Ich weiß nicht genau, ob es das tut, um mich zum schnelleren Laufen zu bewegen oder um sich an der Nase zu kratzen. Vielleicht beides. Jedenfalls hatte ich noch nie ein derartiges heimliches Einverständnis mit einem Tier. Es gibt keine Furcht, weder von seiner Seite noch von meiner. Das andere ist ein bisschen zänkisch. Zuweilen versucht es zu beißen. Aber ich weiß, dass es sich beruhigen wird, je weiter wir fortschreiten. Mit meinem Reitkamel erlebe ich nichts dergleichen. Während der Ruhepausen kommt es oft mit dem Kopf an meine Schulter oder Wange heran und streichelt mich mit seinen dichten Lippenhaaren. Ich verlange nichts, und im Übrigen schadet zu viel Sanftheit der Effektivität der Beziehungen zwischen Mensch und Tier. Hin und wieder kann ein wenig Grobheit geboten sein, aber wenn es nicht unbedingt nötig ist ... In einem Punkt muss ich jedoch vorsichtig sein: Es lässt mir kaum eine halbe Sekunde Zeit, um mich auf meinem Tuareg-Sattel zurechtzusetzen, sondern stürmt sofort los. Es ist von Vorteil, wenn man das weiß.

Die Landschaften des Hoggar-Randgebirges, die sich mir darbieten, sind von atemberaubender Schönheit:

Sandsteinsäulen in labilem Gleichgewicht und monumentale Pforten für meine Kamele ragen in Senken auf, die mit unberührtem, vom Wind zu kleinen, regelmäßigen Wellen gekräuseltem Sand bedeckt sind. Die Hochebene ist vom Wasser und der Winderosion zerklüftet und geschliffen. Die meisten Passagen sind nur mit dem Kamel zugänglich, und wer würde sich schon hierher verirren? Die Umgebung gleicht einem Märchenspiel, das sich noch über die Hochebene des Tin Rehro-Randgebirges fortsetzt, dessen Bug aus einem Meer von Dünen auftaucht. Etwas ernüchternd ist die Feststellung, dass alle Brunnen versiegt sind. Mir wird klar, dass die gesamte Karte von diesem Gebiet falsch und um fünfzehn Kilometer verschoben ist. Das war schon bei einer Karte vom nigrischen Aïr-Gebirge der Fall. Wenn man sich zu sehr auf die Angaben verlässt, kann man in eine Falle geraten.

Schließlich entdecke ich einen kleinen Brunnen in In Tefuk, an der äußersten Spitze des Plateaus. Hier treffe ich einen Tuareg namens Akassa und seinen Sohn, die sich beide ebenso vorsichtig verhalten wie ich. Ihre Kamele sind in einer Schlucht verborgen, aber ich hatte ihre Spuren seit langem bemerkt. Wir unterhalten uns über die von Patrouillen befahrenen Strecken, über die Wasserstellen ... Ich liebe den algerischen Süden, das Land, die Leute.

Akassa ist mittelgroß und hellhäutig. Seine untere Gesichtshälfte ist nicht von dem traditionellen Schleier der Tuareg verdeckt, wodurch er mehr aussieht wie ein Araber. Während des halben Tages, den ich in In Tefuk verbringe und ausschließlich dazu nutze, die Kamele weiden zu lassen, bittet er mich kein einziges Mal um irgendetwas für sich selbst. Im Gegenteil, gleich zu meiner Ankunft greifen er und sein Sohn nach ihrem *delu,* ihrem ledernen Schöpfeimer, und schöpfen reichlich Wasser, um meine Kamele zu tränken, obgleich ich mich lebhaft dagegen verwahre. Ich ziehe es nämlich vor, meine Tiere selbst zu tränken, um ihnen zu zeigen, dass ich ihnen zwar einerseits viel abverlange, andererseits aber ganz genau weiß, wie weit ich gehe, und sie für die Anstrengung entschädigen kann. Ein Kamel ist wie ein junger Hund, den man unbedingt von eigener Hand füttern muss.

Ich breite gleich meine Decke unter einer kümmerlichen,

dornigen Akazie aus, die einen kurzlebigen Schatten spendet. Das Biwak meiner Gastgeber steht, vor Blicken geschützt, ein paar hundert Meter weiter in einem engen Tal, denn das Wasser des Brunnens kann Schmuggler, Rebellen oder auch die reguläre Armee anziehen. Einige Schritte entfernt bezeugt der Kadaver eines toten Kamels, dass hier jemand vorbeigekommen sein muss.

Ich kann mein weißes Kamel nicht aus den Augen lassen, denn die offene Wunde, die ihm im Aïr von seinem Begleiter zugefügt worden ist, lockt unweigerlich die Raben an. Durch ständige Pflege und behutsame Behandlung beginnt die Wunde, sich allmählich zu schließen. Doch jeden Augenblick kann das eine oder andere Federvieh auftauchen, sich auf den Höcker setzen, die nur unvollständig vernarbte Wunde mit seinem Schnabel aufpicken, um Fleischfetzen herauszulösen, und die Wunde dadurch anfrischen. Das ist übrigens auch der Fall. Und nachdem ich mehrmals unter lautem Geschrei hervorgestürzt war, um die Aasfresser in die Flucht zu schlagen, beschließe ich, seinen Rücken mittels einer an der richtigen Stelle befestigten Decke zu schützen.

Diese mehrstündigen zwangsläufigen Marschpausen, die ich nur gelegentlich einlege, wenn ich denke, dass die dürftigen Weidegründe der vorangegangenen Tage eine Stärkung der Kamele erforderlich machen, wecken in mir jedes Mal das wilde Verlangen, so schnell wie möglich den Weg fortzusetzen. Wenn ich nicht die unberührten Weiten durchlaufe, fange ich zunächst an, mich zu langweilen. Und dann ist es mir, als fehlte mir irgendetwas. Auch wenn ich mir beim Marschieren tagelang nur eines wünsche: ein bisschen Ruhe. So bin ich ein fortwährend Unzufriedener, der Typus, mit dem man im normalen Leben nur schwer auskommen kann. Nachdem Akassa mich das eine oder andere Mal besucht hat, verbringe ich den Rest des Tages damit, meine Augen wieder daran zu gewöhnen, Gegenstände aus der Nähe zu untersuchen: eine Ameise, die sich zwischen groben Kieselsteinen hindurchwindet, ein »mula-mula«, ein weißköpfiger Schmätzer, der, überhaupt nicht scheu, in einem Meter Entfernung auf dem Knauf meines Sattels sitzt ... eine harmlose Solifuga, eine riesige gelbliche Walzenspinne von beachtlicher Schnelligkeit, die sich unter der meinen Lebensraum begrenzenden Decke zu verstecken sucht ... die spitzen Akaziendornen, vor denen man sich, besonders barfuß, in Acht nehmen muss ... Alles hält den Blick und die Aufmerksamkeit gefangen. Eine ständig wache Empfindsamkeit. Hingerissensein. Freude.

Am nächsten Tag, als ich zwischen den Erdpfeilern dahinziehe, bemerke ich unzählige Felsgravierungen. Eine richtiggehende Gesamtdarstellung des steinzeitlichen Lebens. Tausende und Abertausende von Gravierungen schildern Jagdszenen und zeigen den ganzen Tierbestand der Zeit: Giraffen, Löwen, Zebus ... Alles ist schutzlos dem Wüstenwind preisgegeben. Der Hintergrund ist in einen milchigen Nebel getaucht und erscheint ganz eigenartig, aber wunderschön. Hin und wieder müssen die Kamele zwischen Felsformationen durchgehen, die oben zusammenlaufen. Zuweilen sind es richtige Tunnel, die sie im Trab passieren, um schneller wieder herauszukommen.

Hier suchten wohl die alten Jäger oder Hirten Schutz und bezogen Quartier. Oder sie trieben ein gehetztes Wild hinein, dem sie auf der Spur waren. Jeder Stein, jeder Felsen hat eine Bedeutung, eine Seele. Man rechnet fast damit, hinter dem nächsten gewaltigen Felsen einen nackten Jäger auftauchen zu sehen, braunhäutig, hoch gewachsen und mit einer Lanze bewaffnet, wie einer von denen, die auf den Felsgravierungen dargestellt sind. Lodert in diesem oder jenem Unterschlupf nicht ein Feuer, das von jenen Männern unterhalten wird, die den Funken nicht kannten, wie es auch heute noch bei bestimmten Nomaden der Fall ist, die ihr Feuer ständig nähren, um es nicht wieder durch das Reiben eines Feuersteines an einem metallischen Gegenstand entfachen zu müssen?

Man »spürt« die frühere Anwesenheit von Menschen. Sie ist richtig greifbar. Hier, drei Steine, die eine Herdstelle markieren. Dort wieder Gravierungen. Kilometerweit. Aber Giraffenherden, Löwen und Leoparden sind verschwunden. Die Wüste ist allmählich bis hierhin vorgedrungen und bewahrte durch ihre Trockenheit und Unzugänglichkeit jedes auch noch so geringe Anzeichen auf, das die Menschen im Laufe der Jahrtausende hier hinterlassen haben.

Aus Aberglauben und aus Vorsicht verschweige ich die Namen dieser magischen Orte. Ich habe keinerlei Verlangen danach, dass diese Gegend sich in einen Ort für Spazierritte auf Eseln oder in eine Müllhalde verwandelt, wie es vielleicht anderswo der Fall sein mag. Mit Chartermaschinen und Toyotas kann man heute diese Art von Wunder vollbringen ...

Der Untergrund geht von Sandstein in härteres Gestein über. Die Farbe der Felsen wechselt von Ockerfarben in Schwarz. Hier beginnt das Massiv der Adrar des Iforas, das die Grenze zwischen Algerien und Mali markiert. Es besteht aus tiefen Tälern, die von Süden nach Norden verlaufen und die man ständig überqueren und dabei Hänge von schwarzem Geröll emporklettern muss.

Die Kamele sind sehr schlecht an diesen Boden gewöhnt. Es sind Sandkamele, die sich in felsiger Umgebung höchst unwohl fühlen. Daher muss man die abschüssigen Stellen mit der größten Vorsicht angehen. An einer Stelle sträubt sich sogar das weiße Kamel und weigert sich weiterzugehen. Ihm ist sichtlich unbehaglich zu Mute. Ich beeile mich, den Zügel des zweiten Tieres loszumachen, dessen Hinterbeine wegrutschen und ins Leere treten. Gerade noch rechtzeitig, um zu sehen, wie das Tier über mehrere Meter den Geröllhang hinabrollt und am Grunde der Schlucht reglos liegen bleibt. Mir ist vor Schreck fast das Herz stehen geblieben, und ich stürze hinunter und sehe, wie sich das Kamel unversehrt wieder aufrichtet. Wäre das andere von ihm mitgerissen worden, so hätte das einen Knochenbruch und somit sein Ende bedeutet. Es ist nicht mehr das gescheckte Kamel, sondern ein weißes, das ich für ein halbes Vermögen im Talak, am Ausgang des Aïr, erstanden habe.

Eines Abends, kurz vor Einbruch der Dunkelheit, beschließe ich, in einem grasbewachsenen Tal zu kampieren. Ich habe kaum meine Sachen ausgebreitet, und die Tiere haben gerade angefangen, ein paar Meter weiter weg zu grasen, da bemerke ich in einiger Entfernung ein kleines Biwak. Sie nähern sich: ein Mann und sein Sohn, Malier vom Stamm der Kel Iforas. Es genügen wenige Worte. Ihre Geschichte kann man leicht an ihrem Äußeren ablesen. Der Sohn, noch ein Kind, hat ein gebrochenes Nasenbein, die Folge eines Schlages mit dem Gewehrkolben. Der Vater trägt einen Militärparka, an dem noch immer das Blut klebt. Die Erklärung ist einfach: von blindem Hass regierter Überfall des Militärs auf ein malisches Lager; das Kind will seine Mutter beschützen, die Mutter wird erschossen, der Vater rächt sich, die Kamele gehen verloren, das Herumirren beginnt.

Am nächsten Tag ein anderes kleines Lager. Eine alte Frau, ein paar Ziegen, ein etwa zwanzigjähriger Mann, ihr Sohn, mit unbedecktem Kopf, ohne *chech*. Er spricht besser Arabisch als Tamaschek, da er jahrelang in der heute aufgelösten libysch-islamischen Fremdenlegion gedient hat. Er ist an der Hand verletzt und bittet mich um Medikamente, die ich aber nicht habe. Er ist es gewohnt zu kämpfen.

Ich muss noch einige Tagesmärsche im Gebirge zurücklegen, bis ich schließlich in ein breites, diesmal nach Westen verlaufendes Wadi gelange, das Wadi In Jezzal. Die Gebirgslandschaft des Adrar des Iforas flacht allmählich ab. Wenn ich dem Wadi folge, müsste ich im Laufe des Tages nach Timiaouine kommen. Wir haben den 26. März. Ich bin mir bewusst, dass ich gegenwärtig die vorläufig letzten Gebirgsausläufer passiere. Der darauf folgende Streckenabschnitt ist wahrscheinlich bis nach Mauretanien hinein gleichmäßig eben. Nach einem kurzen Halt, um meinen *sarouel,* die weite arabische Hose, zu wechseln (damit ich einigermaßen sauber aussehend ankomme), betrete ich gegen Mittag den kleinen Posten Timiaouine.

Mir ist ziemlich bange vor dem Empfang, den man mir bereiten wird: Der letzte Stempel in meinem Pass stammt von meiner Ausweisung aus dem Tschad. Wie viele Kilometer habe ich seitdem zurückgelegt und wie viele Grenzen ohne Beachtung der Gesetze überschritten? Doch die Behörden erweisen sich als sehr entgegenkommend. Es ist die Zeit des Ramadan, und die dort Beschäftigten sind alle begeisterte Anhänger des FIS, der islamischen Heilsfront. Der Anblick dieses »weißen

Nomaden« erinnert sie an die Zeiten vor vielen hundert Jahren, wo alle Araber des Maghreb noch Beduinen aus Saudi-Arabien oder dem Nahen Osten waren. Zeiten, wo das Leben vielleicht härter, aber dafür einfacher war.

Während der zwei Tage, die ich dazu benutze, meine durchgescheuerten Kleider flicken zu lassen und mich in dem einen oder anderen Kramladen mit neuen Vorräten einzudecken, faste ich wie sie, einerseits aus Respekt, andererseits weil es ohnehin dem gewohnten täglichen Rhythmus entspricht, den ich im Laufe der Monate angenommen habe: eine Mahlzeit am Tag, und zwar abends. Nach Einbruch der Dunkelheit gemeinsames Fastenbrechen in der Zollstelle. Einige Araber kommen nach dem Essen, um sich mit mir zu unterhalten.

»Was arbeitest du?«

»Ah, ich bin Schmuggler ...«

Vor den Zöllnern, die natürlich herzlich lachen. Katz-und-Maus-Spiel in einer unermesslichen Wüste, wo die ersten immer im Vorteil sind. Die meisten sind Lastwagenfahrer vom Stamm der Chaamba aus Touggourt, Aoulef oder Reggane ... Man setzt mich gleichwohl davon in Kenntnis, dass ich Algerien über den Grenzposten von Bordj Moktar zu verlassen habe. Ich schaue Boualem, den Zöllner, verblüfft an.

»Bordj Moktar? ... Na gut, wenn du willst!«

Er schaut mich neugierig von unten her an. Er hat längst begriffen, mit was für einem Menschen er es hier zu tun hat. Deshalb fügt er lächelnd hinzu: »Ich warne dich. Ich werde nicht schlafen, solange du nicht Bordj Moktar passiert hast.«

Ich erwidere ihm, er solle sich nicht die Gesundheit ruinieren, weil er mich ja ohnehin niemals einfangen könnte. Am nächsten Morgen schleiche ich mit meinen Kamelen zwischen den großen Felsblöcken hindurch, die den Zugang zum Posten von Timiaouine verdecken. Nach zwei Kilometern ist das Problem gelöst: Eine Verfolgung ist unmöglich. Im Übrigen beginne ich mir selbst einzugestehen, dass dieses Versteckspiel schon zu einer regelrechten Sucht geworden ist.

Vierundzwanzig Stunden später bin ich in Mali. Wie erwartet, erweist sich die Landschaft als einheitlich flach und sandig. Nur vereinzelt ragt hie und da ein Bergkamm empor. Ich befinde mich am Südrand des Tanezrouft, einer Wüste, die fast noch trockener ist als der Ténéré und sich ganz allmählich mit dem Lemriyé vereinigt. Die Landschaft ist hier von einer perfekten Flachheit. Ich muss meine Wasserschläuche noch am Brunnen von Tessounfat, dem nördlichsten Brunnen, voll tanken, bevor ich endgültig in die Wüste eintauche.

An dem Morgen, als ich mich dorthin begeben will und gerade barfuß meine Tiere belade, schlüpft ein Skorpion zwischen meinen Beinen hindurch. Es ist noch fast dunkel, denn ich stehe lange vor Tagesanbruch auf, und man kann nur mit Mühe ihren durchscheinenden Körper wahrnehmen. Sie haben die schlechte Gewohnheit, sich unter den Wasserschläuchen zu verstecken, um von der über Nacht im Wasser gespeicherten Wärme zu profitieren. Das passiert mir nun schon zum dritten Mal. In der allerersten Nacht in Ägypten war mir ein schwarzer Skorpion auf den Arm gekrochen. Ich konnte ihn zwar abschütteln, aber es gelang nicht, ihn zu zertreten. Schwarzer Skorpion, schlaflose Nacht …

Auf der ganzen Reise durch das Lemriyé habe ich nur ein Ziel: mein Packkamel durchzubringen. Schon am ersten Tag in Mali stelle ich nämlich fest, dass es fürchterlich hinkt. Ich winkle sein Vorderbein an, um nachzusehen: Es hat noch einen wenig abgenutzten Hornschuh, aber dieser ist durch die Trockenheit buchstäblich in zwei Teile gespalten. In der Spalte setzen sich Steinchen fest, bis es blutet. Steinchen, die man mit dem Messer herauskratzen muss. Ich versuche alles, um die Hornsohle zu schützen. Ich opfere eine Ziegenhaut, um seinen Fuß zu verbinden. Das hält ein, zwei Tage, danach muss das Leder gewechselt werden, weil es durchlöchert ist …

Als ich wieder einmal seinen Fuß anheben will, um die Hornsohle zu untersuchen, macht das Kamel sein Knie steif. Ich ziehe heftiger. Da winkelt es plötzlich mit einer schnellen Bewegung sein Kniegelenk an und lässt mich in einer wunderschönen Pirouette durch die Luft fliegen. Ich lande auf dem Rücken zwischen seinen Füßen. Und dieser Dummkopf verliert den Kopf, versucht zu fliehen und trampelt mit den Hufen ein paar Zentimeter vor meinem Gesicht herum. Auf dem Bauch kriechend, mit schmerzenden Nieren, fasse ich seine Laufleine. Was werden sie sich noch alles ausdenken?

Bereits in Niger hat mir das andere einen Tritt mit dem Knie (das mit einer Lederhaut überzogen ist) ins Gesicht versetzt: zersplitterter Backenknochen. So folgen die Tage im Lemriyé aufeinander, während der Boden immer sandiger und immer flacher wird. Einige Dünen tauchen auf, und ich stelle fest, dass meine Kamele den Sand genauso wenig lieben wie den Fels, sodass wir uns mehrmals beim Abstieg von einer Düne in einer kritischen Lage wiederfinden: Zum Beispiel steckt das eine Kamel oben auf der Düne mit drei Beinen im Sand fest, während das andere weiter unten nicht mehr vom Fleck kommt.

Die Dünen dieser Gegend sind aber weit weniger schwindelerregend als im Erg von Bilma, am Ausgang des Tschad. Dort glich eine Düne einem richtigen Sandgebirge mit seinen Spitzen, seinen Pässen, seinen steilen Furchen. Hier ist es ein Wirrwarr aus lauter kleinen, weichen Dünen, die alle von Osten nach Westen verlaufen. Es ist nicht immer leicht, die Kamele dazu zu bewegen, diese sich ständig wandelnden Hindernisse zu überschreiten. Manchmal muss ich den Karabinerhaken lösen, mit dem der Zügel des Packkamels festgehalten wird, und die Tiere, eines nach dem anderen, den Abhang hinunterführen.

Vor einigen Tagen hat urplötzlich die Hitze eingesetzt ... Dadurch wird alles härter, mühsamer: die Handbewegungen, die langen Stunden im Sattel, das Marschieren. Trotzdem kann ich fast nie länger als zwei Stunden im Sattel bleiben. Ich habe das Gefühl, dem Tier zu viel abzuverlangen. Da zu sein und sich fortzubewegen ist schon an sich eine gewaltige Leistung. Von einem bestimmten Punkt an bin ich angespannt, und es schnürt mir die Kehle zu. Ich habe Gewissensbisse und Angst, ich könnte zu hohe Anforderungen an die Tiere stellen. Auch wenn die meisten Nomaden mit dem Hinterteil ständig am Sattel kleben und niemals laufen. Aber ich verlange von meinen Tieren, was noch keiner je von ihnen verlangt hat.

Der Tagesablauf entspricht jedenfalls einem unveränderlichen, beinahe strengen Rhythmus. Der Morgen beginnt immer mit einem zweistündigen Marsch, gefolgt von einer Stunde auf dem Kamelrücken, um schneller voranzukommen, dann wieder eine Stunde marschieren und so fort. Ich könnte natürlich ganz und gar machen, was ich will. Aber ich unterziehe mich einem gewissen »Timing«, das mich zunächst zum Laufen zwingt und anschließend den langsam verstreichenden Tag rhythmisch gestaltet. Ich weiß, dass die angenehmsten Stunden wie immer die beiden ersten sein werden. Dass die letzte Marschstunde die härteste sein wird. Dass ich sie am liebsten verkürzen und früher campieren möchte. Ich zwinge mich, auf die Uhr zu schauen, die Minuten zu zählen und ein paar Büschel *acheb* ausfindig zu machen. Zu versuchen, die Viertelstunde abzuschätzen, die ich brauche, um dorthin zu gelangen. Sodass die Ankunft genau mit dem schicksalshaften Augenblick zusammenfällt, da die rötlich schimmernde Scheibe den Horizont berührt.

Gegenwärtig ist die Mitte des Tages am schwierigsten zu ertragen. Während der heißesten Stunde läuft mir in einem fort der Schweiß von der Stirn. Jeder Zollbreit Haut muss von dem dichten Schleier bedeckt sein. Die heißeste Stunde verbringe ich damit, der Wüste die Stirn zu bieten. Ich hänge meinen Schleier und meine Tunika an den Sattel und laufe mit nacktem Oberkörper und unbedecktem Kopf. Die Sonnenstrahlen und der trockene Wind lassen jede Spur von Schweiß verschwinden. Ich muss das Brennen direkt auf meiner Haut spüren. Für mich ist das besser, als wenn ich unter dem Stoff schwitze. Und ich fühle mich, trotz der stechenden Sonne, unglaublich gut. Ich weiß, dass dies mit dem herannahenden Sommer nicht mehr möglich sein wird. Der Mensch ist dann gleichsam auf die Stufe eines Insekts herabgedrückt, und wie Nachtfalter und Mücken erwartet auch er die Dunkelheit, um sich emporzuschwingen. Alles wird von dem kosmischen Herd verbrannt und versengt, und Menschen und Tiere werden in dem spärlichen Schatten der Sträucher Zuflucht suchen, wobei jeder Weg, den man in der Sonne zurücklegt, eine Qual, ein unmögliches Unterfangen darstellt. Jedes Quäntchen Energie muss eingespart werden. Jeder Tropfen Wasser ist kostbar. Und wird der Geist angesichts dieser Herausforderung der Elemente durchhalten? Wenn er unter irgendeinem Vorwand aufgibt, kann man, einfach weil man genug hat, dort hinter einer Düne oder bäuchlings auf einem weniger heißen, steinigen Untergrund zusammenbrechen und sich von der Wärme des Bodens durchdringen lassen ... sich einfach der Schwerkraft hingeben, durch die der schlaffe Körper zu Boden sinkt, und hinterher kostet es die doppelte Anstrengung, sich wieder aufzurichten. Ich habe den Gedanken daran stets mit einer Art Besessenheit oder Schrecken zurückgewiesen. Es ist dieser starke Wille, der mich aufrechterhält. Und die Kamele – da bin ich mir jetzt ganz sicher – funktionieren ebenso. Mit dem Vorteil, dass sie vom Körperbau her an die Wüste angepasst sind. Aber wenn der Sommer erst richtig anfängt, wer kann schon sagen, was passiert ...?

An diesem zwölften Tag seit dem Aufbruch vom Timiaouine suche ich den Brunnen von El-Mraiti, den zweiten malischen Brunnen nach Tessounfat. Nach einigem Suchen im Sandwind – der in Mali oft ein Staubwind ist, der die Sicht erheblich vermindert –, entdecke ich schließlich ganz in der Nähe auf einer Anhöhe Hunderte von Kamelen, manche aufrecht stehend, andere wiederum in kleinen Gruppen ruhend. Das Ganze erinnert an einen Ameisenhaufen. Ein erstaunlicher Anblick, der nur anhand weniger Spuren vorauszuahnen war. Sobald die Herde getränkt ist, zieht der Besitzer mit seinen Tieren weiter. Es sind andere Nomaden, die einer anderen Welt angehören. Keine Tuareg mehr, sondern Reguibat und Kunta, auch einige Berabisch, doch diese sind gewöhnlich mehr im Süden anzutreffen. Von El-Mraiti erfordert es nur noch eine kleine Anstrengung, um nach Arauan zu gelangen. Normalerweise zweieinhalb Tage, und die Kamele sind gerettet, besonders das Packkamel.

Kurz nachdem ich vom Brunnen aufgebrochen bin, begegne ich einer Kamelherde, die von Reguibat-Nomaden geführt wird. Die beiden Hirten bewegen sich im Laufschritt von Düne zu Düne und treiben beständig die Tiere zusammen. Das sind wirklich Nomaden, wie ich sie mir vorstelle! Ein kleiner gezähmter Fennek, ein Wüstenfuchs, hilft ihnen bei der Arbeit. Er trottet zu beiden Seiten der widerspenstigsten Tiere und bringt sie unermüdlich zum Gros der Herde zurück. Es überrascht einen, zu sehen, wie dieses kleine Geschöpf Tiere lenkt, die zwanzigmal größer sind als es selbst. Diese Reguibat sind heute hier. Nächsten Monat werden sie vielleicht im Hank oder in der Westsahara sein, zweitausend Kilometer von hier entfernt. Gewiss sind sie noch die letzten echten, großen Nomaden. Im Umgang mit ihnen gibt es überhaupt keine Probleme: Sie bieten mir Tabak an, den man aus einer winzigen Pfeife raucht. Sie sind glücklich und leiden offensichtlich unter keinerlei Mangel.

Am 10. April erreiche ich sehr früh am Morgen den Posten von Arauan, den einzigen bewohnten Ort auf meiner Route durch Mali. »Bewohnt« ist vielleicht etwas zu viel gesagt. Es gibt keine Behörde, nur ein Dutzend sesshafter Familien in Behausungen aus Banko sowie ein altes, nicht mehr benutztes französisches Fort … Allerdings liegt Arauan an der Straße der Salzkarawanen zwischen Timbuktu und Taudeni. Alle Karawanen machen hier halt, manche zum dritten oder vierten Mal in diesem Jahr, denn die Saison neigt sich ihrem

Ende zu. Das sieht man: Die Kamele sind klapperdürr und haben Wunden, die von den Salzbarren noch zusätzlich angegriffen werden. Ihre Hornsohlen sind durchgewetzt. Manche kommen einem vor wie richtige Zombies. Völlig unbrauchbar. Ich bemerke gleich bei der Ankunft am Hauptbrunnen die schlechte Qualität der Tiere. Einige Berabisch bereiten mir einen freundlichen Empfang. Als ich mich bücke, um mein Reitkamel zu fesseln, versetzt es mir mit dem Hornschuh einen Tritt in den Nacken, der mächtig genug gewesen wäre, um einen Büffel niederzustrecken. Ich schwanke, ein schwarzer Schleier legt sich vor meine Augen. Ein Nomade stürzt herbei und fängt mich in seinen Armen auf. Nur von meinem Willen angetrieben, mache ich mich aber sofort los, und ohne mir meiner Bewegungen bewusst zu sein, lege ich den Tieren die Fußfesseln an, sattle sie ab und breche schließlich, endgültig betäubt, ein paar Schritte weiter zusammen. Das alles nur, um meine Kamele nicht fremden Händen zu überlassen.

Mehrere Stunden später tauche ich aus der Benommenheit auf. Keinerlei Erinnerung an meine Ankunft in Arauan. Zwar habe ich noch das Bild vor Augen, wie ich mich dem alten verlassenen Fort nähere, das die Düne überragt, aber alles Weitere ist verschwommen. Die Nomaden erklären mir, ich hätte mich in einem Zustand von Bewusstlosigkeit abgemüht, meine Kamele ruhig zu stellen, die durch das Wasser und die für sie ungewohnte Gegenwart von Menschen nervös geworden waren. Außer in El-Mraiti waren wir seit einem Monat niemandem mehr begegnet.

Vor dieser Art Zwischenfall graut einem ständig, wenn man allein reist. Das geringste Problem kann sofort dramatische Folgen nach sich ziehen. Doch um nichts in der Welt wollte ich mich mit einer weiteren Person belasten. Dazu fühle ich mich allein mit meinen Tieren zu wohl. Vollkommen an die Umgebung angepasst, brauche ich niemanden. Dem Nomaden, der sich mir als Führer anbietet, antworte ich unverändert, dass ich keinen Führer brauche, um mich in die Irre leiten zu lassen. Das ist übrigens häufig der Fall: Die Nomaden kennen im Allgemeinen nur die Zonen an den Wüstenrändern, die sie gewohnheitsmäßig durchziehen. Anders ausgedrückt, die meisten von ihnen kennen nicht viel von der eigentlichen Wüste. Dafür kennen sie ihr Durchzugsgebiet allerdings umso gründlicher. Nur dort, wo ich mich gewöhnlich bewege, gibt es keine Züchter, sei es nun im Ash Shimaliya, im Ténéré oder im Lemriyé. So bewahre ich mir meine Eigenständigkeit.

Hin und wieder zögere ich vor einer weißen, weichen Düne, die wie alle Dünen im Lemriyé im Osten abgerundeter und im Westen steiler verläuft. Soll ich sie von rechts oder von links in Angriff nehmen? Mehr als einmal gehe ich schließlich geradewegs über sie hinweg. Nur um mir das Vergnügen zu gönnen, ein Relief in dieser platten Wüste voll auszukosten, und um den schönen Anblick der Landschaft zu genießen. Und natürlich auch, um den Weg der nächsten Stunden zu erfassen, ohne ständig Dünen vor Augen zu haben, die den Horizont versperren. So kann ich meinen Drang voll ausleben und in diesem menschenfeindlichen Raum frei umherziehen.

Ich halte mich vier Tage lang in Arauan auf. Ich muss bescheuert sein. Jedes Mal, wenn eine Karawane an einem der Brunnen eintrifft – im Schnitt eine pro Tag –, begebe ich mich an Ort und Stelle, um die Tiere zu begutachten. Diese geben ein jämmerliches Bild ab. Es sind wirklich die letzten Karawanen der Saison, die jetzt, Mitte April, hier ankommen, und alle befinden sie sich auf dem Rückweg. Keine von ihnen legt den Weg nach Taudeni noch einmal zurück. Es ist zu heiß, die Weidegründe sind erschöpft. Genauso wie die Tiere. Sie müssen keine Kegel aus geformtem Salz schleppen wie in Bilma, sondern aus einem Stück gehauene Platten. Der Arbeiter, der sie in Taudeni abbaut (jedermann kann dorthin gehen, die Minen stehen allen offen), erhält den Verkaufspreis jeweils eines von vier geförderten Barren, wobei sich seine Tagesleistung zwischen zwei und drei bewegt. Denn die Arbeitsbedingungen sind ganz offensichtlich sehr hart. Bis vor drei oder vier Jahren noch war das Salzbergwerk von Taudeni ein Straflager für politische Gefangene. Sie wurden einfach eingesperrt, wenn sich ein Team für Minenerkundungen oder archäologische Untersuchungen angekündigt hatte. Unter anderen hatte man auch den ehemaligen Innenminister dorthin gebracht, nachdem es ihm 1973 nicht gelungen war, die Hungeraufstände in Bamako wirkungsvoll niederzuschlagen.

Der Sommer ist jetzt schon fast eingekehrt, und bald wird niemand mehr herumziehen. Nicht um alles in der Welt. Die Wüste wird sich verhärten, unmenschlich und erbarmungslos werden. Und ich habe noch eintausendfünfhundert Kilometer zurückzulegen. Wenn es mir gelingt … Es ist sinnlos, darauf zu hoffen, unter den Salzkarawanen ein halbwegs passables Kamel zu finden. Hin und wieder kommen Herden, die von Berabisch-Arabern gehütet werden, zur Tränke. Die meisten der Tiere gehören Eigentümern aus Timbuktu, und die Hirten werden entweder mit Geld oder mit Kamelen mehr schlecht als recht entlöhnt, was sich an der miserablen Qualität der Tiere bemerkbar macht. Am dritten Tag nähert sich eine von einem Reguibat geführte Herde dem östlichen Brunnen. Es sind alles sehr tiefe, mit einem Überbau versehene Brunnen, und man kommt nicht darum herum, ein Tier zur Wasserhebung zu benutzen, um das Wasser mittels eines Seils und einer Rolle nach oben zu befördern.

Der Besitzer der Kamelherde kommt heran und grüßt mich kaum. Die Tiere zuerst. Er scheint ein lebhaftes Temperament zu haben, trägt einen Spitzbart, und seine Haare, die nicht von einem *chech* bedeckt werden, kräuseln sich im Wind. Er ist ganz mit seiner Arbeit beschäftigt: Sein Junge reitet auf dem Kamel, das in einem beständigen Kommen und Gehen ein fünfzig Meter langes Seil zieht. Er leert den aus einem Lastwagenschlauch gefertigten *delu* in ein oben abgesägtes Fass, während er gleichzeitig mit der Peitsche diejenigen Tiere seiner Herde vertreibt, die gemäß einer von ihm selbst festgelegten Rangordnung noch nicht an der Reihe sind. Ich streife zwischen den Tieren umher. Da wäre wohl dieses weiße kastrierte Männchen, ein Tier, das weder sehr kräftig noch beleibt ist, aber bei den Reguibat kann man fast sicher sein, dass es solide ist. Zwiegespräch auf Arabisch. Nein, er hat nicht die geringste Lust, mir sein Kamel zu verkaufen. Er mag es gern, und mein Geld schert ihn einen Dreck. Das ist ein guter Anfang.

Der Mann gefällt mir. Ich lasse nicht locker. Ich brauche ein gutes Kamel, um das *Aklé* zu durchqueren, ein Gebiet voll erschreckender Dünen, das mich von Mauretanien trennt. Er antwortet mir zwischen zwei Schöpfgängen, dass er, wenn es denn unbedingt sein müsste, damit einverstanden wäre, es mir gegen eine säugende Kamelstute mitsamt ihrem Jungen einzutauschen. Eine säugende Kamelstute mit ihrem Jungen? Aber ich habe doch gar nichts dergleichen. Nun ja, dann eben nicht. Das sei nicht sein Problem.

Er hat Recht. Trotzdem bringe ich noch eine ganze Weile damit zu, seine Tiere zu beobachten und ihnen nachzutrauern. Bisher habe ich immer die schönsten Tiere gekauft, aber wenn er die seinen nicht verkaufen will ... Die wirklichen Nomaden haben in der Tat keinerlei Beziehung zum Geld. Sie richten sich nach anderen Werten, den einzigen, die hier Gültigkeit haben. Ich ziehe einen Fotoapparat hervor, um dieses Bild eines echten Züchters zu verewigen. Und werde prompt mit einem Schwall von Beschimpfungen bedacht. Abermals hat er recht. Als letzten Ausweg treibe ich schließlich ein fettes weißes Berabisch-Kamel auf. Zumindest verfügt es über Reserven.

Ich bin überhaupt noch nicht richtig auf der Höhe. Ich habe weiche Knie, und mir ist schwindelig. Aber ich muss Arauan jetzt unbedingt verlassen und zumindest das Aklé Aouana durchqueren, bevor es zu heiß wird. Bisher wurde mir noch ein gewisser Aufschub gewährt. Es ist gewiss sehr heiß, aber noch nicht glühend, und mein Organismus hatte zumindest die Möglichkeit, sich langsam dem allmählichen Temperaturanstieg anzupassen. Der Abmarsch wird auf den nächsten Morgen bei Tagesanbruch festgesetzt. Die ganze Nacht werde ich noch von schrecklichen Schwindelanfällen heimgesucht, und ich kann deswegen kein Auge zutun. Selbst wenn ich vollkommen ausgestreckt daliege, schwirrt mir der Kopf, und ich habe das Gefühl, auf eine seltsame Weise zu schweben. Meine Unterarme sind schlaff, und ich bin nahezu unfähig, die Finger zu bewegen ...

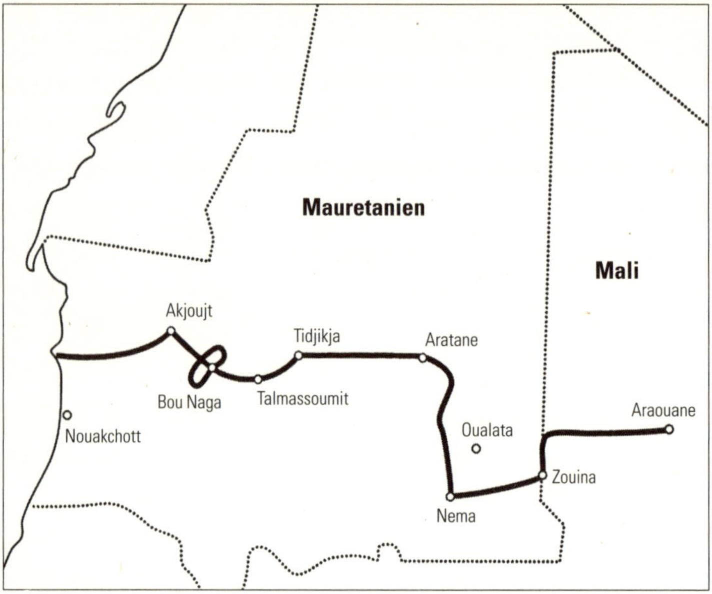
Mauretanien
Mali
Akjoujt
Tidjikja
Aratane
Bou Naga
Talmassoumit
Nouakchott
Oualata
Araouane
Zouina
Nema

Türkei
Syrien
Libanon
Israel
Jordanien
Irak
Iran
Kuwait
Bahrain
Katar
Vereinigte Arabische Emirate
Saudi-Arabien
Oman
Jemen
Tunesien
Marokko
Algerien
Libyen
Ägypten
West-Sahara
Mauretanien
Mali
Senegal
Gambia
Guinea-Bissau
Guinea
Burkina Faso
Niger
Tschad
Sudan
Sierra Leone
Liberia
Elfenbein-küste
Ghana
Togo
Benin
Nigeria
Dschibuti
Äthiopien
Zentralafrikanische Republik
Kamerun
Somalia
Äquatorialguinea
Gabun
Kongo
Demokratische Republik Kongo
Uganda
Kenia
Ruanda
Burundi
Tansania
Angola
Sambia
Malawi
Mosambik
Madagaskar
Namibia
Simbabwe
Botswana
Swasiland
Lesotho
Südafrika

Das Drama im Aklé

Eine gute Stunde vor Tagesanbruch sattle ich meine Tiere und hänge meine Wasserschläuche auf, die ich tags zuvor am Brunnen gefüllt habe: Im ganzen hundertzwanzig Liter, um das Niemandsland aus Dünen zu durchqueren, das Mali von Mauretanien trennt. Nur eine Expedition hat je das Aklé Aouana erkundet. Die von Lamarche, allerdings zu günstiger Jahreszeit und in Begleitung von Soldaten der Eingeborenen-einheit und Führern ... Bei dem Zustand, in dem ich mich befinde, ist dieses Unterfangen eigentlich der reine Wahnsinn. Ich verlasse die Umgebung von Arauan in westlicher Richtung, wobei ich zuerst dem Dünenkorridor folge, an dem das kleine, befestigte Bordj liegt, das man schon von weitem erblickt und das sich wie ein Leuchtfeuer für die in der riesigen, ockerfarbenen Weite verirrten Schiffe ausnimmt. Die Berabisch erzählten mir, dass sie noch vor gar nicht so langer Zeit eine Lampe anzündeten, um vom Weg abgekommene Karawanen zu leiten. Doch die Karawanen verkehren von Norden nach Süden und verlaufen sich niemals abseits der Kamelpiste. Sechs Stunden nach meiner Abreise besteht für mich bereits keine Aussicht mehr, noch welchen zu begegnen.

Sechs schwierige Stunden. Obwohl es bereits heiß ist wie im Brutofen, bin ich gezwungen, zu Fuß zu laufen, denn ich befürchte, die langsamen Bewegungen meines Reittiers nicht ertragen zu können.

Schließlich, nach stundenlangem Marschieren, kann ich nicht mehr anders: Ich muss reiten. Ich lasse mein Kamel niederknien. Es ist ausgeschlossen, dass ich es wie gewöhnlich besteige. Es unterwirft sich, und ich nehme unter großer Anstrengung in meinem Tuareg-Sattel Platz, der mehr einem unbequemen, wackeligen Hocker als einem richtigen Kamelsattel gleicht. Doch je nach Region hatte ich bisher immer den entsprechenden Sattel. Das Tier richtet sich unvermittelt wieder auf – noch immer das, welches ich auf dem Markt von Agadez gekauft habe –, und zum ersten Mal wäre ich um ein Haar heruntergefallen. Ich klammere mich an den kreuzförmigen Vorderknauf, ein zerbrechliches Gefüge aus Teborak-Holz. Normalerweise sollte man sich nie daran festhalten, weil man befürchten muss, ihn zu zerbrechen. Ich presse verzweifelt die Fußknöchel an den Hals des Tieres, das sichtlich nicht daran gewöhnt ist, so sanft gelenkt zu werden. Dann setzt wieder das langsame, für den Gang der Dromedare so typische Schwanken ein. Der Sand ringsumher kommt mir, trotz einiger grüner Farbtupfer von Halfagras und *had*-Sträuchern, unglaublich weiß und grell vor. Mein Blick verschleiert sich. Ich bin sogar schon so weit, dass ich die Augenlider schließe, damit mir nicht übel wird.

Dann kommt der Augenblick, wo ich jedes Gefühl für meinen eigenen Körper verliere. Das langsame Schwanken trägt noch zusätzlich dazu bei, dass ich vorübergehend völlig benommen bin, und jedes Mal, wenn ich wieder bei klarem Bewusstsein bin, überrascht, dass ich noch immer im Sattel sitze. Das kann nicht so weitergehen. Es ist viel zu gefährlich. Jeden Augenblick kann ich vom Kamel fallen und mir dabei etwas brechen. Und ich weiß, dass meine Kamele nicht auf mich warten werden. Nicht aus Boshaftigkeit, sondern einfach um Nahrung zu suchen. Wenn sie nicht bereits durch meinen Sturz erschreckt werden und in die Wüste Reißaus nehmen, was sehr wahrscheinlich ist. Eine ständige Angst, die nicht die geringste Unaufmerksamkeit duldet. Jetzt geht es überhaupt nicht mehr. Ich lasse mich am Hals hinuntergleiten, während ich mich mühsam an der Mähne des Kamels festhalte. Ich krame in der Seitentasche eines Sacks, ziehe meine aluminiumbeschichtete Decke daraus hervor, wickle mich hinein und breche direkt auf dem brandheißen Boden zusammen, die Laufleine des Leitkamels ums Handgelenk geschlungen.

Ich hoffe nur, dass nicht das eine oder andere von ihnen diese undeutliche, unter der Decke verborgene Gestalt zertrampeln wird. Eine Stunde, zwei Stunden. Es ist unmöglich, zu wissen, wie lange dieser halb komatöse Zustand der Bewusstlosigkeit andauern wird. Auch wenn es schwer fällt, muss ich mich wieder auf den Weg machen. Meine Beine sind schwer wie Blei, und hinter den Augenhöhlen und im Nacken sitzt ein dumpfer Schmerz.

Mit dem abendlichen Absinken der Temperatur stabilisiert sich meine Lage spürbar. Ich steige wieder auf mein Kamel. Gerade im richtigen Augenblick, um in einer Dünenvertiefung ein Nomadenzelt zu entdecken. Mit Sicherheit das letzte, da die Hirten zurzeit nur selten in einer Entfernung von mehr als fünfzig Kilometern von einem Brunnen nomadisieren. Ein oder zwei Tagesreisen, wenn es hoch kommt. Nun gibt es aber im Westen bis nach Oualata, das fast fünfhundert Kilometer entfernt auf der anderen Seite der Dünen liegt, keinen Brunnen mehr. Ein quasi unbekanntes Gebiet.

Als ich in Sicht komme, bewegen sich drei Frauen auf mich zu und stellen sich mir in den Weg. Sie verlangen nichts von mir. Sie sind nur gekommen, um den blonden Fremdling zu begutachten, in dessen leuchtender Haarpracht sich die Helligkeit der Sonne spiegelt. Von weitem, ohne *chech,* mit einem *sarouel* und Sandalen bekleidet, ist es das einzige Merkmal, das auf einen *nasrani* hindeutet. Ein anderes Zeichen dafür ist, dass es niemandem sonst je einfallen würde, nach Westen zu ziehen. Sie nähern sich also, kichernd und errötend, und bedeuten mir, ich solle mein Biwak neben ihrem Zelt aufschlagen. Sie sind nur zu dritt, und sie würden sich, wie sie sagen, sehr über meine Gesellschaft freuen. Nur eine von ihnen ist wirklich hübsch, mit brauner Haut, Gazellenaugen und Haaren, die in feine Zöpfe geflochten und hinten festgesteckt sind. Jedenfalls haben die beiden Kamele scheinbar noch eine sehr stolze Haltung. Ich bin überzeugt, dass sie selbst spüren, wann sie sich sträuben müssen. Dann werfen sie den Kopf hoch und lassen ihre Muskeln buchstäblich anschwellen. Nein, es tut mir wirklich leid, ich fühle mich zu schlecht. Im Übrigen würde ich eine jämmerliche Figur machen. Ich habe nur ein Verlangen: mich mit dem Kopf zwischen den Händen auf dem Boden auszustrecken. Also dann: »*Salam!*« Eine Stunde später befinde ich mich in ausreichender Entfernung, um keinen nächtlichen Überfall befürchten zu müssen. Ich rolle meine Decke aus, sattle rasch meine Tiere ab und lasse mich zu Boden sinken, wo ich bis zum nächsten Morgen in einer Art Bewusstlosigkeit liegen bleibe.

Am darauf folgenden Tag verbessert sich die Lage ein wenig. Aber es ist schwierig, vorauszusehen, wann man auf dem Kamelrücken möglicherweise das Bewusstsein verliert. Je weiter ich vordringe, desto dichter rücken die Dünen zusammen, und die Durchlässe zwischen den einzelnen Dünen werden immer enger und unregelmäßiger. Ich komme nun allmählich ins Aklé. Die Spuren von weidenden Kamelen verschwinden mit der Zeit. Dafür erscheinen zahlreiche Spuren von Straußen und Trappen. Manchmal auch von Wüstenwaranen. Ein Hase huscht hinter einem *zbad*-Büschel hervor und sucht das Weite. Er hat bis zur letzten Sekunde gewartet, um sein Versteck zu verlassen, praktisch unter dem Fuß meines Kamels.

Das Schauspiel dieser überstürzten Flucht erheitert mich und verleiht mir wieder richtige Lebensfreude, wobei es mich gerade dadurch mit der umgebenden Trostlosigkeit versöhnt. Zum Spaß richte ich mich im Kamelsattel auf und stoße einen unheimlichen, wilden Schrei in Richtung des fliehenden Tieres aus. Was bewirkt, dass es seinen Lauf noch beschleunigt.

Ganz allmählich komme ich wieder zu Kräften und kann auch wieder die notwendigen Handgriffe verrichten. Es war an der Zeit, denn die Dünen schließen sich. Ich werde meine ganze Aufmerksamkeit brauchen, um die besten Durchlässe zu suchen, die Tiere hindurchzuschleusen und gleichzeitig einen geraden Kurs beizubehalten. Die Dünenformationen sind sehr merkwürdig und gleichen in keiner Weise irgendeinem Phänomen, das ich vorher kennen lernte. Wenn man die Dünen von Osten angeht, sind die Hänge noch relativ sacht, doch ihre Spitzen stellen ein außerordentlich kompliziertes Gefüge mit Höhenunterschieden in allen Richtungen dar. Stellenweise ist der Sand sehr fein, und man sinkt bis zu den Knöcheln darin ein. Das ist bei den Weichsanddünen der Fall, die sich in Abhängigkeit des Harmattan verlagern. Auf der Westseite sind die Hänge zuweilen schwindelerregend steil und meist unbegehbar. Man muss sich dann in ewig langen Serpentinen über die sanftesten Schrägen winden, um den Kamelen eine langsam kriechende Fortbewegung zu ermöglichen. Es gibt keine Dünengassen, durch die man vorankommen könnte. Das Ganze ist ein unentwirrbares Durcheinander aus Weichsanddünen und Wanderdünen. Manchmal stößt man am Grunde von jäh abfallenden Hängen auf Mulden, in denen der Sand sich gegen ein unsichtbares Hindernis angesammelt hat. Das sind die wenigen Stellen, an denen man einen festen Untergrund, zuweilen sogar einen vereinzelten Baum finden kann.

In dem Maß, wie ich fortschreite, verschwinden schließlich sogar die Straußenspuren, ebenso die Gazellenspuren. Es sieht fast so aus, als schreckten die in freier Wildbahn lebenden Tiere davor zurück, bis ins Herz des Aklé vorzudringen. Die Kamele sträuben sich, plagen sich durch den brennend heißen, weichen Sand und zwingen mich dazu, unvorstellbare Umwege zu machen, um einer zu abschüssigen, unüberwindlichen Sandmauer auszuweichen. Manchmal geht das so weit, dass ich mich nach Osten, in die entgegengesetzte Richtung wende. Frustrierend. Ich versuche, die Tiere nach Möglichkeit zu entlasten, indem ich so viel wie möglich laufe, besonders dann, wenn das Hindernis sich als schwierig erweist. Zuweilen sind es Dünen mit einer Neigung von siebzig Grad, die sie vorsichtig, einen Fuß vor den anderen setzend, in Angriff nehmen, während ihr ganzes Sprunggelenk im beweglichen, weißglühenden Sand einsinkt. Und so geht es Stunde um Stunde. Tagelang.

Am vierten Tag nach meinem Aufbruch aus Arauan und am zweiten Tag meiner Reise durch die Dünenlandschaft dehnt sich das Aklé immer noch unendlich weit vor mir aus. Zwecklos, sich auf die Karten zu verlassen; sie sind falsch. Die ganze Sandformation hat sich nach Süden und Osten hin verschoben und damit jegliche Berechnung über ihr voraussichtliches Ende unmöglich gemacht. Was die eigentliche Oberflächengestalt anbelangt, so verlagern sich die Dünen nicht selten im Abstand von einer Woche, wobei sie die Landschaft ständig wie in einem riesenhaften Kaleidoskop verändern. Man muss den Kurs ein für alle Mal festlegen, auch auf die Gefahr hin, dass man oft aufs Geratewohl nach Norden oder Süden ausweicht, wenn ein Hindernis sich als zu gewaltig herausstellt. An der täglichen Durchschnittsleistung macht sich das bemerkbar. Ein schwerwiegendes Problem: Die Tage, die man ohne Wasser auskommen kann, sind gezählt. Man darf sich nicht den geringsten Orientierungsfehler leisten. Mein Wasserverbrauch steigt ins Unermessliche an: manchmal fünfzehn Liter am Tag. Die Anstrengung ist zu gewaltig und die Hitze glühend. Im Winter konnte ich den ganzen Tag ohne zu trinken auskommen. Hier muss ich tagsüber im Durchschnitt einen Liter pro Stunde zu mir nehmen ... und während der Nacht zwei- oder dreimal zum Trinken aufstehen. Jede Ruhepause birgt eine tödliche Gefahr, denn die Wasserreserven nehmen ab, aber die Entfernung zum Brunnen vermindert sich nicht. Einfache Rechnung: hundertzwanzig Liter, fünfzehn Liter am Tag, fast fünfhundert Kilometer, also höchstens zehn bis zwölf Tage in den Dünen. Keinesfalls darf mir ein Irrtum unterlaufen.

Normalerweise müsste ich mich heute genau im Zentrum

des Aklé befinden. Schon gestern ließen die Kamele ihre Erschöpfung erkennen. Es gibt ein bisschen Grün, und ich lasse sie von Zeit zu Zeit weiden, auch wenn sie sich dadurch nur ein wenig das Maul anfeuchten. Doch habe ich irgendwie den Eindruck, dass sie weniger gierig nach Futter sind, und ich sehe, dass sie sich immer mehr abquälen. Immer öfter weigern sie sich, steile Abhänge hinauf- oder hinunterzusteigen. Zuweilen geraten sie sogar in Panik und entwickeln ungeahnte Kräfte, um sich aus einer schwierigen Lage zu befreien.

Am Ende des fünften Tages befinden sie sich in einem unbeschreiblichen Zustand. Ihre Erschöpfung offenbart sich verblüffend schnell. Innerhalb von höchstens vierundzwanzig Stunden. Ich lasse die Tiere am Gipfel eines abgerundeten Dünenkamms niederkauern, der einen tief in die sandige Umgebung eingeschnittenen Kessel überragt. Das weiße Tuareg-Kamel, dieses prächtige Tier, auf das ich so stolz war, vermag sich fast nicht mehr niederzulegen und zittert auf seinen schwachen Beinen. Seine einst muskulösen Schenkel erscheinen mir jetzt mager und faltig. Hinter den letzten Rippenpaaren sind seine Flanken eingefallen. Seit einiger Zeit legt es sich abends, statt wie gewöhnlich zu weiden, auf die Seite und biegt seinen Körper zurück, wobei es mit seinen Hornsohlen ein wenig im Sand herumkratzt. Ein sehr schlechtes Zeichen, obwohl manche Kamele das auch tun, ohne erschöpft zu sein.

Am nächsten Morgen finde ich die beiden Tiere unten im Kessel wieder und muss sie von dort heraufholen. Das ist ein dramatisches Unterfangen. Das Tuareg-Kamel erhebt sich unter großer Mühe. Ich muss es praktisch gegen die Dünenwand drängen, damit es das Gleichgewicht halten kann. Ihm ist schwindelig. Wie mir ein paar Tage vorher. Angeschirrt bewegt es sich nur noch, Brust gegen Kruppe, hinter dem anderen, dem Berabisch-Kamel, her, als bedürfe es der Unterstützung und Leitung.

Und das bringt das malische Kamel, das ganz und gar nicht daran gewöhnt ist, einen Marsch anzuführen, völlig durcheinander. In Wirklichkeit lässt es nun erst richtig seinen willenlosen, laschen Charakter erkennen. Es zeigt ganz und gar das Verhalten eines kastrierten Tieres, das offensichtlich nichts mehr vom Leben erwartet. Die an der Nasenscheidewand befestigte Schnur gibt in wenigen Stunden nach. Ich bemerke, dass es schon zuvor einen herausgerissenen Nasenflügel hatte. Es war also noch nie von großer Lebhaftigkeit. Im Übrigen erinnere ich mich jetzt an einen Jungen aus Arauan, der von ihm sagte, es kenne die Arbeit nicht. Und das ist wahr: stark, fett, aber träge. Ohne Zeit zu verlieren, durchsteche ich ihm sofort den anderen Nasenflügel. Doch meine größere Sorge gilt dem Tuareg-Kamel. Es geht nur noch vorwärts, wenn das andere sich auch bewegt, wie ein Automat. Wo ist das ungeduldige, temperamentvolle Tier von Agadez, das mir auf dem Markt entgegenlief? Dieses Tier hätte ich niemals verkauft. Nicht um alles in der Welt. Es ist unbestritten das schönste, das ich je besessen habe oder dem ich auch nur begegnet bin. Lebhaft, mit einer langen, im Wind wehenden Mähne, die im Trab bei jedem Schritt geschüttelt wird. Ich will es nur nach Mauretanien bringen und es dort, umgeben von anderen Tieren, einem Züchter anvertrauen. Auf diese Weise kann ich zurückkommen, wann es mir beliebt, ins erste Flugzeug springen und mein weißes Kamel, das den Frauen in den Lagern so gut gefällt, jederzeit wieder finden.

Natürlich kann von Reiten nicht die Rede sein. Bereits am

vorangegangenen Tag habe ich den ganzen Weg zu Fuß zurückgelegt. Innerhalb von ein paar Stunden ist dies zur Überlebensfrage geworden. Mittags brechen die beiden Kamele auf einer sandigen Anhöhe zusammen. Vor uns breitet sich, so weit das Auge reicht, ein Gebiet von sehr weichen, zerklüfteten und spitz zulaufenden Dünen aus. Verdammt! Ich breite eine Decke aus, befestige den einen Zipfel an dem im Sand steckenden Gewehr, den anderen am Sattelknauf und flüchte mich in den Schatten. Es herrscht eine Bullenhitze, und der Sand brennt wie glühende Kohlenstücke. Beim Marschieren war ich dermaßen abgestumpft, dass ich mir dessen gar nicht bewusst wurde. Aber jetzt merke ich, dass es wirklich die Hölle ist. Mein Thermometer ist nicht mehr zu gebrauchen. Seine Gradeinteilung geht nur bis fünfundfünfzig Grad Celsius, und die Nadel hat die höchste Markierung überschritten und sich dort verklemmt. Ich beschließe, den Abend abzuwarten. Das Problem besteht darin, dass man nachts die Passagen nicht aussuchen kann. Es ist also unmöglich, sich nachts zu bewegen. Und tagsüber herrscht von 10 Uhr morgens bis mindestens 16 Uhr die unmenschlichste Hitze. Der Wasservorrat ist genau berechnet, und dieser Umstand verbietet es, sich irgendwo länger aufzuhalten. Wie es im Augenblick aussieht, schaffen wir die vorgesehene Route ohnehin nicht. Ein Blick auf die Karte. Richtung Zouina im Südwesten. Hundert Kilometer hinter dem Aklé. Eine buchstäblich ungeheure Entfernung. Das hundertneunzig Kilometer westlich gelegene Oualata steht gegenwärtig nicht mehr zur Debatte. Wenn die Kamele sich nicht mehr erheben, bin ich tot. Als ich die drei von der Region verfügbaren Karten miteinander vergleiche, stelle ich fest, dass jede von ihnen etwas anderes angibt. Sehr ermutigend! Gegen 18 Uhr stehen die Kamele von selbst wieder auf. Sie spüren wohl, dass es ihr sicherer Tod wäre, wenn sie dablieben. Noch zwei Stunden, bevor die völlige Dunkelheit hereinbricht ... zwei Stunden, die von mehreren Zusammenbrüchen und Weigerungen begleitet werden.

20. April, tags darauf. Das Aklé dehnt sich endlos aus. Passagen mit Weichsand und abschüssige Wege müssen jetzt um jeden Preis vermieden werden, wenn ich nicht sehen will, wie eines der beiden Kamele zusammenbricht, um den ganzen Tag nicht mehr aufzustehen. Alle Tricks sind mir dafür recht: Ich ziehe ein Tier am Nasenring, dann, wenn es sich zu sehr sperrt, ziehe ich es an einem Strick, den ich um seinen Unterkiefer gelegt habe. Ich versuche, die Tiere zu leiten, indem ich sie von hinten schlage, wie man es bei den Schöpfbrunnenkamelen macht. Ich helfe ihnen mit einer Stimme, die bald versöhnlich klingt, bald anspornend.

Ich muss meine ganze Überredungskunst aufbieten, um einen Kilometer nach dem anderen zurückzulegen. Jeder Schritt bringt uns dem Brunnen näher und vergrößert meine Überlebenschancen. Denn es ist klar, dass man hundert Kilometer unmöglich zu Fuß zurücklegt. Und niemand kann einem hier zu Hilfe kommen.

Als die Kamele am späten Vormittag einen Baum erblicken, schlüpfen sie sofort unter die dornigen Zweige, um vor dem Abend nicht mehr aufzustehen. Trotz der gebotenen strengen Rationierung gebe ich ihnen fünf Liter Wasser, vermischt mit einem Kilo Zucker. Ein altes Rezept von Tubu-Karawaniers, um einem erschöpften Tier einen letzten Peitschenhieb zu versetzen. Mehr Wasser kann ich nicht mehr opfern.

Bis zum Abend führe ich einen ständigen Kampf mit dem

Tuareg-Kamel, das um jeden Preis versucht, mir das bisschen Schatten zu stehlen, über das ich unter meinem behelfsmäßigen Schutzdach verfüge. Wie am Vortag scheuche ich die Tiere mit einigen Peitschenhieben wieder auf. Ein paar schwere Stunden, und ich schlage nur zehn Kilometer weiter erneut das Biwak auf. Am nächsten Morgen, dem 21. April, ist mein erster Reflex wie jeden Morgen, mich nach den Kamelen umzudrehen, um mich zu vergewissern, dass sie auch wirklich noch da sind. Es ist noch dunkel. Ich stehe jeden Tag lange vor der Morgendämmerung, so etwa gegen fünf Uhr, auf.

Als ich meine Lampe auf die Tiere richte, bemerke ich sofort einen roten Schimmer in den Augen des Tuareg-Kamels. Rote Augen wie die eines Mutanten. Erschreckend. Ich trete näher heran: Es bewegt sich nicht. Ich berühre es. Es ist noch warm. Ich hebe einen Fuß. Er fällt steif wieder zurück. Keine Atmung. Kein Herzschlag. Es ist tot. Während der Nacht habe ich praktisch nichts gehört. Auch wenn ich schlafe, bleibe ich gewöhnlich wachsam, bereit, bei der geringsten Regung aufzuspringen. Jede Nacht; wenn ich mich auf dem bloßen Sand ausgestreckt habe, wird mein Schlaf von den rhythmischen Schwanzschlägen der ruhenden Kamele untermalt. Diese reflexartigen Schläge haben den Zweck, die Parasiten zu vertreiben, die in den After eindringen könnten. Das Geräusch wird vom Boden weitergeleitet und von meinem Gehirn registriert. Auf diese Weise schlafe ich im Allgemeinen besser, als wenn die Tiere in einiger Entfernung weiden. Es stimmt, dass ich in dieser Nacht nichts gehört habe. Jedenfalls ist es verblüffend schnell gestorben. Noch am Vortag schob es seine Schnauze unter die Decke, die mir als Schutzdach diente, und schien mir voll zu vertrauen. Wenn es noch ein paar Tage länger durchgehalten hätte, hätte ich es vielleicht retten und für den Rest seines Lebens auf saftigen Weiden halten können. Die Dünen des Aklé haben bereits begonnen, flacher zu werden.

Ich nehme ihm die Fußeisen ab, die ich gewöhnlich dazu benutze, es zu fesseln, und lasse es zurück. Eine morbide Wegmarke auf der Höhe einer Düne. Ich weiß nicht einmal, ob es in der Gegend Schakale gibt. Außer unzähligen Abdrücken von Vipern, vor allem in den zahlreichen Sandbecken, habe ich noch keine Spuren von tierischem Leben entdeckt. Die s-förmigen Spuren breiten sich stellenweise über beachtliche Flächen aus. Richtige Vipernnester. Bei der starken Sommerhitze kommen sie aus ihren Schlupfwinkeln hervor. Offensichtlich gibt es hier nur wenige räuberische Tiere, die ihnen gefährlich werden könnten. Normalerweise, wenn man ihre charakteristische Spur wahrnimmt, muss man äußerste Vorsicht walten lassen, um nicht zufällig auf die unter einer dünnen Sandschicht verborgene Schlange zu treten. Wenn aber die Spuren zu zahlreich sind, kann man nicht viel tun, außer bei jedem Schritt rasch nach unten zu sehen, wohin man den Fuß setzt. Im Zentrum des Aklé gab es nicht einmal Vipern. Hier trifft man sie dagegen in Hülle und Fülle an. Sollte das etwa ein Zeichen für das Ende der Dünen sein? Während eines sandigen Abstiegs habe ich einmal kaum Zeit, in fünf Metern Entfernung zu meiner Linken einen unauffälligen, silbrigen Blitz wahrzunehmen. Eine Viper, die sich bei meinem Herannahen wieder in den Sand eingräbt. Bloß nicht darauftreten! Einfach nicht darauftreten. In den lebensfeindlichen Wüsten, die ich bisher durchquerte, gab es praktisch keine Reptilien …

Seitdem das Berabisch-Kamel allein ist, kommt es fast nicht

mehr vorwärts. An jedem *zbad*-Busch bricht es zusammen. Da nützt es gar nichts, es zu schlagen, bis es blutet: Es erhebt sich, nur um zwei Kilometer weiter wieder zusammenzubrechen. Morgens musste ich ihm schon auf die Beine helfen. Auf der Seite liegend, hatte es nicht mehr die notwendige Kraft in den Hüften, um seine gewöhnliche kniende Position einzunehmen. Auch begann es schon, mit den Hornsohlen im Sand zu scharren.

Am Abend geht es mit ihm zu Ende. Es legt sich auf die Seite, unglücklicherweise mit dem Höcker nach unten in die Schräge der Düne. Indem ich es am Schwanz ziehe, versuche ich ohne Erfolg, es wieder aufzurichten oder in die richtige Richtung zu drehen. Vergebliche Mühe. An dieser Stelle erst wird mir auch meine eigene Erschöpfung bewusst, die ich bisher vor lauter Sorge um die Tiere nicht zur Kenntnis genommen oder verdrängt habe. Standortbestimmung. Noch fünfzig Kilometer bis zum Brunnen von Zouina. Es bleiben mir zwanzig Liter Wasser. Meine Chancen, dorthin zu gelangen, sind gering. Die meisten Überlebenslehrbücher nennen nur wenige Beispiele von Personen, die solche Entfernungen in dieser Jahreszeit überlebten. Zum Glück habe ich wenigstens etwas Wasser. Auf alle Fälle muss ich eine Entscheidung treffen und das Tier verlassen. Bei dem langsamen Rhythmus, den mir das Tier auferlegt hat, hätte ich bald nichts mehr zu trinken gehabt. Jetzt sind jedenfalls alle Unklarheiten aus dem Weg geräumt. Mein Leben wird von meiner eigenen Widerstandskraft abhängen.

Ein paar Minuten noch, um mir die Position des sterbenden Kamels und des Gepäcks einzuprägen, das ich hier zurücklasse. Ich gebe die bekannte Größe in den GPS-Navigator ein. Kurs auf 210. Ein Argos oder Sarsat-Transponder ist völlig nutzlos. Niemand kann hierherkommen. Weder im Auto noch per Kamel, denn es gibt hier niemanden, der in der Lage wäre, einen Standort zu berechnen. Und wenn es doch jemandem gelänge, dann würde er trotzdem zu spät kommen und nur noch eine ausgedörrte Leiche vorfinden. Zu dieser Jahreszeit geht alles sehr schnell. Ich habe es schon an meinen Kamelen gesehen. Wie sollte es dann erst bei einem Menschen sein … Ich muss jetzt aufbrechen. Die Dunkelheit ist schon seit einiger Zeit hereingebrochen. Ich lade mir den polymerisierten Wasserschlauch auf die Schultern. Ich weiß wirklich nicht, ob ich über die weichen, steilen Dünen hinweg die notwendige Kraft haben werde. Meine Sandalen haben mich vor einigen Tagen im Stich gelassen, und nun gehe ich entweder barfuß oder binde mir Schaumstoff um die Füße, wenn der Sand zu heiß ist. Das Brennen des Sandes auf den Fußsohlen ist furchtbar schmerzhaft. Von Algerien an legte ich einen guten Teil des Weges barfuß zurück. Die Temperatur ist mit Einbruch der Dunkelheit etwas zurückgegangen. Trotzdem bin ich schon nach den ersten paar Schritten schweißgebadet. Falls der Brunnen ausgetrocknet ist, besteht keine Aussicht, den nächsten zu erreichen. Ein durchaus möglicher Fall: Der Brunnen ist mit einer Tiefe von siebzig Metern angegeben. Wenn der Grundwasserspiegel noch ein wenig weiter abgesunken ist, haben die Nomaden mit Sicherheit diese Zone verlassen. Bei dieser Tiefe kann man nichts vorhersehen. Und die Dünen sind in dieser Gegend so beweglich, dass sie mit Leichtigkeit ein Wasserloch bedecken könnten. Zu sagen, dass ich zuversichtlich bin, wäre übertrieben, und alle Gedanken drängen sich in meinem Kopf. Dennoch marschiere ich mit der festen Absicht, nicht hier zu krepieren. Ich habe einen eisernen Willen. Seit dem Roten Meer habe ich *niemals* Halt gemacht, um mich auszuruhen. Niemals. Ich brach stets vor dem Morgengrauen auf und kam erst zur Ruhe, als die rötlich schimmernde Scheibe der Sonne mir gegenüber den Horizont berührte. Gegenwärtig kommt mir dieser körperliche Zwang, dem ich mich seit Monaten unterworfen habe, zugute. Schon lange höre ich nicht mehr auf meinen Körper. Aber es ist dennoch ein riesiger Unterschied, ob man frei, nur mit einem Leitstrick in der Hand durch die Wüste zieht und zudem die Gewissheit hat, dass zwei Kamele mit Wasser und Nahrung hinter einem laufen, oder ob man mühevoll durch die Nacht taumelt, während einem das Gewicht des Wassers in die Schultern einschneidet, man steile Hänge mit noch heißem Sand erklimmt und immer wieder hinfällt, wenn der Boden unter den nackten Füßen einbricht. Äußerst spärliches Mondlicht. Diese Nacht erinnert mich an die, in der ich die ägyptischen Linien in der Libyschen Wüste überquerte. Das ist jetzt schon sieben Monate her. Eine Ewigkeit, die ich damit zubrachte, die sandigen Weiten zu durchstreifen. Es war auch fast am anderen Ende des Kontinents.

Ein schwerer Geruch hat sich hartnäckig bei mir festgesetzt. Der Geruch nach Kamelschweiß. Sauer und stark haftet er an den Wänden der Wasserschläuche, die sie befördert hatten. Niemals zuvor habe ich diesen Geruch wahrgenommen, der für mich der Geruch ihres Todes ist. Mein eigener Schweiß mischt sich mit diesem an Krankheit und Verwesung erinnernden Duft und verfolgt mich. Ekelhaft. Die Pflanzen der allmählich beginnenden Buschlandschaft säuseln im Wind. Ich bin im Begriff, das eigentliche Aklé hinter mir zu lassen, was sich daran zeigt, dass die Pflanzenbüschel immer üppiger werden. Hin und wieder zwei phosphoreszierende Lichter: die Augen einer kleinen Wüstenspringmaus; oder ein heller Fleck, der sich mit großer Geschwindigkeit über den Sand bewegt – eine gelbe, dickleibige Walzenspinne. Bei Tagesanbruch gönne ich mir fünf Minuten Ruhe, bevor ich erneut aufbreche. Hoffentlich bin ich nicht allzu sehr von meinem Kurs abgewichen. Es wäre mir lieber, wenn ich nicht lange nach dem Brunnen suchen müsste.

Und plötzlich höre ich von rechts eine Ziege. Es ist noch fast dunkel, und man kann kaum die Umrisse ausmachen. In ein paar Stunden wird sich die Wüste wieder voll aufgeheizt haben. Ich überquere eine kleine Dünenkette in der Richtung, aus der das Geräusch kam, und erblicke im Halbdunkel eine weibliche Gestalt. Es ist zu Ende, ich bin gerettet!

Natürlich ist ein Weißer, der allein zu Fuß aus dem Osten durch die Wüste kommt, nicht gerade etwas Alltägliches. Ein paar Worte genügen, um ihnen meine Geschichte begreiflich zu machen, und sie bringen mir eine Schale frisch gemolkene Kamelmilch. Ich hatte völlig vergessen, wie gut so etwas doch sein kann … Bei den Leuten handelt es sich um einen jungen Mann, seine Eltern und seinen kleinen Bruder. Sie sind Kunta und nomadisieren in den nördlichsten Regionen des Irrigui. Und außerdem besitzen sie die schönsten Kamele. Ein maurisches Zelt, das über einen zentralen Pflock aus weißem Stoff gespannt ist, und ein paar leere, auf dem Boden stehende Wasserfässer bilden ihren ganzen Reichtum.

Besprechung. Sie wollen mir gern dabei helfen, das Gepäck zu suchen, sind aber überzeugt, dass es keinen Zweck haben wird. Mit der Morgendämmerung hat ein Wüstenwind eingesetzt, der dicht über den Boden hinwegfegt und alle Spuren auszulöschen beginnt. In längstens einer Stunde wird man von meinem Vorbeikommen nichts mehr sehen. Ich versichere ihnen, dass ich die Stelle wiederfinden werde, da ich mir die astronomische Position gemerkt habe. Das hört sich für sie wie Chinesisch an. Ungläubig verschwindet Brahim, der junge Kunta, um nach einer Weile mit zwei Kamelen wiederzukommen, die er von der Weide geholt hat. Wir satteln sie und stieben im gestreckten Galopp mit zwanzig Litern Wasser auf die Dünen zu. Brahim sitzt hinter mir auf seinem weißen Kamel und überlässt mir die Führung, während sein Bruder uns auf dem anderen Tier nachkommt. Welch ein fantastisches Gefühl, von einer Düne zur nächsten zu jagen und den Raum wie im Flug zu durchschneiden. Dieses Kamel ist ein wunderbares Tier. Die Entfernung kommt mir aber trotzdem gewaltig vor. Wie konnte ich das alles, unter dem Gewicht des Wassers taumelnd, zu Fuß zurücklegen? Tatsächlich findet sich keine Spur mehr von meinen Tritten. Nach einigen Messungen verkünde ich Brahim, dass wir uns zwei Kilometer westlich der Stelle befinden. Er versteht nichts von alledem, lässt sich aber, immer noch genauso ungläubig, weiterführen. Und prompt stoßen wir auf den Lagerplatz ... Das Kamel ist noch nicht tot, doch sein Zustand ist kaum besser. Als wir näher kommen, steigt ein Fliegenschwarm von dem Tier auf. Sie haben begonnen, ihm am Hinterkopf, dort, wo die Hirnschale zwei Grübchen erkennen lässt, die Haut abzuschilfern. Brahim rutscht am Hinterteil seines Kamels hinunter und stürzt zu dem Tier hin. Ich selbst lasse mich am Hals nach unten gleiten. Meiner Meinung nach ist es vergebliche Mühe. Das Tier ist erledigt.

Es bewegt bei unserem Herankommen kaum den Kopf; es gelingt ihm gerade, ihn ein wenig vom Boden abzuheben. Einen Großteil des Tages hat es so dagelegen und war mit dem Gesicht direkt den Sonnenstrahlen ausgesetzt. Trotzdem greift der junge Kunta nach der *gerba* und eilt damit zu dem sterbenden Tier hin. Ich helfe ihm dabei, dem Kamel das kostbare Nass einzuflößen, und zwar nicht etwa ins Maul, sondern in die Nasenhöhlen. Das hat den Vorzug, dass ihm die Nüstern befeuchtet werden und das Wasser auf direktem Wege in den Magen gelangt und nicht in den Kreislauf des Wiederkäuens. Ein Nasenloch nach dem anderen. Fast zwanzig Liter Wasser. Das Kamel erstickt fast, schüttelt den Hals … und genau in diesem Moment heben wir es zu dritt auf seine angewinkelten Sprunggelenke. Ein Hieb mit der Peitsche auf die Kruppe, und – welche Überraschung – es steht wieder auf.

Das Wasser bewirkt doch Wunder! Das Tier bewegt sich unbeholfen auf einen Baum zu, um sich im Schatten auszustrecken. Zum Weiden ist es trotz allem noch zu schwach.

Unmöglich, es zum Brunnen mitzunehmen, um es vollständig zu tränken. Dazu bräuchte man fast hundert Liter, die ihm in kleinen Portionen verabreicht werden müssten, denn dem zu lange der Sonne ausgesetzten Tier drohte eine Hyperämie, wenn es sich alles auf einmal einverleiben würde. Doch das Problem stellt sich nicht. Es ist nicht in der Lage, den Weg bis Zouina zurückzulegen. Wir laden meine Ausrüstung und die zusätzlichen Sättel auf die beiden Tiere von Brahim und reiten weg, wobei wir das Berabisch-Kamel zurücklassen. Ich schenke es der Kunta-Familie. Wenn es sich in einigen Tagen erholt hat, was ich bezweifle, kann es ein schönes Reittier abgeben. Andernfalls können sie es zumindest schlachten;

Fleisch ist hier kein alltägliches Nahrungsmittel. Es hängt sehr viel von der Pflege ab, die sie dem Tier zukommen lassen. Dies überlasse ich aber der Kunta-Familie, und wir machen uns auf den Rückweg nach Zouina, das größte Stück im Galopp.

Der Rest des Tages vergeht mit dem Heimritt über die Dünen, nun schon zum dritten Mal dieselbe Strecke. Als der Tag zur Neige geht, ist meine Erschöpfung vollkommen. Ich weiß nicht, durch welche Kraft ich noch im Stande bin, mich im Sattel zu halten. Wenn wir allzu rasch galoppieren, klammere ich mich kläglich an meinem Sattel fest und stöhne vor Müdigkeit und Schmerzen. Ich bin die ganze Nacht hindurch fünfzig Kilometer weit durch die Dünen marschiert, mit einem Wasserschlauch, dessen Riemen mir in die Schulter einschnitt. Dann hundert Kilometer hin und zurück im Galopp durch den Wüstensand. Und dabei hatte ich noch nicht einmal Gelegenheit, genügend zu trinken. Das würde normalerweise ausreichen, um einen umzubringen.

Die Nacht bricht herein. Ich ziehe meine Kleider aus und behalte nur meinen *sarouel* an. Das Gefühl der lauen Luft an meiner nackten Haut weckt wieder ein wenig meine Lebensgeister. Auf Brahims Wunsch haben wir einige Umwege gemacht. Zunächst, um in der Nähe seines Lagers ein drittes Kamel zu holen und zu satteln. Und anschließend, um alle Frauenlager in der unmittelbaren Umgebung des Brunnens von Zouina abzuklappern. Die Männer sind in der Stadt oder im Busch, und in den Zelten leben jeweils drei oder vier schwarz gekleidete Frauen zusammen, die mehr oder weniger dunkelhäutig, aber oft außergewöhnlich schön sind, wodurch sie diesen Ruf der Kunta bestätigen. Wir halten also zwei oder drei Mal mitten in der Nacht an, um leere Einhundert-Liter-Fässer aufzuladen, die am Brunnen gefüllt werden und von Brahim auf der Rückreise wieder abgegeben werden. Jedes Mal lasse ich mich auf den Boden gleiten, hochgradig erschöpft und ausgelaugt. Ein deutlich unhöfliches Verhalten. Und so sind es die Frauen, die kommen, um den Fremden auf der Durchreise zu begrüßen. Mienenspiel. Übersetzung durch Brahim. Es würde sie sehr freuen, wenn ich die Nacht neben ihrem Zelt verbrächte ... Ja, ich weiß. Also wirklich ... Jedes Mal, wenn ich gesundheitlich am Ende bin, selbstverständlich! In einem Auflodern des Stolzes gelingt es mir noch, mich auf eine sehr schöne Art in den Sattel zu schwingen. Doch nur ein paar Schritte weiter geht mein Martyrium wieder los. Wenn mir bloß keine Folgen von meiner Erschöpfung zurückbleiben! Und hoffentlich ist meine vollständige Erholung überhaupt möglich.

Endlich halten wir mitten in der Nacht gegen 23 Uhr vor dem Zelt von Mohammed Sheikh, dem Oberhaupt der Kunta-Gruppierung des Irrigui. Der Brunnen befindet sich, wie es scheint, fünfhundert Meter weiter. Morgen werden wir sehen. Mohammed ist hier der Anführer, aber er ist arm. In Lumpen gekleidet, empfängt er mich vor seinem Zelt, während er zärtlich seine Enkelin an sich drückt. Zerfurchtes Gesicht, kleines arabisches Bärtchen und lockiges Haar. Als er aufsteht, um mich zu begrüßen, sehe ich, dass er hochgewachsen ist. Seine erste Geste besteht darin, mir die Ziege zu zeigen, die er mir zu Ehren schlachten will. Als ich endlich begreife, wozu sie bestimmt ist – mein Gehirn funktioniert im Zeitlupentempo –, möchte ich einschreiten, aber es ist schon zu spät. Mir wird übel von Blut, von toten Tieren, vor Durst und vor Hitze. An meiner Haut klebt noch der Geruch der toten Kamele, die mit ihrem Schweiß die *gerba* durchtränkten. Ein Geruch, der sich mit meinem eigenen Schweiß mischte, als ich die *gerba* später selber auf den Schultern trug. Und ich glaube, ich werde noch einige Tage danach riechen.

Vier Tage verbringe ich bei Mohammed Sheikh. Er ist ein rechtschaffener Mann, der allein seinen Ehrentitel besitzt ... und ein paar Ziegen, deren Zahl jetzt um eine vermindert ist. Es ist normal, dass er der Chef ist, da er neben dem Brunnen wohnt. Die anderen haben üppige Herden, die im Busch verstreut leben. Ich nutze diese vier Tage, um mich allmählich wieder zu erholen, aber auch um mich in der Nähe des Brunnens nach passablen Kamelen umzusehen und mit den Kunta aus der Umgebung zu sprechen. Alle kommen sie zum Zelt des Anführers, um diesen *nasrani zu* sehen, der aus einer ihnen unbekannten Gegend kommt, aus dem Aklé Aouana. Um welchen Preis?

Sie sind ebenso neugierig auf mein Leben wie ich auf ihre Viehkennzeichnungen und Gruppenzugehörigkeiten. Eine Besonderheit: Alle machen in die Oberlippe ihrer Kamele einen Schnitt. Das sieht aus wie ein Schnurrbart. Zur Erinnerung an die Franzosen und de Gaulle. Das Leben verläuft friedlich, begleitet von kleinen, lokalen Streitigkeiten. Jener schwarze Kunta hat der Frau des Chefs zwei Handvoll Korn gestohlen. Oder aber man ermutigt die Frau desselben dazu, sich mit dem *nasrani* zu unterhalten, um zu sehen, wie er in dieser Hinsicht funktioniert. Tagtäglich muss das Oberhaupt für seine Gäste, die herbeigeeilten Neugierigen, eine Mahlzeit zubereiten. Es versteht sich von selbst, dass darunter auch viele Opportunisten sind. Aber mit Kamelen sieht es schlecht aus. Es kommen zwar viele Kamele zum Trinken an den Brunnen, aber es sind x-beliebige. Nichts, was sich auch nur annähernd mit dem weißen Kamel von Brahim vergleichen ließe, der noch in derselben Nacht wieder zu seinem Lager aufgebrochen ist. Schließlich zeigt man mir ein altes, ursprünglich weißes Kamel, das mit dem Alter eine gelbliche Farbe angenommen hat. Sein Gebiss ist vollständig, woran man erkennen kann, dass es mindestens zwölf Jahre alt ist. In Wirklichkeit ist es aber gut doppelt so alt, vielleicht sogar noch älter. Seine Eckzähne sind vom Wiederkäuen abgenutzt. Seine Haut ist dünn und zerbrechlich wie Pergament. Aber es ist das einzige verkäufliche Tier. So kaufe ich es, um mir selbst aus der Verlegenheit zu helfen. Damit wird es nötig, einen Umweg über Nema zu machen, das hundert Kilometer südlich von Oualata und drei Tagesmärsche von hier entfernt liegt. Dort muss ich das eben erworbene Tier wieder verkaufen und dafür zwei andere erstehen, die man in Oualata vielleicht nicht finden würde. Kleines Problem beim Abschluss des Handels: Ich habe kein mauretanisches Geld, das außerhalb von Mauretanien nirgends zu finden ist. Der ehemalige Besitzer des Kamels wird mich also nach Nema begleiten, um sein Geld zu wechseln. Wir treffen die Vereinbarung, dass wir am nächsten Tag mit seinem alten Vater aufbrechen, der sich im Krankenhaus von Nema behandeln lassen will.

Am späten Nachmittag des besagten Tages setzt sich die kleine Karawane, nachdem sie endlich beisammen ist, nach Westen in Bewegung. Fünf Tiere, von denen drei geritten werden. Sid Ahmed, so heißt er, ist ein hellhäutiger Kunta. Er trägt eine kurze, blaue *gallabiya,* die auf der Seite völlig aufgeschlitzt ist, was ihm zwar weit ausholende Bewegungen gestattet, zuweilen aber auch kurze Blicke auf sein Hinterteil gewährt. Woran sich jedoch absolut niemand stört. Sein Vater, alt, mager und rachitisch mit weißem Bärtchen und der Brille eines Korangelehrten, schwingt sich trotz seines Alters noch recht flott in den Sattel. Die Karawane setzt sich in Marsch ..., um schon zwei Stunden später wieder anzuhalten. Grund: Besuch im Lager von Bekannten. O je! Bei diesem Rhythmus werden wir das Ziel wohl nicht so bald erreichen. Unsere Gastgeber metzeln ein ansehnliches Schaf, das ich aber kaum anrühre. Und bieten uns Kamelmilch im Überfluss an. Hoffentlich werden wir am nächsten Tag die Verspätung wieder aufholen. Denkste! Um 10 Uhr morgens neue Zwischenstation in einem anderen Lager. Und einige Wegstunden am Ende des Tages. Bilanz: fünfunddreißig Kilometer in zwei Tagen. Bei diesem Tempo wird eine Woche nötig sein, um die Entfernung zurückzulegen, die ich allein in drei Tagen schaffen könnte.

Jedes Mal, wenn mein Kamel einen Trab vorlegt, ertappe ich Vater und Sohn dabei, wie sie sich verwunderte Blicke zuwerfen. In Anbetracht seines Alters rechnen sie sichtlich damit, dass es zusammenbricht oder wenigstens zurückbleibt, und wundern sich über seine Kraft. Abends fordern sie mich schließlich auf, ihnen von meinen Lebensmitteln abzugeben, obwohl ich fast nichts mehr habe und ihre Satteltaschen voll sind. Mein Beschluss ist gefasst. Bei Tagesanbruch teile ich Sid Ahmed mit, dass ich meinen Weg allein fortsetzen werde, dass die Wüste groß und sein Kamel ein maßlos überteuerter Schlappschwanz ist und dass ich ihn nicht leiden mag.

Überraschung für denjenigen, der offensichtlich dachte, er könne den *nasrani*-Führer spielen. Ungläubigkeit. Dann fährt er hoch: »Aber du wirst uns doch nicht allein in der Wüste zurücklassen!« Amüsante Situation. Gewöhnlich sind es eher die Nomaden, die die Weißen in der Wüste zurücklassen. Das habe ich jedenfalls immer in den Büchern gelesen. Ohne noch weiter auf sein Flehen zu hören – wir werden den Weg mit seinen Vorräten bestreiten, wir werden von seinem Wasser nehmen, er wird das Fleisch, das man ihm im ersten Lager geschenkt hat, brüderlich mit mir teilen –, weiche ich bewusst um ein paar Grad von meiner Route ab, um zwischen ihm und mir ein wenig Abstand entstehen zu lassen. Nach einigen hundert Metern gibt er auf und macht kehrt, um die Neuigkeit seinem Vater zu verkünden. Während das Reisen in der Gruppe für die Viehzüchter eine Gewohnheit ist, ist es mir ein Gräuel. Jetzt genieße ich wieder in vollen Zügen die Einsamkeit, auf Grund der erbärmlichen Qualität meines einzigen Reittieres jedoch nur ein unvollkommenes Vergnügen. Ich werde viel laufen müssen, um ihm nicht zu viel zuzumuten.

Die Umgebung wird von der typischen Dornstrauchsavanne des Sahel gebildet. *Had*-Felder, Akazien, Bäume, die in vollem Saft stehen ... Ich hasse diesen Landschaftstyp. Agadez und Nema stellen die südlichsten Punkte meiner Saharadurchquerung dar, und mein Aufenthalt dort wird allein durch den Kauf neuer Reittiere gerechtfertigt. Sobald dies geschehen ist, werde ich sofort wieder nach Norden, in die eigentliche Wüste, ziehen. Der Sahel ist undurchsichtig, denn obwohl es an grünen Pflanzen nicht mangelt, sind diese für die Tiere nicht immer genießbar und oftmals von sehr schlechter Qualität. Das Auftauchen von Pflanzen bedeutet obendrein noch lange nicht, dass deshalb auch Wasser vorhanden sein muss. Die zahlreichen Sahel-Nomaden, die hier schon verdurstet sind, liefern einen ausreichenden Beweis dafür. Doch die Strecke von hier bis Nema ist kaum mehr als eine zu erledigende Formalität. Es entspricht in etwa dem Ausfüllen einer Steuererklärung. Und endlich, am 1. Mai, erreiche ich die kleine Stadt Nema, die im tiefsten Mittagsschlaf vor sich hindämmert. Nachdem ich den Steilhang des Dahar hinuntergeklettert bin, stehe ich vor den ersten Mauern.

Ich kenne Nema, so wie ich auch alle vorherigen Anlaufpunkte meiner Reise kannte. Häuser aus Bruchsteinen und übereinandergeschichteten schwarzen Steinen, hin und wieder ein zerbrochener Torbogen im arabischen Stil. Ein kleiner zentraler Marktplatz mit Wellblechbuden und ein Wadi, das man hier *batha* nennt und das die Stadt in zwei Hälften teilt. Das um die Mittagszeit ohnehin stark reduzierte Leben auf den Gassen kommt beim Anblick dieses Weißen in Begleitung eines alten, gelben Kamels völlig zum Stillstand. Woher kommt er? Geheimnis. Sicherlich von nicht sehr weit her. In dieser Jahreszeit zieht man nicht mehr umher. Die meisten Einwohner von Nema sind sesshafte Mauren, die von Viehzucht und wechselnder Weidewirtschaft nichts verstehen. Die reichsten unter ihnen lassen sich ihre Kamelstutenherden – zur Gewinnung von Milch, die man als *zrig* bezeichnet – oberhalb des Steilhanges des Dahar, der Nema überragt, hüten. Diese Erhebung wird mich mehr oder weniger bis nach Tidjikja, fast sechshundert Kilometer von hier entfernt, begleiten. Zwei Dinge habe ich in Nema zu erledigen, bevor ich mich wieder so schnell wie möglich nach Norden begebe: neue Reittiere finden und wenn möglich nach Hause telefonieren. Mein Vater soll sich nämlich noch einmal mit mir treffen, um mich während der allerletzten Tage vor Erreichen des Meeres zu unterstützen. Ich hatte ihm versprochen, ihn an dieser

Ankunft teilhaben zu lassen, quasi als Lohn für alle Mühen, die er in meiner Abwesenheit hatte auf sich nehmen müssen. Seit Agadez konnte ich ihm keine Nachricht mehr übermitteln, da ich mich danach monatelang tief im Innern der Wüste aufhielt. Jetzt erst wird mir mein Wahnsinn bewusst. In dieser unendlichen Weite kann einem an jeder x-beliebigen Stelle alles mögliche zustoßen, und niemand wird je erfahren, was mit einem geschehen ist, wenn man als ausgetrockneter, mumifizierter Leichnam irgendwo unter dem Sand des Aklé begraben ist oder auf der Geröllwüste des Lemriyé liegt. Ich schlage den Weg zur Post ein.

Und dort erreicht mich die furchtbare Nachricht. Mein Vater ist an den Folgen eines Skiunfalls gestorben. Hirnblutung. Ich erfahre davon zwei Monate nach seinem Tod. Ich halte es nicht mehr aus, dauernd von Leichnamen, Leiden und Schmerzen umgeben zu sein und ständig auf dem Drahtseil zu balancieren, das das Leben vom Tod trennt.

Erinnerungen an die letzten Augenblicke, die ich mit meinem Vater verbrachte, kommen mir ins Gedächtnis zurück, verborgene Lagerplätze im Schutze der Dünen des Ténéré. Ich habe die Orte vergessen. Aber ich werde mich stets an die schamhafte Zurückhaltung erinnern, mit der wir über dieses oder jenes sprachen. Er beschrieb mich, verstand, dass ich mich von meinesgleichen abkapselte. Ich erzählte ihm von Sylvie. Er hörte zu, sagte nichts. Dann sprach er über meine Mutter. Und er sagte, dass er sie sehr liebe. Dass er sich glücklich schätzen könne, sie zu haben. Ich hatte ihn mit der Leidenschaft für die Wüste angesteckt, und er träumte nur von einem: seine Frau dorthin mitzunehmen. Und in diesem Punkt musste ich seine Begeisterung zügeln.

Er erzählte mir von den schlaflosen Nächten, die er damit zugebracht hatte, um mich zu zittern, von meinem Wahnsinn, vom Hass auf die Menschen. Von all den Dingen, die mir nicht über die Lippen kommen, wenn ich sie ausdrücken soll. Und die er nun an meiner Statt aussprach. Er war sich darüber im Klaren, dass dort, wo wir uns befanden, jederzeit alles passieren konnte.

Aufhören? Wozu würde das dienen? Ich »kann nicht« im wahrsten Sinne des Wortes. Ich liebe die Wüste zu sehr. Weitermachen? In dieser Jahreszeit sind die Wüstengebiete zu menschenfeindlich. Ich bekomme plötzlich eine wahnsinnige Lust, das Djouf im Norden zu durchqueren. Nur so, um mich in den Wüstensand gleiten zu lassen und mich darin zu verlieren. Zumindest einen Ausweg finden. Ich bereue es bitter, nicht über Taudeni im Norden von Arauan gekommen zu sein. Aber man kann nicht »alle« Schwierigkeiten auf sich nehmen. Diese wäre vielleicht die letzte gewesen, und was könnte es für ein schöneres Leichentuch geben als den Sand des Djouf im Monat Mai! Nur einen Monat früher hätten meine Chancen noch wesentlich günstiger gestanden. Dafür wäre der Reiz aber auch geringer gewesen. Als ich diese Gedanken heraufbeschwöre, wird mir klar, dass ich völlig gestört bin. Ich muss diese verrückte Saharadurchquerung durchziehen, ans Meer gelangen und diese größte Wüste der Welt ein für alle Mal bezwingen. Oder mich jetzt eher demütig hineinschleichen und sie um Verzeihung bitten, dass ich sie besiegt habe. Wenn sie mich hat durchkommen lassen, dann deshalb, weil sie es so wollte.

Ich steige in das sandige Batha hinunter, wo ich nur ein paar abgemagerte Tiere vorfinde. Keine Züchter, lediglich sesshafte arabische Händler, die versuchen, mir gegenüber die Vorzüge der vorhandenen Reittiere herauszustreichen. Müdes, fast bedauerndes Lächeln: zwecklos, mir etwas vormachen zu wollen. Ich will nur zwei ganz normale Tiere, und ich weiß, was ich zu tun habe, um sie auszuwählen. Nema ist ein großes Zentrum der Viehzucht, aber fast ausschließlich für Sahel-Kamele. Wenn sie die richtige Menge Fett angesetzt haben, werden sie auf Lastwagen verladen und zum Markt für Schlachtkamele nach Nuakschott, der Hauptstadt, transportiert. Keine Gefühlsduselei. Die Mauren haben dieses Gleichgewicht gefunden, das allen zusagt. Aber was Reitkamele anbelangt ... Da bemerke ich ein ganz annehmbares Tier. Ein fuchsrotes Kamel, das aus dem Norden, aus der Gegend von Hassi Fouini, kommt. Es besitzt ein schönes, kurzhaariges, glänzendes Fell, unter dem es seine mächtigen Muskeln spielen lässt. Sein Höcker ist zwar nur von mittlerer Höhe, aber alles in allem macht es einen guten Eindruck. Ich hebe seinen Schwanz an und stehe vor einem Problem: Ich glaube, es ist nicht kastriert. Es hat noch seine beiden Hoden in der Größe von Honigmelonen. Die Mauren wie auch die Tubu entfernen die Hoden nicht mit dem Messer wie die Tuareg. Sie durchtrennen einfach den Samenleiter. Ob das Tier kastriert wurde oder nicht, kann man beim Anfassen feststellen. Man muss tasten. Doch bei diesem hier erkennt man schon auf den ersten Blick ... In Anbetracht seines Charakters habe ich sehr wohl den Eindruck, dass es sich um ein unkastriertes Tier handelt. Es zeigt sich aggressiv, obgleich es nicht brunftig ist. Es versucht zu beißen, und ich gebe ihm sofort einen Schlag aufs Maul. Aus diesem Grund nehme ich es dann auch, denn ich habe sowieso eine Schwäche für ein wenig lebhaftere Kamele. Damit hat man zumindest etwas zum Tauschen, und auf einem schnell reagierenden Tier zu reiten ist ein wahres Vergnügen. Doch die Tiere sind teuer in Mauretanien. Ungefähr fünftausend Franc.

Da ich das Kamel sofort auf Heller und Pfennig bezahle – übrigens den normalen Preis –, führt man mir ein weiteres Tier vor, das man von einem anderen Ort weiter wadiaufwärts geholt hat. Verwunderung, es ist ein *imelik,* ein Kamel von tuaregscher Rasse. Weiß. Was hat das denn hier zu suchen? Interessiert trete ich näher. Es trägt eine Kunta-Marke unter dem Ohr. Es handelt sich also um ein Tier, das südlich des Lemriyé in Mali geboren wurde. Aber es hat außerdem eine v-förmige Markierung auf der linken Flanke, was beweist, dass es in der Folge von Reguibat aufgezogen – oder bei einer Viehrazzia gestohlen – worden ist. Eine sehr gute Mischung. Das Tier kommt mir ein bisschen müde vor, doch seine Herkunft ist schließlich ausschlaggebend für meine Entscheidung. Außerdem haftet ihm etwas an, was mich an mein nigrisches Tuareg-Kamel erinnert, das im Aklé verendet ist. Fünf Tage schon habe ich allein damit verbracht, im Batha auf und ab zu gehen. Das ist zu viel. Morgen werde ich losziehen. Umso mehr, als die Regenzeit hier bald einsetzt. Schwere Wolken türmen sich, vom Süden kommend, auf und verschlimmern die sommerliche Hitze noch durch die Feuchtigkeit. Ein typisches Merkmal des sahelischen Klimas. Die Rückkehr in die Wüste wird zur dringenden Notwendigkeit.

Tags darauf, am 7. Mai, treibe ich meine Tiere zum Trab an, um so schnell wie möglich die trockene Luft wiederzufinden.

Die Steilwand im Osten dient mir als Orientierungspunkt. Keinerlei Navigationsprobleme. Und auch die Versorgung mit Wasser stellt keine Schwierigkeit dar. Auf der Karte sind längs der Bergabbrüche von Nema, Oualata und Tichitt zahlreiche Wasserstellen verzeichnet. Das einzige Problem kommt von den äußerst mobilen Dünen, deren jäh abfallende, steile Fronten man zuweilen überwinden muss. Ich habe mich für eine sehr direkte Route durch den Norden über Tiguiguil, und nicht über Oualata entschieden. Ich sehe nicht ein, was eine Stadt mir bringen soll. Erstens kenne ich die besagte Stadt bereits, und zweitens bin ich mit Mehl, Datteln und Milchpulver bereits eingedeckt. Dagegen kenne ich noch nicht die Aklés entlang der Steilhänge. Ich komme mir vor wie ein Schiff, das an einer zerklüfteten Küste entlangsegelt. Mit seinen mehr oder weniger hohen Sandwellen in einiger Entfernung vom Ufer und seinen glatten Flautengürteln unter der Steilwand. Und hie und da taucht aus dem ockerfarbenen Sandmeer ein Felsenriff auf.

Die Brunnen folgen aufeinander: Tiguiguil, Hassi Fouini (wo mein fuchsrotes Kamel beheimatet ist, das ich zum Packkamel bestimme), dann Ayoun el-Kohl, Tagouraret ... An jedem Brunnen stoße ich auf Züchter, deren einzige Arbeit darin besteht, Wasser zu schöpfen. Die Tiere schließen sich nach Verwandtschaft oder Sympathie zu Gruppen zusammen, die sich dann über die ganze Gegend verteilen. Manchmal ein Hengst und seine Stuten. Manchmal eine Kamelstute und ihr Junges. Alle kommen von selbst alle vier bis sechs Tage zurück, um in dieser glühend heißen Periode ihren Durst zu löschen. Das ermöglicht dem Züchter auch, seine Herde zahlenmäßig zu erfassen, den Tieren das Brandzeichen aufzudrücken und Bekannte wiederzutreffen ... Jedes Mal finde ich dort eine überschwängliche Begrüßung, gute Laune und stets die Frage: Hat es im Süden geregnet? Wann wird das sehnlich erwartete Gewitter kommen, das den rissig gewordenen Wüstenboden wieder zum Grünen bringt? Die Mauren sind wenigstens ehrliche Züchter, wenn sie auch keine großen saharischen Kameltreiber sind wie die Reguibat. Obgleich auch die Reguibat nicht mehr das sind, was man glaubt.

Früh am Morgen des 13. Mai: Ankunft am Brunnen von Aratane. Ein paar Reguibat-Zelte sind in der Nähe aufgeschlagen. Ein paar Männer hocken auf den Fersen und unterhalten sich in Erwartung der ersten Tiere des Tages. Es ist »ihr« Brunnen. Habe ich Tee oder Zucker? Es ist das erste Mal, dass man als Gegenleistung für das Wasser etwas von mir verlangt. Aber ich werte dies nur als einen erbärmlichen kleinen Trick, ohne demselben große Bedeutung beizumessen. Ich habe kein Gefühlsleben mehr. Wenn ich jemandem begegne, grüße ich ... ganz einfach. Und mein Gewehr baumelt ständig an meinem Sattelknauf. Während ich früher unfähig gewesen wäre, einer Fliege etwas zu Leide zu tun, fühle ich gegenwärtig, dass ich im Stande bin, beim geringsten Zweifel jemanden umzubringen. Wie ein Tier. Aus einem Überlebensinstinkt heraus.

Aratane ist die Sahara. Wenn es da nicht den allgegenwärtigen Schutz des Dahar-Bergabbruchs gäbe, wäre die Wüste vollkommen. Die Spuren von Vegetation dürfen einen nicht täuschen. Auch wenn die mauretanische Wüste zuweilen beim Herannahen des atlantischen Tiefdrucks von grünenden Sträuchern bedeckt wird, ist sie deshalb nicht weniger schwierig und gefährlich. Bestimmte Durchlässe zwischen abschüssigen Wanderdünen erinnern einen ständig daran.

Solange das Meer nicht in Sicht kommt, ist noch gar nichts entschieden. Eine Durchquerung beunruhigt mich schon jetzt: die Durchquerung des *Aouker*, welches das Tagant in der Umgebung von Tidjikja vom Dghamcha-Becken trennt, das nach dem Meer hin geht. Die Kamele trinken so viel, und das praktisch an jedem Brunnen, Tag für Tag, dass mir ein letzter schwieriger Abschnitt große Sorge bereitet.

Nahe beim Brunnen von Tinigart fällt mir ein außergewöhnlich großes Kamel von beeindruckender Kraft auf. Natürlich, wenn ich dieses hier besäße ... Es wartet darauf, dass es zum Trinken an die Reihe kommt. Damit es jedoch keine Panik in der Herde auslöst, ist es abseits von den anderen angebunden. Seine Vorder- und Hinterbeine sind mit einem Strick gefesselt, und seine Kiefer werden mit einer Art Maulkorb geschlossen gehalten. Trotzdem sträubt es sich heftig, ein riesenhaftes Tier, fünfzig Zentimeter höher am Widerrist als der Durchschnitt, hervorspringende Muskeln, voluminöser Höcker. Ein Zuchthengst. Stunden später auf dem Weg nach Bou Dhib taucht es, nunmehr getränkt, plötzlich vor mir auf, und bewegt sich auf mich zu, wie ein Mastodon, das zum Angriff übergeht. Im Schritt zwar, aber jeder Schritt bringt es doppelt so schnell voran wie irgendein anderes Tier. Der Höcker zittert auf seinem Rücken. Zwei andere Tiere folgen ihm in einigem Abstand und gegeneinander versetzt. Seine Weibchen. Beeindruckend. Ich packe mein Gewehr und entferne die Sicherung. Unkastrierte Tiere sind in der Brunftzeit gefährlich. Das fuchsrote Kamel stößt einen dumpfen, mir bisher unbekannten Kehllaut aus, eine Warnung zwischen

Männchen. Der Lauf des Ungeheuers weicht dadurch nicht um einen Zollbreit von der eingeschlagenen Richtung ab und wird geradlinig fortgesetzt. Das Tier ist jetzt so richtig in Fahrt. Dann, wie in einem Ballett, kreuzen sich unsere Wege in ein paar Meter Entfernung. Ich befand mich lediglich auf seiner Bahn. Ach so! Ein wenig nervös verziehe ich mein Gesicht zu einem Grinsen, bevor ich die Waffe wegpacke. Ich springe von meinem Sattel herunter, um den Weg zu Fuß fortzusetzen. Es ist die Zeit zum Marschieren.

Die Etappen folgen aufeinander: Touijinet, wo ich wieder auf Reguibat, diesmal jedoch auf schwarze, stoße; dann Arhijit, ein kleines befestigtes Dorf, das von Ouled Ballah bewohnt wird ... Akhoueit mit seinen wenigen nomadisierenden Nemadi ... Die Nemadi sind gewiss die besten saharischen Nomaden und gehören außerdem zu den ältesten Wüstenbewohnern. Ihre Techniken haben sich seit der Vorgeschichte kaum weiterentwickelt. Noch heute jagen sie an der Grenze zum Aklé Herden von Mendesantilopen oder einzelne Gazellen, indem sie sie mithilfe ihrer Hunde auf mehrere hintereinander ausgespannte Fangnetze zutreiben, die die Dünentäler absperren. Von den Nemadi sind bis heute nur noch einige Familien übrig geblieben, die abseits der Zentren von Tichit oder Oualata leben. Doch vor Ende dieser Generation werden wahrscheinlich auch sie verschwunden sein, überrollt vom Trend zur sesshaften Lebensweise und zum Konsum. Außerdem wird das Wild immer spärlicher. Belustigend, mitanzusehen, wie sie von den anderen, weniger nomadischen Nomaden angeschwärzt werden, die ihnen alle möglichen Schandtaten anhängen. Unter anderem Kameldiebstähle wie auch die Hühnerdiebstähle bei den Bauern anderer Gegenden.

Tichit, den 14. Mai. Ein herrliches Fleckchen Erde. Häuser aus schwarzen Steinen, hoch oben auf einer kleinen Bergkuppe zwischen der Steilwand des Dahar Tichit und einem grandiosen Sandmeer. Die Bevölkerung besteht aus scherifischen, sesshaften Weißen und den schwarzen Nachkommen der ehemaligen Haratin-Sklaven. Die erste Person, der ich begegne, ist der *caid*, das Sippenoberhaupt: Wie viel werde ich für die Nacht bezahlen? Dieselbe Atmosphäre wie in Fachi, im Herzen des Ténéré. Lediglich eine Zwischenstation, wo es für Nomaden keinen Platz gibt. Und wo man sich jegliche Nahrung mit Gold aufwiegen lässt. Wie kann man nur seine Kamele für ein solches Paria-Dasein aufgeben? Völlig unverständlich.

In der Gluthitze ziehe ich weiter, wobei ich mein jeweiliges Etappenziel stets nach dem nächsten Brunnen ausrichte: Zig, versandeter Brunnen; dann Ganeb, ein kleiner, wilder Palmenhain, wo ich stellenweise feuchten Sand unter meinen nackten Füßen registriere; Lekcheb, ein kleines Dorf, das sich noch im Bau befindet; El-Khouba ...

Schließlich gelange ich in die Nähe von Tidjikja. Da ich aber sehr wenig Lust habe, mit Menschen in Berührung zu kommen, die durch meine kleine Karawane herbeigelockt werden, schlage ich einen weiten Bogen um den Palmenhain und die kleine Stadt. Ausnahmsweise habe ich einmal alles, was ich brauche, das heißt Mehl und Datteln. Und man hat mich davon unterrichtet, dass die Gendarmen meine Ankunft erwarten. Genau das, was man mir nicht hätte sagen sollen. Ohne lange zu zögern, wähle ich die südliche Umgehung.

Tidjikja liegt auf der Hochebene des Tagant. In Wirklichkeit bemerkt man aber überhaupt nichts von irgendeinem Relief.

Der Boden ist gleichwohl von unzähligen schwarzen Steinchen übersät, eine wahre Plage für die abgenutzten Hornsohlen meiner Kamele. Insbesondere das weiße Kamel stolpert alle drei Schritte. Unmöglich, es auszutauschen; ich habe fast kein Geld mehr, um ein anderes zu kaufen. Und es ist immer das gleiche Problem: Wenn die Züchter sehen, dass man ganz dringend ein Tier benötigt, werden sie den Verkaufspreis verdoppeln. Während sie zwei Wochen später imstande sind, dasselbe Tier zu einem Spottpreis auf dem Markt zu verscheuern, um Mehl oder Hirse zu kaufen. Das ist das Leben. Es bleibt mir also nichts anderes übrig, als mehr zu laufen. Jedesmal, wenn das Gelände steinig ist, jedesmal, wenn es uneben ist … kurz gesagt, sehr oft. Mit den Sommertagen, die den Abend immer später hinausschieben, steigere ich noch meine Leistung. Aus zwölf täglichen Marschstunden werden dreizehn, ja sogar vierzehn Stunden an einem Stück.

Die Hitze wird buchstäblich glühend, erstickend. Während ich mich vom Roten Meer aus nach Westen bewegte, musste ich mit den wechselnden Zeitzonen ständig meine Uhr umstellen. Doch der tägliche Rhythmus bleibt immer gleich: Aufstehen eine Stunde vor Sonnenaufgang, ununterbrochener Marsch und Halt, wenn der Feuerball der Sonne den Horizont berührt. Ich hasse es, nachts zu reisen, was vielleicht für die Jahreszeit angemessener wäre, aber die Orientierung und die natürlichen Hindernisse stellen ein Problem dar, und es würde bedeuten, ein zusätzliches Risiko einzugehen. In der ebenen Reg gäbe es dieses Problem nicht.

Nach einem letzten Brunnen, dem Brunnen von Nouachid, gelange ich von der Hochebene des Tagant zu einem Wüstenfluss, dem Khatt. Es handelt sich um ein urweltliches Tal mit äußerst beweglichen und wandlungsfähigen Dünen, durch das ein von Schaum glänzender, wilder Strom fließt, der die Sonnenstrahlen vollständig zurückwirft. Etwas weiter erblickt man die gegenüberliegende Böschung, ein Ufer, das aus gewaltigen Dünen gebildet wird, ein gigantischer Grat. Tamassoumit liegt dahinter, der letzte Brunnen vor Bou Naga. Nach Bou Naga erstreckt sich ein weiteres unendliches Sandmeer bis zur Straße von Akjoujt. Danach kommt die Erlösung, Flachland bis zum Meer. Aber bis dahin ... Der Anblick der Karte stimmt mich verdrießlich: Sie ist gelb vor Sand. Ich stoße auf das letzte und größte Hindernis, ein weiches, fliehendes, unkontrollierbares, unbekanntes Hindernis. Keiner der Nomaden, die ich im Tagant befragte, kannte diese Region, die sie als *Aouker,* als öde Wüste bezeichnen. Die aus dem Tagant kennen das Tagant, die aus dem Inchir auf der anderen Seite kennen das Inchir. Niemand verkehrt jedoch zwischen den beiden, oder aber man wählt den Weg ganz im Norden durch das mauretanische Adrar oder im Süden über die Asphaltstraße von Boutilimit. Mit einer solchen Schwierigkeit hatte ich so nahe an Nuakschott und am Meer nicht gerechnet. Und obendrein stehe ich noch unter dem Schock des Dramas, das sich im mauretanisch-malischen Aklé abspielte.

Daher gehe ich die kleinen, zerklüfteten Dünen des Khatt mit äußerster Vorsicht und mit einem gewissen Überdruss an, der sich auf meinem Gesicht spiegelt. Sie sind weich, sehr weich und brennend heiß. Die Hitze hat noch weiter zugenommen, wenn das überhaupt möglich ist. An den weichsten Stellen sinke ich bis zu den Knöcheln ein und stöhne unter dem brennenden Schmerz. Wären meine Füße nicht mit

Hornhaut überzogen, so wären sie schon längst mit Brandblasen übersät. Sie sind feuerrot. Lieber Gott, wohin wird mich das noch führen? So geht es den ganzen Tag weiter, bis ich im Westen einen Gebirgszug sichte, eine einsame Insel mitten in der Wüste, auf die ich mich mühsam zukämpfe – ein im Ozean treibender Seemann auf der Suche nach einem festen Riff. Ja, es handelt sich wirklich um Om-Ech-Chegag. Wenn ich die schwarzen Felsen umwandere, müßte ich normalerweise nach Tamassoumit gelangen. Man hat mir versichert, dass es dort Wasser und sogar einen kleinen Verwaltungsposten gebe. Im Augenblick fällt es mir schwer, daran zu glauben. Wir werden ja sehen. Ich habe die *gerbas* nicht übermäßig gefüllt, um die Tiere nicht unnötig zu überladen. In Tamassoumit muss ich dagegen alle Wassersäcke vollmachen.

Da die drückende Hitze auch nachts nur wenig abnimmt, finde ich in diesem Brutkasten nur mit Mühe Schlaf. Ich überwache ständig die Kamele und stehe jede Nacht mehrmals auf, um zu trinken – ein unruhiger, schlechter Schlaf, der immer wieder durch Alpträume unterbrochen wird, von toten Kamelen mit roten Mutantenaugen und von Tubu, die mir in einem Kellergeschoss von N'Djamena eine Waffe gegen die Schläfe drücken. Jedesmal fahre ich aus dem Schlaf hoch, und das, was ich um mich herum sehe, ist nicht dazu angetan, mich zu beruhigen.

Während des Winters waren die Nächte frisch und angenehm … Der Temperaturunterschied bleibt derselbe, aber statt eines lediglich heißen Tages und einer kühlen Nacht habe ich es nun mit einem glühendheißen Tag, gefolgt von einer heißen Nacht, zu tun. Dies ist die schlimmste Jahreszeit; kurz vor Einsetzen der sahelischen Regenperiode. Wenn der Luftdruck kaum wahrnehmbar fällt, wird die Atmosphäre drückender, und die Luft verdichtet sich. Der Schweiß schafft es nicht mehr, dem Körper die nötige Kühlung zu verschaffen. Man wird schnell müde und erholt sich weniger rasch.

Nachts stelle ich immer einen Feldbecher voll Wasser griffbereit neben mich. Aus Sparsamkeit wasche ich mir zuweilen sogar die Hände darin, bevor ich daraus trinke. Manchmal tauche ich meine Finger hinein, um mir das Gesicht zu benetzen. Das Wasser ist siedendheiß, wenn ich es aus den Wasserschläuchen entnehme. Dann, nachdem ein leichter Windhauch eine Weile an der Oberfläche der Flüssigkeit zirkuliert hat, nimmt die Temperatur allmählich ab. Gegen Mitternacht endlich ist das Wasser abgekühlt. Die einzige Möglichkeit, an eine Flüssigkeit zu kommen, die weniger als fünfzig Grad warm ist. Und ständig diese durch Erschöpfung und Hitze hervorgerufenen Alpträume. Ich bleibe oft stundenlang wach, weil ich keinen Schlaf finde, oder weil ich es einfach vorziehe, mit nacktem Oberkörper dazuliegen und mir von einem lauen Luftzug über die Brust streichen zu lassen, als abermals in Halluzinationen von explodierenden Minen zu versinken. Manchmal verfolgt mich im Schlaf der hartnäckige, starke Schweißgeruch der erschöpften Kamele. So versuche ich wenigstens, meine Lagerplätze immer in der Nähe von guten Weidegründen zu wählen. Das ist praktisch die beste Überlebensgarantie: Man muss den Tieren Lust machen, Nahrung aufzunehmen. Wenn sie mühevoll Düne um Düne überstiegen haben, muss ihr Appetit erst durch ein paar saftige *acheb*-Büschel angeregt werden. Hin und wieder stopfe ich ihnen selbst ein paar direkt ins Maul. Sie fressen zu sehen, beruhigt mich spürbar. Aber sie fressen zusehends weniger. Am späten

Vormittag des nächsten Tages komme ich in die Nähe von Tamassoumit. Ein Verwaltungsposten? Mit Sicherheit nicht. Ich erkenne lediglich dicht über dem Bergabbruch ein altes verfallenes *bordj* mit klaffenden Öffnungen. Der Brunnen müßte einen Kilometer weiter südlich liegen. Ich werde nachsehen. Ich gelange in ein schmales, von Geröll eingeschlossenes Tal, in dem einige Akazien wachsen. Der Brunnen wird gut besucht: drei maurische Nomaden mit zwei verschiedenen Herden. Nur Ziegen, die sich träge im spärlichen Schatten tummeln. Keine große Betriebsamkeit. Was ist los? Es gibt fast kein Wasser mehr. Ich beuge mich über den betonierten Brunnenrand. Lediglich eine Pfütze ruht am Grunde des Schachts, nicht einmal ausreichend, um einen *delu* einzutauchen. Drei andere kleine Behelfsbrunnen befinden sich in demselben Zustand. Die Nomaden warten einfach, bis das Wasser sich in der Tiefe des *bir* erneuert, und schöpfen abwechselnd an allen vier Brunnen. Pro Herde kann das gut einen Tag dauern, ohne die *gerbas* und die Fässer mitzurechnen, die gefüllt werden müssen, bevor sie ins Lager zurückgebracht werden. Die Nomaden, bei denen ich mich nach der Lage erkundige, sind nicht besonders erfreut, mich mit meinen beiden durstigen Kamelen und meinen fast schlaff herunterhängenden Wasserschläuchen auftauchen zu sehen. So viel ich verstehe, kommen sie aus drei verschiedenen Lagern, Viehzüchter, die zum Bezirk Tagant gehören. Es wird gut drei Tage dauern, um alle Tiere zu tränken, und nach der hiesigen Sitte muss ich warten, bis ich an der Reihe bin. In Mauretanien ist das die Regel, das weiß ich. Niemand kann einem den Zugang zu einem Brunnen verbieten, aber wer zuerst kommt, mahlt zuerst. Und die anderen nach ihm, gemäß der Reihenfolge ihres Eintreffens.

Und jeder bringt sein eigenes Seil, seine eigene Rolle und seinen eigenen *delu* mit. Da ist nichts zu machen.

Ich befrage den Ältesten von ihnen, einen weißbärtigen Mauren, der mich vage an den Kebabisch-Führer der Kamelschmuggler erinnert, dem ich vor sehr, sehr langer Zeit in Ahmeds Karawanserei in Ägypten begegnete. Was macht er hier? Ist er es etwa? Dieselben durchdringenden Augen, die es gewohnt sind, den Horizont zu fixieren, derselbe ruhige, maßvolle Ton im Gespräch mit dem *nasrani.* Es überkommt mich ein seltsames Gefühl, das mir jede Vorstellung von Raum und Zeit nimmt. Ich ertappe mich sogar bei dem Gedanken, dass irgendeine Marabu-Zauberei dahinterstecken könnte. Wie kann das sein? ... Und immerfort dieser durchdringende Blick, der einen auslotet, ohne einen anzusehen.

»Ja«, antwortet er mir, »es gibt Wasser in Bou Naga. Und *beidan!*«

»Was, *beidan?*« *Beidan* bedeutet »weiß« in Hassaniya. »Gibt es *beidan?* Gibt es Weiße? Wie viele?«

»Drei.«

Das war es, was ich schon seit einigen Tagen wissen wollte. Meine Karte verzeichnet mitten im Aouker einen Punkt namens Bou Naga, der als eines der wenigen Erzbergwerke gekennzeichnet ist. Wenn es dort Weiße gibt, dann gibt es auch Wasser. Und wenn es auf halbem Weg Wasser gibt, ist die Durchquerung des Aouker möglich. Sehr gut, ich bedanke mich bei dem Greis und beschließe, es zu riskieren, auf das Wasser von Tamassoumit zu verzichten. Bou Naga liegt zwei Tagesmärsche entfernt, und ich habe noch etwa vierzig Liter. Die Kamele haben in Nouachid vor zwei Tagen abends getrunken. Also los. Die beiden anderen Nomaden heben kaum den Kopf bei meinem Weggang. Es ist ganz klar, dass ihnen mein Entschluss gut zupass kommt. *»Salam!«*

Die Dünengebiete auf der Karte zu markieren, um sie zu umgehen, ist eine schlechte Lösung. Die Karte ist falsch. Die Dünenkämme bilden sich heraus und verformen sich. Manche wilden Dünengebirge sind wirklich schwindelerregend. In dieser Gegend trifft man niemanden, das ist ganz klar. Niemand kann hier leben. Es ist ein Niemandsland, eine nahezu unüberwindliche Schranke, besonders zu dieser Jahreszeit. So weit das Auge reicht ein ödes Wellengekräusel. In der Mitte des Tages ist die Rückstrahlung vollkommen, und die Höhenunterschiede sind trügerisch. Erst am Abend wird die gewellte Landschaft menschlicher, mit ihren Schattierungen, ihren weißen, roten und rosa Farbtönen und ihren Reliefs, deren Schatten mit fortschreitender Dämmerung immer länger werden.

Ich hasse das Aklé. Und ich habe allen Grund, es zu hassen. Abgesehen von sehr schlechten Erinnerungen, die ich daran habe, muss man sich ständig selbst übertreffen, sich durch den weichen Sand der unzusammenhängenden Windungen kämpfen, versuchen, einen Weg in diesem unentwirrbaren Durcheinander zu erahnen oder vorauszusehen. Und obendrein leiden. Die unendlichen, trostlosen Weiten des Ash Shimaliya stellen eine ferne Erinnerung dar. Ich liebte diese Landschaft. Trotz der Unwirtlichkeit des Ortes fiel das Marschieren leicht. Hier bin ich nicht nur von den *bad*-Sträuchern frustriert, die den unberührten Sand bedecken und ihm seine Jungfräulichkeit nehmen; ich bin vielmehr auch überrascht von der indirekten Feindseligkeit der Umgebung, die sich in so großer Nähe zum Meer befindet.

Am nächsten Tag brechen die Tiere im Dünenchaos mit

verbrannten Füßen zusammen. Der bis zur Weißglut erhitzte Sand strahlt durch die Hornsohle hindurch. Ich kann es nicht vermeiden, ihnen ein paar Hiebe zu versetzen, um sie wieder auf die Beine zu bringen. Der Alptraum geht weiter. Eine kurze Atempause wird mir zuteil, als ich endlich auf die großen, in Nord-Süd-Richtung verlaufenden Dünentäler stoße. Das Wandern in den Tälern ist leicht, aber trotzdem muss ich die sandigen Kämme mehrmals schräg überwinden, um von einem Tal ins nächste zu gelangen. Denn ich muss nach Nordwesten marschieren und nicht nach Norden.

Am übernächsten Tag nach meinem Aufbruch von Tamassoumit müßte ich, wenn alles gutgeht, Bou Naga erreichen. Schon in der Morgendämmerung klettere ich auf eine monumentale Düne, um mir ein Bild vom Weg der nächsten Stunden zu machen. Ein entmutigender Ausblick: ein unendliches, wogendes Sandmeer, soweit das Auge reicht. Auf jeden Fall habe ich den Punkt erreicht, an dem es kein Zurück mehr gibt. Es ist unmöglich, nach Tamassoumit zurückzukehren. Die Kamele würden es nicht überleben. Und so beginnen wieder die ermüdenden Aufstiege, gefolgt von beinahe senkrechten Abstiegen. Hoffentlich hat mich der alte Maure nicht belogen, sonst werde ich mit hundertprozentiger Wahrscheinlichkeit austrocknen. Doch wie kann ein Bergwerk an diesem Ort ausgebeutet werden? Vielleicht per Flugzeug. Tatsächlich habe ich auf meiner Karte in der Nähe von Bou Naga ein behelfsmäßiges Leuchtfeuer ausgemacht. Oder aber per Lastwagen durch ein großes Dünental, das Aftout Faï, hindurch, das nach Südwesten führt. So viele Fragen, auf die ich erst an Ort und Stelle eine Antwort finden werde. Ich male mir schon das Gesicht der westlichen Techniker beim Anblick dieses »weißen Nomaden« aus. Aber noch immer muss ich erst einmal dorthingelangen. Die Sandwüste lockert sich ein wenig auf, die Dünen nehmen etwas an Höhe ab und sind nicht mehr ganz so unüberschaubar. Zwar sind sie noch immer genauso steil und zerklüftet, aber stellenweise findet man zwischen ihnen neutrale und flache Abschnitte. Ich glaube, dass ich endlich zum Ausgang gelange. Gelegentlich visiere ich steinige Inselchen an, die aus dem Sand auftauchen. Die Landschaft wird freier, aber die Kamele stolpern über jeden Stein. Endlich komme ich ins Aftout Faï, einer riesigen Senke, die sich direkt nach dem noch fast vierhundert Kilometer entfernten Nuakschott hin orientiert. Das Landschaftsbild ist eindrucksvoll, von unendlichen Ausmaßen. Ein von kleinen, zerklüfteten Bergspitzen eingeschlossenes Becken. Das Ganze umgeben vom allgegenwärtigen Sand. Ein schöner Ort für einen Bergarbeiter. Ich nähere mich dem Eingang zum Stollen und spitze die Ohren, um vielleicht irgendein Brummen zu hören. Hier ist die in der Senke behelfsmäßig abgesteckte Landepiste. Das Bergwerk befindet sich einige Schritte weiter links. Mit dem Fernglas registriere ich am Horizont eine Form, die in der mineralischen Wüste fremdartig wirkt: einen Tank oder etwas dieser Art. Ich gehe darauf zu. Je näher ich herankomme, desto mehr schnürt sich mir die Kehle zu. Ich fühle, wie mir ein Schauer die Wirbelsäule hinabläuft. Vor Ort angekommen, bin ich wohl oder übel gezwungen, die Tatsachen zu akzeptieren: Das Bergwerk ist seit Jahren stillgelegt. Der betonierte Sockel eines abgerissenen Gebäudes, zwei auf dem Boden liegende schwarze Tanks von großem Fassungsvermögen, die Pfosten einer zusammengebrochenen Überdachung. Das ist alles. Ich lasse die Tiere niederknien, um selbst auf die Tanks zu steigen und sie zu untersuchen. Ich öffne die Deckel: leer. Als ich barfuß von einem der Tanks auf den Boden springe, werde ich angesichts dieser kritischen Lage von einem Schwindel ergriffen. Die Angaben des Alten von Tamassoumit stellen sich als mörderisch heraus.

Schnell, die Karte! Ich habe weniger als zehn Liter kochendheißes Wasser in meinen Schläuchen. Meine Situation ist mehr als kritisch. Ich gerate ein wenig in Panik, als ich die Karten auspacke. Die Kamele begreifen indessen sichtlich gar nichts und warten nur auf den Augenblick des Tränkens. Da ich sie mitten unter Tag hinknien lasse, ist es zwangsläufig, um sie zu tränken.

Ein paar wilde Kamele, die ich am Rande des Aftout Faï wahrgenommen habe, lassen mich vermuten, dass es irgendwo Wasser gibt. Weniger als drei Tagesmärsche entfernt in irgendeiner Richtung. Das nützt mir rein gar nichts. Da wäre wohl Aguilal Faï oder vielleicht ein anderer in einer sonderbaren Weise auf der Karte verzeichneter Brunnen. Mindestens drei Tagesmärsche nach Südosten. Mit zehn Litern? Oder aber ich könnte mich nach Nordosten wenden und versuchen, das mauretanische Adrar und vielleicht Nterguent zu erreichen. Ich zögere. Auf jeden Fall ist die Situation hoffnungslos. Ohne noch länger zu überlegen, schlage ich die Richtung nach Aguilal Faï ein, indem ich dem gewaltigen Dünental folge.

Als ich drei Stunden später meine verlässlichste Karte zu Rate ziehen will, stelle ich fest, dass sie verschwunden ist. Sie muss durch das gähnende Loch in meiner Jackentasche gefallen sein. Tatsächlich gehe ich schon seit Wochen in Lumpen. Die Nähte platzen auf, die Stoffe verrotten durch das ständige Schwitzen und fransen aus. Zwecklos, weiterzugehen. Ohne die Karte werde ich niemals die genaue Lage einer Wasserstelle ausfindig machen. Ich mache kehrt und wende mich diesmal in Richtung auf das Adrar, indem ich an der Sandmauer entlangziehe, die das Dünental begrenzt. Wenn ich innerhalb von achtundvierzig Stunden kein Wasser finde, bin ich ein toter Mann.

Die Nacht senkt sich langsam herab. Ich beschließe, meinen Weg die ganze Nacht hindurch fortzusetzen, wohl wissend, dass im Augenblick jede Stunde zählt. Nach meiner Einschätzung werde ich schon morgen abend nicht mehr weitergehen können, wenn der Wasservorrat erschöpft ist. Ich weiß, ich fühle, dass die Dinge von dem Moment an, wo der Geist aufhört zu funktionieren, ganz schnell gehen. Selbst im Aklé Aouana spürte ich nicht wirklich, dass ich geistig »abrückte«. Aber dort hatte ich auch Wasser. Hier fast nicht mehr: jetzt gerade noch fünf Liter. Eine andere Karte weist mich auf zwei *oglats* kurz vor den ersten Ausläufern des Adrar hin, auf der anderen Seite des Sandmeeres, das das Aftout im Norden begrenzt. Aber sind sie zugeschüttet? Meiner Ansicht nach ja. Fast alle *oglats,* auf die ich seit zwei Monaten gestoßen bin, waren zugeschüttet. Man kann sich eigentlich nur auf befestigte Brunnen verlassen. Mich an einen solchen zu begeben ist praktisch der einzige Ausweg. Doch der nächste liegt dreißig Kilometer entfernt hinter den Dünen. Das Gehen wird immer mühevoller.

Gegen 23 Uhr gönne ich mir eine Viertelstunde Ruhe, während der ich mit nacktem Oberkörper auf dem warmen Boden liege, bevor ich mich wieder auf den Weg mache. Ich spare an jedem Schluck Wasser, und undeutlich bemerke ich schon jetzt die Auswirkungen auf meine Psyche und meinen Körper. Ich fühle, dass es die letzte Nacht ist, in der ich auf mein Schicksal Einfluss nehmen kann, in der ich weitergehen und versuchen kann, mich zu retten. Ohne Wasser ist der Wille wie ein Motor ohne Getriebe. Ich spüre, dass die Kamele am selben Punkt angelangt sind. Tausend kleine Anzeichen deuten darauf hin. Ich beginne, diese Tiere im Hinblick auf ihre Möglichkeiten zu kennen. Doch ich kenne ebenfalls sehr gut ihre Grenzen. Und in dieser Jahreszeit ...

Noch immer richte ich meinen Kurs nach den Sternen aus. Ich nähere mich mühsam der nächstgelegenen Wasserstelle, doch irgendwie habe ich das undeutliche Gefühl, einen Irrtum zu begehen. Zahlreiche Anhaltspunkte machen mich unsicher, und ich habe den verschwommenen Eindruck, in die Irre zu gehen. Vorher waren da diese wilden Kamele. Hier gibt es wohl Wildpfade, aber ihre Richtung ist sonderbar. Früher ließ die Beschaffenheit der Losung darauf schließen, dass die Tiere vor kurzem getrunken hatten. *Sebkha*-Wasser. Ein etwas fauliges Wasser, nach der Streuung des Kotes zu urteilen, der eigentlich in kleinen, ovalen Kügelchen auftreten müßte. Die Weideflächen sind weniger abgegrast als vorher. Und dann diese Sandmauer, die sich vor mir ausdehnt und den Horizont versperrt.

Diesmal verlasse ich mich auf meinen Instinkt. Es ist zwei Uhr morgens, als ich umkehre und den Rückweg zum Standort des Bergwerks antrete. Warum? Ich kann es nicht genau sagen. Eine dumpfe Vorahnung. Vielleicht ein verhängnisvoller Irrtum. Die Zukunft wird darüber entscheiden. Eine nahe Zukunft, die vielleicht nicht länger als vierundzwanzig Stunden sein wird. Bis zum Morgengrauen wandere ich abwechselnd durch hoch emporragende Dünengebiete und Schotterebenen, um ins Becken von Aftout zu gelangen. Seit einigen Stunden ist der Mond aufgegangen, beinahe rund, und die Landschaft erscheint mir ganz klar. Die weißen Dünen zeichnen sich grau gegen den dunklen Fels ab. Meine nackten Füße müssen sich kaum in den dichten Schotterfeldern vorwärtstasten. Meine Sohlen spüren die felsigen Unebenheiten nicht mehr, und ich schreite voran, den Leitstrick in der Hand, lediglich mit meinem Sarouel bekleidet.

Die Morgendämmerung überrascht uns am Rande des Beckens. Ich bin also seit vierundzwanzig Stunden pausenlos gelaufen. Ich habe in dieser Nacht sehr wenig getrunken, vielleicht gerade einen Liter. Es bleiben mir noch zwei. In ein paar Minuten wird die Sonne aufgehen und brennend ihren halbkreisförmigen Lauf nehmen. Vielleicht war es ein Irrtum, zu dem stillgelegten Bergwerk zurückzukehren. Vielleicht fühle ich mich nur zu einem Ort voll vertrauter Dinge hingezogen: Beton und verbogenes, altes Eisen. Sobald ich dort bin, lasse ich meine Tiere zum letzten Mal niederkauern. Ich werde zuerst eines schlachten, um das in seinem Pansen gespeicherte Wasser zu sammeln, später dann auch das andere. Ich werde mein Notfunkfeuer einschalten und habe vielleicht eine winzige Chance, davonzukommen, wenn sie sehr schnell machen. Zumindest werden sie den Leichnam vorfinden. Von ferne gewahre ich einen der beiden Tanks. Noch ein paar hundert Meter.

Ich werde das fuchsrote Kamel opfern, das mir am Ende zu sein scheint. Sobald ich meine Sachen ausgebreitet und einen scharfen Gegenstand gefunden habe. Weil ich natürlich mein Messer verloren habe. Ich stelle mir das Gemetzel vor. Am besten ist es, das Tier mit einer doppelten Schrotladung ins

Maul zu töten. Aber vielleicht könnte ich ihm zuerst die Oberschenkelschlagader einritzen, um ein wenig Blut zu saugen. Anschließend die Schrotladung. Und danach muss ich einen schneidenden Gegenstand finden. Ich denke an den Deckel einer Konservenbüchse. Ich habe tatsächlich noch eine übrig. Oder aber ich schlitze ihm den Bauch mit einem Stahlträger auf, den ich auf dem Gelände habe herumliegen sehen. Schon suche ich mit den Augen den Platz ab. In einer Minute werde ich meine Tiere niederknien lassen und mich sofort daranmachen. Dann werde ich den Magen in meinem *chech* ausdrücken, um die Magenflüssigkeit zu erhalten. Diese werde ich den noch verbliebenen zwei Litern beimengen. In ein paar Sekunden …

Mechanisch drehe ich den Kopf und … ein Wunder: eine kleine Karawane von freilaufenden Kamelen und zwei Männer, die sie fünfzig Meter zu meiner Linken vor sich hertreiben. Was machen sie da? Sie stellen mir dieselbe Frage. Doch sie haben keine Zeit, meine Antwort abzuwarten; die Kamele laufen auseinander. Sie bedeuten mir, ihnen zu folgen. Ich kann nicht umhin, zu fragen: »Gibt es Wasser in dem dreißig Kilometer entfernt hinter den Dünen gelegenen *oglat,* das ich heute nacht aufsuchen wollte?«

»Mafiisch ma, oglat e mut.« (Nein, es gibt kein Wasser mehr. Das Oglat ist versandet.)

Da ist etwas Unvorstellbares, Unglaubliches geschehen. Was hat mich dazu bewogen, umzukehren? Denn es ist sicher, dass ich, hätte ich meinen Weg fortgesetzt, nicht mehr die Kraft gehabt hätte, zum Ausgangspunkt zurückzukehren. Aber wo ist dann der Brunnen?

»Hassi beidan. Khamsa sa'a.« Hier ist die Erklärung: Es

gibt zwanzig Kilometer von hier einen Brunnen namens Hassi Beidan (der »weiße Brunnen«), der auf den Karten nicht vermerkt ist. Und natürlich gibt es auch keine Weißen mehr im Bergwerk. Ich sehe das Gesicht des alten Mauren von Tamassoumit vor mir. Er hatte recht. Ich hatte von seinen Erklärungen bloß nichts verstanden. Ich spüre trotz allem etwas durch und durch Übernatürliches in dieser Vorahnung, ohne der Sache deshalb noch weiter auf den Grund gehen zu wollen. Wir Weißen werden jedenfalls nie etwas davon verstehen. Aber bin ich nicht auch während der langen Monate im Kontakt mit der Wüste und ihren Erscheinungen für das Übernatürliche empfänglicher geworden? Enttäuscht hatte mir meine ehemalige afrikanische Verlobte gewünscht, ich möge in der Wüste verdursten. Dafür werde sie sorgen. Worte ohne Belang? Vielleicht, aber ich werde mir darüber klar, wie sehr der Gedanke daran mich mitunter beschäftigt. Meine erbitterte Energie lässt allmählich nach, und ich werde zu sehr zum Spielball der Elemente.

Es ist Mittag. Die beiden Mauren halten an und schlagen im Schutz einer sehr mageren Akazie ihr Lager auf. Die Tiere flüchten sich sogleich in den spärlichen Schatten der *bab*-Büsche. Endlich habe ich Zeit, die beiden Männer aufmerksam zu betrachten: Der eine hat eine eher dunkle Haut. Schlank, schmächtig, kleines *djinn*-Bärtchen. Der andere ist hellhäutiger, sehr lebhaft und behende. Alle beide haben einen der Wüste entsprechenden Körperbau. Sie sind wegen der knappen Nahrung von mäßiger Größe und damit in erstaunlicher Weise an ihren Lebensraum angepasst. Sie seien rein zufällig hier, erzählen sie mir, denn normalerweise verirre sich nie jemand an diesen Ort. Ich mache ihnen begreiflich, dass meine

Tiere Gefahr laufen, sehr rasch zu verenden, wenn sie nicht heute noch trinken. Ein kurzer Blick bestätigt ihnen meine Diagnose. Tatsächlich. Sie teilen mir mit, dass sie selbst sich auf jeden Fall auch nach Hassi Beidan begeben müssen. Der eine werde mich sofort dorthin begleiten, während der andere hierbleiben solle, um auf die Tiere und das Gepäck aufzupassen. Einverstanden. Von neuem sattle ich die erschöpften Tiere, und wir machen uns auf den Weg zum Brunnen.

Nach drei ununterbrochenen Marschstunden in der größten Bullenhitze äußert mein Begleiter plötzlich das Verlangen, schneller zu reiten. Wir seien eine Stunde vom Brunnen entfernt, verkündet er mir, der Brunnen liege gerade voraus. Ohne eine Antwort abzuwarten, treibt er sein Reittier an und verschwindet im gestreckten Galopp am Horizont.

Ein heißer Wind hat sich erhoben, in dem sich glühende Hitze und trockene Luft vereinigen und der alle Spuren verwischt. Am Rand des Dünengebiets, in das ich den Mauren und sein Reittier habe hineinsprengen sehen, finde ich nur noch einen Teppich aus unberührtem Sand ohne den geringsten Abdruck. Ich ziehe wieder über einige steile Dünenhänge, wie ich es die ganze Nacht hindurch getan habe, ohne den geringsten Anhaltspunkt festzustellen. Ich habe keinen Tropfen Wasser mehr, und der freiwillige Verzicht während der letzten Stunden macht sich nun rücksichtslos bemerkbar. Ich ahne, dass ich mir nicht den geringsten Irrtum erlauben darf. Nach sechsunddreißig Stunden pausenlosem Gewaltmarsch bin ich nahe daran, aufzugeben. Es ist sehr gut möglich, dass ich hinter einer sandigen Böschung zusammenbreche. Zwecklos, auf meinen Gefährten zu zählen. Er wird sich nicht die Mühe machen, nach mir zu suchen.

Ich beschließe, umzukehren und bis zum Biwak zurückzulaufen. So nahe am Brunnen eine Tortur für meine Tiere und für mich, aber ich weiß, dass dies der einzige Ausweg ist. Die Kamele können diese irrsinnigen Runden nicht mehr begreifen. ich muss sie heftig am Nasenring ziehen, mich mit meinem ganzen Gewicht daranhängen – eine enorme Anstrengung für meine Schulter, um die der Zügel gelegt ist. Endlich erreiche ich das kleine Biwak und die unter dem winzigen Akazienbaum ausgebreitete Decke. Ich hatte große Angst, die Stelle nicht mehr wiederzufinden. Ich stürze meine zwei letzten Liter Wasser hinunter.

Der andere kommt eine Stunde später zurück, verwundert, mich dort anzutreffen, aber nicht im geringsten besorgt. Trotz allem bringt er eine volle *gerba* mit, die ich eilig in die Nüstern meiner Kamele entleere. Für den Augenblick gerettet. In jedem Fall müssen wir unsere Tiere heute Abend am Brunnen tränken. Wir werden die Strecke abermals gemeinsam zurücklegen.

Aufbruch bei Nacht, beschwerlicher Weg. Nachdem wir ein Dünengebiet passiert haben, kommen wir in eine trotz der Dunkelheit hellschimmernde *sebkha*. Der salzige Boden ist weiß, fast phosphoreszierend. Hinter den letzten Windungen einer Düne taucht das Lagerfeuer von Nomaden auf, und nach einer weiteren Biegung kommen zahlreiche liegende oder stehende Kamele zum Vorschein. Eine gänzlich unvermutete Betriebsamkeit. Sättel, Tiere, Fässer. Erste Sorge: Die Kamele. Fast gleichzeitig tauchen die *delus* in die künstlichen Brunnen ein. Die Arme ziehen an den aus geflochtenen Pflanzenfasern gefertigten Seilen. Halbierte Fässer werden ständig gefüllt und von lechzenden Mäulern sofort aufgesaugt. Knallende Peitschenhiebe treiben die Tiere auseinander. Nachdem sie endlich ihren Durst gestillt haben, fessele ich meine Kamele und breche erschöpft auf der bloßen Erde zusammen. Nach mehr als vierzig Stunden ununterbrochener Anstrengung.

Erst am nächsten Morgen lerne ich die Leute kennen. Es sind vier oder fünf Männer, die unter ganz armseligen Bedingungen leben. Allerdings nur für ein paar Monate im Jahr. Sie schöpfen und schöpfen und schöpfen in einem fort. Die Kamele kommen von selbst zurück und müssen jedes Mal getränkt werden. Da es hier keinerlei Lager gibt, ist die Gegend ihrer Weidegründe wegen interessant. Aber dieses einsame, abgeschiedene Leben ist für die hier beschäftigten Männer die reinste Hölle. Immerhin werden sie sehr gut bezahlt: ein junges Kamel im Monat, was einen enormen Lohn darstellt. Sie verdienen ihn. Kilometerweit gibt es keinen Baum, keinen Schatten. Nicht das geringste Büschel Gras sprießt in dieser weißen *sebkha* aus Salzsole. Das Wasser ist derart salzig, dass man den Eindruck hat, Meerwasser zu trinken. Soweit man es nach den Ausscheidungen beurteilen kann, sind alle krank davon, Mensch und Tier. Ein Organismus kann unter solchen Bedingungen nur bestehen, wenn er sich ausschließlich von *kesra* (Fladenbrot) und Wasser ernährt. Alle zucker- oder milchhaltigen Lebensmittel führen sofort zu einer schweren Ruhr. Beim Tee-Zeremoniell bedecken die Männer daher nur den Boden des Glases mit dem süßen Gebräu, gerade genug, um seinen Geschmack zu genießen. Die Kamelstuten sind auf jeden Fall zu scheu, als dass man sie melken könnte.

Es sind freundliche Leute, die sich ihres mühevollen Daseins bewusst sind und deren Zufriedenheit einzig von den Erträgen ihrer Tiere herrührt. Die Kamele sind in der Tat prächtig, und wer sonst würde sie tränken, wenn nicht der gewerbsmäßige Schöpfer oder der Eigentümer? Doch ich ziehe mich erneut in mich selbst zurück: Während ich tags zuvor in der Nähe des Brunnens umherstreifte, stahl mir einer von ihnen mein Geld aus dem Gepäck, das er eigentlich hätte bewachen sollen. Das wenige, das mir noch blieb. Jetzt habe ich keinen roten Heller mehr. Zwecklos, zu versuchen, den Kerl zu finden. Natürlich wird er mit seinen Kamelen längst weitergezogen sein. Dieser Vorfall setzt meine Gastgeber von Hassi Beidan in Erstaunen, aber ... nun ja.

Lieber kümmere ich mich um meine Kamele, da sie nun einmal der einzige Reichtum sind, der mir bleibt. Jetzt, wo sie getränkt sind – und ich habe ihnen noch zweimal im Laufe des Morgens Wasser gegeben –, muss ich sie unbedingt weiden lassen. Nun gibt es aber rein gar nichts hier, nicht das geringste Büschel *had*. Ahmed, einer der anwesenden Mauren, schenkt mir ein Bündel *zbad*, das er zum Verschalen des einen oder anderen der drei kleinen örtlichen Brunnen vorgesehen hatte. Das wird für heute ausreichen, aber morgen muss ich unbedingt aufbrechen, wenn ich verhindern will, dass meine Tiere vor Entkräftung am Rande des Brunnens krepieren. Ich habe mich noch nicht erholt, noch lange nicht. Und es bleibt noch die andere Hälfte der Aouker bis Akjoujt. Danach kann es keine unüberwindbare Schwierigkeit mehr geben. Aber noch sind wir nicht dort angelangt. Im Gegenteil, ich bekomme allmählich die Wirkung einer schlimmen Augenentzündung zu spüren, die ich mir infolge der verdoppelten Anstrengungen der beiden letzten Tage zugezogen habe. Da kam alles zusammen: der ständige Wüstenwind, die vollständige Rückstrahlung und besonders der Schweiß, der mir ununterbrochen in die Augen lief. Als ich mich in einem Spiegel betrachte, stelle ich fest, dass meine Pupillen ihren Umfang verdoppelt haben. Wie wird sich das entwickeln, und lässt es sich überhaupt je wieder beheben? Mein Gesicht erschreckt mich selbst: rötlichbraune Haut, umrahmt von fast weißen Haaren, zwei halbgeöffnete Schlitze, in denen schwarze Augen zum Vorschein kommen, deren Iris fast von den Pupillen verschluckt wird.

Frage an die Umstehenden: Kann mich jemand nach Akjoujt begleiten, zumindest bis zum Ausgang der Dünen? Wegen der Augen. Antwort: niemand. Nicht um alles in der Welt würde jemand zu dieser Jahreszeit sein Leben im Aouker aufs Spiel setzen. Sie erwarten den Herbst, um sich in der Gruppe und mit der Sicherheit all ihrer Tiere nach Akjoujt zu begeben. Ich kann ihnen auch nichts anbieten; ich besitze überhaupt kein Geld mehr. Die Karte zeigt mir eine Reihe von Dünengebirgen an, die immer in Nordost-Südwest-Richtung verlaufen und von Dünentälern durchbrochen werden. Die letzten Dünen sind sicherlich die höchsten: das Amatlich. Wie werde ich es mit erschöpften Tieren passieren können? Am Morgen des 30. Mai, um 10 Uhr bin ich schon seit Tagesanbruch unterwegs. Ein erster Dünengürtel ließ sich ohne große Schwierigkeiten überwinden, da der Sand bei der relativen »Kühle« noch hart und lauwarm war. Jetzt muss ich die am wenigsten verstopften und versperrten Durchgänge wählen. Die Nomaden hatten mich gewarnt: Wenn man ein Gebirge direkt angeht, steckt man drei Tage lang im Sand. Man muss ständig wachsam sein. Wachsam sein! Wie soll ich wachsam sein, wenn ich spüre, dass ich von Stunde zu Stunde blinder werde.

Ich kann mir noch so sehr meinen *chech* um die Sonnenbrille wickeln, um ja keinen Lichtstrahl durchzulassen; es nützt alles nichts. Ich fühle, wie mein Blick sich verschleiert. Ich zwinkere mit den Augen, reiße sie weit auf. Das einzige Mittel besteht darin, mit leicht vor dem Gesicht gespreizten Fingern weiterzugehen, um so die Leuchtkraft zu filtern. Alles ist verschwommen, trübe. Wenn ich die Hand ausstrecke, kann ich meine Finger nicht mehr erkennen. Es gelingt mir nicht mehr, sie zu zählen! Ich beschließe, auf einer kleinen Weide Rast zu machen: Zumindest will ich die Tiere fressen lassen. Sie brechen zusammen, ohne zu grasen. Zwanzig Minuten später erneuter Aufbruch. Wenn es so geht, ist es sinnlos, sich aufzuhalten. So setze ich meinen Weg fort, schwankend, halb blind, allein und verloren inmitten der glühenden Dünen. An diesem Tag herrscht eine ungewöhnlich drückende, starke Hitze. Am Nachmittag erhalte ich die Erklärung dafür. Ein Gewitter zieht auf. Am Abend, als der Himmel sich bleigrau färbt, bricht rasch ein Halbdunkel herein, begleitet von einem milchigen Dunst, der auf nahe bevorstehende Ereignisse hindeutet.

Ohne Zeit zu verlieren, lasse ich die Tiere mit dem Rücken nach Osten niederknien, da ich weiß, dass der Wind aus dieser Richtung blasen wird. Ich sattle ab, binde jeden noch so kleinen Gegenstand fest, stelle die Taschen auf die Decken und auf meine Sandalen, da ich befürchte, sie könnten davonfliegen. Kaum bin ich damit fertig, da brechen die Elemente auch schon los. Ein furchtbarer Wind erhebt sich, der alles hinwegfegt, was sich ihm in den Weg stellt. Kein Tropfen Wasser geht hier nieder; dafür peitscht der heftige Sturm Tonnen von Sandkörnern auf. Ich schütze vor allem meine Augen, indem ich meinen Kopf vollkommen mit Tüchern vermumme. Der Wirbelsturm dauert eine Stunde, vielleicht auch zwei. Endlich wickle ich mir den Schleier vom Gesicht. Alles liegt unter einer fünfzehn Zentimeter dicken Sandschicht begraben. Und ... meine Karte ist verschwunden, fortgeflogen. Verdammt. Das Ende vom Lied: blind, ohne Karte, Mann und Tiere erschöpft, bestenfalls zwei Tagesmärsche vom Ausgang der Dünen entfernt.

Im Morgengrauen setze ich meinen Weg fort. Ich sehe wieder etwas besser; zumindest rede ich mir das ein. Zum Glück habe ich mir die Karte genau eingeprägt. Mindestens dreißigmal am Tag habe ich bis dahin dieses mit Zeichen und Hinweisen bedeckte Stück Papier zu Rate gezogen. Es war die einzige Lektüre, die ich mir seit dem Roten Meer gönnte. Kein Buch, denn das wäre zu schwer gewesen. Und wann würde ich überhaupt Zeit zum Lesen finden, wo ich doch ununterbrochen mit meinen Kamelen beschäftigt bin? Also lese ich meine Karten. Im Übrigen ist ihre Lektüre sehr lehrreich. Aus dem Gedächtnis schätze ich die Entfernungen ab, rekonstruiere Ebenen und Steilhänge. Hin und wieder verändere ich den Kurs ein wenig und improvisiere. Es gibt in dieser Gegend kein Lager, keine Menschenseele. Wenn sich die Kamele nicht gerade durch den Sand plagen, stolpern sie über den Schotter der ebenen Flächen. Eine kümmerliche Alternative. Stunde um Stunde nähere ich mich der letzten großen Barriere, dem Amatlich.

Zwei Tage später, am 1. Juni, komme ich davor an. Die Dünen sind hier ineinander verschachtelt und steil wie nirgends sonst. Die Gluthitze hat nach der vom Wirbelsturm hervorgerufenen vierundzwanzigstündigen Atempause wieder eingesetzt. Die Tiere quälen sich ab und brechen zusammen. Bis jetzt konnte ich sie immer wieder aufrichten. Aber ob das auf dem vor mir liegenden Steilhang auch möglich sein wird …? Ich zögere, den ersten Schritt zu tun. Das weiße Reguibat-Kamel setzt einen Fuß nach vorne, dann den anderen und stürzt zu Boden, wobei es einen Dünenrutsch auslöst. Es findet sich, halb mit Sand bedeckt, fünf Meter unterhalb der Stelle wieder. Es steckt mit dem Höcker nach unten im Sand und zappelt mit den Beinen in der Luft herum, während es noch zur Hälfte gesattelt ist. Ein zweistündiger Kraftaufwand ist nötig, um es aus dieser Klemme zu befreien. Das Tier befindet sich in Todesangst; Schaum steht ihm vor dem Maul; es verdreht die Augen. Sichtlich unter Schock, schlägt es ungeschickt mit den Beinen, weigert sich aber, die geringste eigene Anstrengung zu unternehmen. Zu guter Letzt, nachdem ich es an Schwanz und Beinen gezogen und die Sandmassen unter seinem Körper abgetragen habe, steht es endlich wieder auf. Zwecklos, eine weitere schwierige Passage zu versuchen. Das Kamel ist momentan zu aufgeregt, verweigert jede Kraftanstrengung und lässt sich beim Anblick der kleinsten Steigung auf die Knie fallen. Was tun? Ich beschließe, zu Fuß weiterzugehen und die Tiere zurückzulassen. Es sind weniger als fünf Kilometer bis Aghasremt, dem Brunnen, der das Ende der Dünen markiert. Ich setze meinen Weg durch die Dünen fort, wobei ich jetzt viel gradliniger voranschreite. Bald darauf erreiche ich den Brunnen. Zwei Männer, Reguibat, willigen ein, mir zu helfen. Der eine begleitet mich mit seinem Reitkamel, und wir kehren zu meinen Tieren zurück. Mit unendlicher Vorsicht, Meter um Meter akzeptiert das verängstigte Tier, diesem neuen, aus dem

Westen gekommenen Kamel zu folgen. Nur nichts überstürzen. So laufen sie hintereinander her. Der Reguibat führt den Zug an, und ich treibe meine freilaufenden Tiere unter aufmunterndem Zuspruch hinterher. Endlich, endlich der Ausgang der Dünen. Der Tag war besonders schwierig und heiß.

Kaum haben wir den Erg verlassen, da bricht ein schreckliches Gewitter los, das nur an wenigen Vorzeichen vorauszusehen war. Hagelkörner in der Größe von Blaubeeren prasseln plötzlich auf uns nieder. Heftige Windböen treiben sie vor sich her, riffeln die Oberfläche aus horizontalen Linien, nehmen alles mit, was sich ihnen in den Weg stellt. Die drei Kamele kauern sich sofort mit dem Rücken zum Hagel von selbst nieder. Diesmal ist es ein richtiger Orkan. Mein Reguibat-Gefährte und ich klammern uns aneinander und halten uns zusätzlich am Holz der Sättel fest, um nicht hinweggeweht zu werden. Ein jäher Windstoß nimmt seine Sandalen mit, und auch sein Stock fliegt zwanzig bis dreißig Meter weit durch die Luft. Nicht das geringste Hindernis, das dem Sturm Einhalt gebieten könnte. Ich wickle unter erheblichen Schwierigkeiten eine Decke um unsere Schultern, um uns gegen die scharfen Hagelkörner zu schützen, die mit aller Macht auf uns niederprasseln. Und so bleiben wir, hochgradig erschöpft, aneinandergekauert liegen. Das Wasser steigt, denn wir befinden uns in einem bedeutenden Wadi, und das Wasser wird zusätzlich noch durch die Dünen des Amatlich im Osten kanalisiert. Ich weise Mohammed – so heißt mein Begleiter – darauf hin. Aber was tun? Endlich, nach gut zwei Stunden im Sturm, legt sich der Wind; der Hagel endet in vereinzelten Tröpfchen, und schon erhellt ein Sonnenstrahl das Massiv Gleibat es-Sehb im Westen. Doch das Wasser hat erst zu steigen begonnen.

Es bleibt bloß noch abzuwarten, bis die Flutwelle hierhergelangt … Glücklicherweise kommt das Hochwasser in mehreren aufeinanderfolgenden Schüben, sodass wir immer höchstens bis zu den Waden im Wasser stehen.

Die Tiere arbeiten sich langsam in diesem plötzlichen See vor, der sich fast bis ins Unendliche ausdehnt. Innerhalb von vier Stunden hätten die Tiere im glühenden Sand zusammensacken oder aber im Hochwasser eines Wadis ertrinken können. Wahnsinn! Aber wir sind gerettet. Der Marsch geht weiter, wobei Durchquerungen wasserführender Wadis mit sandigem Grund und Rutschpartien im Schlamm in stetem Wechsel aufeinanderfolgen. Stellenweise die reinste Rutschbahn aus lehmigen Flächen, wo sich die Kamele plötzlich nach allen Seiten verrenken, mit waagrecht ausgestreckten Beinen und blockierten Gelenken. Das Leder der Sättel ist aufgeweicht. Alles ist feucht, durchnässt. Aber morgen werde ich Akjoujt erreichen.

Akjoujt. Die rote Stadt verdankt ihren einstigen Reichtum den Kupferminen, von denen sie lebte und durch die sie sich entwickelte. Doch die Betreibergesellschaft befindet sich seit Jahren im Konkurs, und so wird meine winzige Karawane von einer in Lethargie versunkenen maurischen Stadt mit freundlichen, aber beschäftigungslosen Einwohnern empfangen, wobei unser Auftauchen die unveränderliche Ruhe kaum zu stören vermag. In den Gassen steht noch das Wasser vom Regenschauer des Vortages; das Mauerwerk ist feucht und zerfressen, stellenweise auch mit notdürftig zugestopften Rissen durchzogen. Ich komme buchstäblich in Lumpen daher. Ich tausche einige Gebrauchsgegenstände gegen Mokassins, die ich von dem Schmied Azza anfertigen lasse. Aus alten Lastwagenschläuchen. Nicht für mich, sondern für die Kamele, deren Hornsohle offen ist. Bis zum Meer stehen uns noch fünf bis sechs Tagesmärsche bevor, und ich befürchte, dass sie es mit durchgewetzten Sohlen nicht schaffen werden. Bis zum letzten Augenblick zweifle ich daher am Gelingen meines Unternehmens. Die Kamele sind erschöpft und ausgehungert; ich ebenso. Aber ich will diese Wüstendurchquerung ein für alle Mal abschließen, wenn ich auch später zum Bereisen anderer Wüstengebiete wiederkommen werde. Nach Norden, warum nicht? Eine Überschreitung der Stellungen der Polisario-Rebellen in Richtung Algerien durch den Erg Chech. Dort muss es landschaftlich sehr reizvoll sein.

Doch jetzt weiter Richtung Westen. Das Meer reicht mir die Hände. Ich beabsichtige, mitten in der Wüste, zwischen Nouamghar und Jreida, aufs Meer zu stoßen. Dort, wo Meeresdünen und Landdünen ineinander übergehen. Das ist ein Augenblick, von dem ich seit Monaten träume. Ein fantastischer Augenblick, vielleicht der schönste Tag meines Lebens. Aber noch muss ich erst einmal dorthin gelangen.

Die Sahara verteidigt ihre letzten Bollwerke, verfeuert ihre letzten Patronen. Nach den schwarzen Kiesebenen des Inchir, in denen sich die Hitze staut, erscheinen jetzt die letzten Wanderdünen der *sebkha* von Dghamcha, die unter dem Meeresspiegel liegt. Die Pflanzen der Weideflächen sind zum Verzehr ungeeignet: zu salzig. Die Tiere haben seit Tagen nicht richtig gefressen. Dabei glaubte ich, vor den letzten Dünen zu stehen, aber dahinter erscheinen immer neue und wieder neue ... Woher kommen sie nur? Es ist eine letzte nicht enden wollende Prüfung ... Ich höre mich dagegen anschreien.

Ich denke an meinen verstorbenen Vater, der zu meinem Empfang hätte da sein sollen. Ich denke an die Tausende zurückgelegter Kilometer. An alle schwindelerregenden Augenblicke. Auch an alle Gefahren. Ich denke an das Glück und an die Freude, die ich empfinden kann, noch am Leben zu sein.

Ein letztes Hindernis. Der Busch, den man in der Ferne sieht, markiert das Azimut 270, genau im Westen. Ich marschiere nicht mehr, ich renne barfuß durch das kurze Gestrüpp der *sebkha*. Ich will mich in den Sattel schwingen. Immer habe ich mir vorgestellt, wie ich auf dem Rücken eines Kamels ans Meer gelange. Und außerdem werde ich es auf diese Weise früher erblicken.

Es ist 18 Uhr. Bald setzt die Abenddämmerung ein. Ich sehe ein Gewirr von Fahrzeugspuren: die Piste von Jreida. In der Ferne erkenne ich ein Fahrzeug, das wegen einer Panne liegen geblieben ist. Oder handelt es sich um ein verlassenes Autowrack? Nein, denn eben nehme ich eine Gestalt wahr, die auf die Motorhaube klettert, um mich ebenfalls zu beobachten. Ich weiche keinen Zollbreit von meinem Kurs ab. Nichts soll mir diesen freudigen Augenblick verderben. Ein letzter mit Kräutern bewachsener Kamm – und da liegt es vor mir, grau, in einer Mulde zwischen zwei Dünen. Ich richte mich in meinem Sattel auf, mit funkelndem Blick, beinahe mit Tränen in den Augen. Ein Schauer läuft mir die Wirbelsäule hinunter. Vor Glück und Aufregung springe ich auf meinen maurischen Sattel. Glücklicherweise ist niemand da, der mich beobachtet. Ich schreie, ich brülle aus Leibeskräften und werfe meinen *chech* weit von mir.

Ich stürze mich von meinem Kamel herunter und dringe bis zu den Waden ins kalte Meer ein, wobei ich das Tier hinter mir her ins Salzwasser ziehe. Ich bücke mich, um in meiner Handfläche ein wenig Wasser zu schöpfen und es ihm an die Schnauze zu halten. Es hat seit Tagen nicht getrunken. Es kostet. Natürlich schmeckt es salzig. Es kommt mit seiner Schnauze an mein Gesicht heran, und seine Barthaare streicheln mir die Wange. Es gibt mir zu verstehen, dass ich keinen Grund habe, glücklich zu sein. Es ist Wasser, das zum Leben ungeeignet ist. Ein Nomade muss sich in erster Linie um seine Kamele kümmern. Immer. Denn ihnen verdankt er sein Leben.

Letzte Nacht. Feucht, kalt, feindselig. Wie mild war es doch in der Wüste! Bei Tagesanbruch letzter Galopp am Strand. Das weiße Kamel strauchelt und bricht mitten im Lauf zusammen. Ich habe mich dabei keinen Zollbreit in meinem Sattel bewegt.

Der Nomade und sein Kamel bleiben ein Leben lang vereint ... bis zum Tod.

Kein Mensch kann in der Wüste leben
und davon unberührt bleiben. Er wird fortan,
wenn auch vielleicht kaum merklich, den Stempel
der Wüste tragen, das Mal, das den Nomaden kennzeichnet.
Wilfred Thesiger, *Arabian Sands*

Worterklärungen

Abkürzungen: ar. = arabisch; tub. = tubu; tam. = tamaschek oder tamahak.

Ababda Nomadenstamm in Oberägypten (zwischen Nil und Rotem Meer)
abyad (ar.) weiß
acheb (ar.) nach Regenfällen auftretende kurzlebige Flora
Adrar des Iforas gebirgige Region zwischen Mali und Algerien
adrar Gebirge, Bergland
Aftout Faï Dünental im mauretanischen Aouker
Aïr Gebirge in Niger
aklé Name für schwierig zu passierende Wanderdünengebiete in Mali und Mauretanien
alemos (tam.) wichtiges Kamelfutter-Gras, das zu kompakten, glatten Bündeln zusammengeklopft wird
Amatlich Dünenkomplex am Rand des mauretanischen Inchir
Annakaza den Tubu gleichgestellte Fraktion im Tschad
Aouker Name einer Wüste in Mauretanien
aradeb in Ägypten und im Sudan anzutreffende Teeart
Ash Shimaliya sudanesischer Teil der Libyschen Wüste
Azza Kaste der Schmiede
Banko ein Gemenge aus Lehm, Stroh, Mist und Sand; aus ihm werden luftgetrocknete Ziegelsteine hergestellt und mit demselben Material vermörtelt
batha ausgetrocknetes Flussbett
bawa ägyptischer Pförtner
beidan (ar.) Weiße
Berabisch Nomadenstamm im Süden des Lemriyé (Mali)
Bideyat Nomadenstamm aus dem südlichen Ennedi (Tschad)
bir (ar.) Brunnen
Bisharin Nomadenstamm beiderseits der ägyptisch-sudanesischen Grenze
bismillah (ar.) im Namen Gottes
bordj Fort, kleine Festung

Borku Region im südlichen Tibesti (Tschad)
Bornu südliche Region des Tschadsees
boubou faltenreiches, weitärmeliges Gewand der Muslime in den Sudanländern
Buzu Kaste der ehemaligen Gefangenen der Tuareg
caid Stammes- oder Sippenoberhaupt
Chaamba arabischer Nomadenstamm nördlich des Wohnraums der Kel Hoggar (Algerien)
charganié (tub.) gitterartig geflochtene Matte
chech (ar.) Gesichtsschleier für Männer
Cram-Cram typisches Sahelgewächs und wichtige Futterpflanze mit klettenartigen Samenkapseln
da (ar.) das
dahar Gebirgskamm, Bergrücken
Danakil halbnomadischer Stamm in Äthiopien
Dar Salamat Savannenregion im Süden des Tschad
Darfur gebirgige Region im Westen des Sudan
Daza den Tubu gleichgestellter Nomadenstamm (Tschad)
delu (ar.) Schöpfeimer
dema Gizzupflanze
Dghamcha Senke am Rande des Atlantiks (Mauretanien)
Dinka Stamm schwarzer Viehzüchter im Süden des Sudan
Djado Hochebene im Nordosten von Niger
djamel (ar.) Kamel (oder *ibil)*
djellaba leichter Mantel mit Kapuze und Ärmeln, vorne geschlossen
djinn, pl djenoun Geist, Kobold
Dorkas-Gazelle große Gazellenart
Dschuf wörtl. der Bauch; Wüste im Norden Mauretaniens
Dun-Palme typische Palme des Sahel; Fächerpalme, deren Stamm sich verzweigt, wächst wild an relativ feuchten Stellen. Früchte hart, aber notfalls essbar. Blätter wichtiges Rohmaterial für Flechtzwecke.
dura Korn, das in tropischen und subtropischen Ländern wächst
Eastern Desert nördlicher Teil der Nubischen Wüste
Ennedi Gebirgsmassiv im Nordosten des Tschad
enneri Bezeichnung für ausgetrocknete Wasserläufe im Tibesti
falaise Bergabbruch, Steilhang, Stufe
Fellachen Bauern des Niltales

foul traditionelles Saubohnengericht in Ägypten und im Sudan
gallabiya weites, knöchellanges Gewand
gara Zeugenberg, meist in Tafelform
gelta Regenwasserloch, meist von Fels umgeben
gerba als Wasserschlauch benutzter Ziegenbalg
gesch Futterpflanze
gizzu Weidepraxis der Hirten im Süden der Libyschen Wüste (Sudan)
Goran Begriff, der manchmal zur Bezeichnung verschiedener mit den Tubu verwandter Stämme gebraucht wird
Guezebida Tubu aus dem Kaouar
had kompakte, runde Sträucher mit blaugrünen Zweigen und kleinen gelben Dornen, die in abgelegenen Dünengebieten die Nahrung der Kamele bilden
Hadjarai Stamm im Zentrum des Tschad
haluf (ar.) Schwein
hamla (ar.) kleine Karawane
Hank Gebirgsregion im äußersten Norden Malis
harmattan beständig blasender Nordostwind
Hassaniya in Mauretanien gesprochenes Arabisch
hassi (ar.) Brunnen (oder *bir)*
Haussa sesshafter schwarzer Stamm in Niger und Nigeria
ibil (ar.) Kamel (oder *djamel)*
imarkaden (tam.) Sandalen
imelik Kamelrasse bei den Tuareg
imschi (ar.) vorwärts!
Inchir Weidenregion im Westen Mauretaniens
inscha'allah wenn Gott will
Irrigui Weidenregion im Osten Mauretaniens
Kaissa Fraktion der Daza im Tschad
Kanem nördliche Region des Tschadsees
Kanuri sesshafte Schwarze im Osten des Staates Niger
Kaouar inmitten des Ténéré gelegenes Gebirge (Niger)
karkade aus Hibiskusblüten bereiteter Tee
Kebabish Nomadenstamm aus dem Süden der Libyschen Wüste im Sudan
kesra (ar.) Fladenbrot
khamsa (ar.) fünf

kharif (ar.) Regenzeit im Süden der Libyschen Wüste
Khatt urweltlicher Fluss im Westen des Tagant (Mauretanien)
kibiir (ar.) groß
Kordofan Weidenregion im Südosten der Libyschen Wüste (Sudan)
kori ausgetrocknetes Flusstal im Aïr (Niger)
Kunta Nomadenstamm im Süden des Lemriyé (Mali)
kuruç ehemalige türkische Währung in Ägypten und im Sudan
kuwáyyis (ar.) gut; es ist gut
Lemriyé Wüste im Norden Malis
ma (ar.) Wasser
mafiisch es gibt nicht ...
masbut (Kaffee) gerade richtig (in Bezug auf die Zuckermenge)
Mauren Gesamtheit der arabischen Nomadenstämme in Mauretanien
Mendesantilope hochangepasste Wüstenantilope
Moida Nomadenstamm aus der Provinz Kanem (Tschad)
Moukhabarat ägyptischer Geheimdienst
Murdia den Tubu gleichgestellter Nomadenstamm im Ennedi-Gebirge (Tschad)
muschkila (ar.) Problem
mut (ar.) tot
nargileh orientalische Wasserpfeife zum Rauchen
nasrani ungläubiger Weißer
Nemadi nomadisches Jägervolk in Südmauretanien
Nubien Region im oberen Niltal
nukhal (tub.) Transhumanz; Art der Viehhaltung, bei der ein stetiger Wechsel des Weideplatzes stattfindet.
oglat (ar.) Wasserloch
oued Flussbett, meist trocken
Ouled Sliman Nomadenstamm der Region Kanem
Ouled Ballah Sesshafte aus Tichit
Peul Stammesgruppe von schwarzen nomadisierenden Viehzüchtern im Sahel
Ramadan Fastenmonat der Muslime
ras (ar.) Kap oder Vorgebirge
Reg ebene Kies- oder Geröllwüste
Reguibat Nomadenstamm im Norden von Mali, in Mauretanien und in der westlichen Sahara

rezzu Raubzug von Nomaden, meist gegen andere Nomadengruppen
righa Brüllen des Dromedars
Rizeigat Nomadenstamm im Nordosten des Darfur (Sudan)
sa'a (ar.) Stunde
saadan Gizzupflanze
Saida Araber aus Oberägypten
saif Sommer, heiße Jahreszeit in der Libyschen Wüste und ihren Randgebieten
salam aleikum (wörtl. Friede sei mit euch), guten Tag
saleyam Gizzupflanze
Sara Sesshafte Schwarze im Tschad
sarouel weite arabische Hose
Schari Fluss durch N'Djamena
Scharia islamisches Gesetz
scherifisch aus Südmarokko stammend
schuuf (ar.) schau!
sebkha Salztonbecken, das sich temporär mit Wasser auffüllen kann, entweder durch lokale Niederschläge oder wie artesische Brunnen
seqiya Bewässerungskanal im Niltal
simun Sandsturm
souk Markt
Tagant Hochebene in Zentralmauretanien
taghlamt (tam.) wörtlich: die Neuigkeit; Salzkarawane von Bilma
Takalakouzet Berge im Osten des Aïr-Gebirges (Niger)
Talak Ebene im Westen des Aïr-Gebirges (Niger)
talha Tamariske
tamahak Tuareg-Sprache in Mali und Algerien
tamaschek Tuareg-Sprache in Niger
Tanezrouft wörtlich: Land der Trauer, Einsamkeit, des Schreckens; weite Kiesebene im Südwesten Algeriens
tariiq (ar.) Straße, Weg, Strecke
tassili Randgebirge des Hoggar-Massivs, meist mit Steilstufen aus Sandsteinformationen
Tassili Tin Rehro Hochebene im äußersten Süden Algeriens
Tassili Hoggar Hochebene im äußersten Süden Algeriens; Randgebirge des Hoggar-Massivs

Ténéré Wüste im Osten des Staates Niger
Tibesti Gebirgsmassiv im Norden des Tschad
Tim Meghsoi Region zwischen Niger und Algerien
Tomagra Tubu-Clan aus dem Tibesti-Gebirge
Tuareg Nomadenstam , der sich über die Staaten Niger, Mali, Algerien (und Libyen) verteilt
Tubu Nomadenstamm im Tschad (und in Niger)
wadi ausgetrockneter Flusslauf (vgl. *oued)*
wallahi (ar.) bei Gott!
Yayo Region im Süden des Tibesti (Tschad)
Zaghawa halbnomadischer Stamm im Osten des Tschad und des Sudan
zbad Pflanzenart im Westen der Sahara
zeriba Lehmhütte
zrig verdünnte, gezuckerte Kamelstutenmilch in Mauretanien
zril Grasart der östlichen Sahara

Noch mehr Bücher aus dem Unionsverlag

Claudia Piñeiro *Ganz die Deine*
Jede Frau wird irgendwann von ihrem Mann betrogen, davon ist Inés, perfekte Ehefrau und Mutter, überzeugt. Deshalb ist sie nicht überrascht, als sie in der Aktentasche ihres Mannes ein Zettelchen findet mit einem Herz aus Lippenstift, unterschrieben mit »Ganz die Deine«. Ab jetzt untersteht Ernesto ihrer strengen Kontrolle. Doch der denkt gar nicht daran, seine außerehelichen Aktivitäten aufzugeben. Nun beginnt Inés einen Rachefeldzug, von dem es kein Zurück mehr gibt.

Sahar Khalifa *Heißer Frühling*
Frühjahr 2002: Die israelische Armee belagert den Regierungssitz von Jassir Arafat in Ramallah. Atemlos verfolgt die Welt die dramatischen Vorgänge. Unter den letzten Verteidigern des in Trümmer liegenden Hauptquartiers ist auch Madschid, der seine Erlebnisse und Eindrücke in einem Tagebuch festhält.

Jørn Riel *Gesang des Lebens*
Eine Reise ins Herz der Arktis: Die große Roman-Saga über die Geschichte Grönlands von der ersten Besiedelung bis zur jüngsten Vergangenheit. Jørn Riel erzählt vergnüglich, spannend und voller Wärme von den Menschen, die sich in einer ebenso unwirklich schönen wie kargen Natur behaupten müssen.

Tran-Nhut *Das schwarze Pulver von Meister Hou*
Mandarin Tân hat alle Hände voll zu tun: Eine Dschunke wird von einer Armada von Geisterschiffen angegriffen, der Graf Diêm wird auf unerklärliche Weise ermordet, durch den Hafen werden Güter geschmuggelt, der französische Jesuit ist womöglich ein Spion und die geheimnisvolle Madame Eisenhut mit den langen seidigen Zöpfen ist auf einmal spurlos verschwunden.

Leonardo Padura *Das Havanna-Quartett*
Havanna im Jahr 1989: Im Paradies der Revolution steht nicht alles zum Besten. Schicht um Schicht legt der Polizist Mario Conde die kubanische Realität frei und misst sie an den Illusionen und Träumen seiner Jugend. Die vier Romane in einem Band als Sonderausgabe.